D1668997

ОЛМА
МЕДИАГРУПП

Борис АКУНИН

ВНЕКЛАССНОЕ ЧТЕНИЕ

книга вторая

МОСКВА
ОЛМА-ПРЕСС
2006

УДК 821
ББК 84(2Рос-Рус)6
   А 44

Акунин Б.
А 44   Внеклассное чтение: Роман. Т. 2. — ОЛМА
Медиа Групп, 2006. — 379 с.
      ISBN 5-224-02093-X (т. 2)
      ISBN 5-224-02126-X
      ISBN 5-373-00180-5

ББК 84(2Рос-Рус)6

                                    © B.Akunin. 2002
                                    © Издательство «ОЛМА-ПРЕСС»,
ISBN 5-224-02093-X (т. 2)   оригинал-макет, 2006
ISBN 5-224-02126-X   © ЗАО «ОЛМА Медиа Групп», из-
ISBN 5-373-00180-5   дание, 2006

Глава тринадцатая

ЖИЗНЬ ВЗАЙМЫ

Не знаешь, где найдешь, где потеряешь. Эту немудрящую присказку Николас вспомнил не раз и не два, пока ехал неспешным товарным поездом на северо-запад. Жизнь отняла у магистра многое, но многому и научила.

Например, по-новому относиться к основным категориям движения — времени и пространству. Привычные представления оказывались ошибочными. Когда состав стоял, пространство исчезало и оставалось только время; когда же несся на полной скорости, всё было наоборот.

Нашлось чему поучиться и у попутчика Миши. Был он человек божий, легкий, из вечной русской породы бродяг, которая за тысячу лет существования России не так уж сильно и изменилась. Легко было представить Мишу сто или двести лет назад. Ну хорошо, вместо старых кроссовок на нем были бы лапти, а вместо китайской куртки какое-нибудь рубище, но по-детски безмятежные глаза смотрели бы на мир точно с таким же любопытством, и торчала бы веничком бороденка, и речь была бы обманчиво проста. Социальные потрясения, безработица и крах прежнего уклада в данном случае были ни при чем — Миша гулял по Руси уже двадцать лет, неоднократно проделав маршрут от Владивостока до Выборга и обратно.

От двухдневного общения с вневременным Мишей, от выпадения из привычного круга жизни, наконец, от диковинности конечного пункта своего путешествия — отшельнического скита — у Фандорина возникло ощущение, что сбылась его давняя мечта: он умудрился-таки попасть в прошлое. Правда, не окончательно, а как бы наполовину — повис где-то между исторических эпох. Как, впрочем, и страна, которую он разглядывал, лежа на тюках с ватой.

Так уж вышло, что все шесть лет своего российского гражданства Николас почти безвыездно провел в Москве. Из провинции видел только подмосковные дачи да дорогу до аэропорта Шереметьево-2. А Россия, оказывается, была совсем другая, вся состоящая из скачков во времени.

Мимо то проплывала деревенька вся сплошь из развалившихся изб: одна-две дымящие трубы, покосившаяся колокольня без креста — прямо картина из Смутного времени. То на пригорке вдруг нарисуется аккуратный, новехонький монастырек, какие строили году этак в 1870-м, когда у русских архитекторов началось нервное расстройство от смешения классического и славянского стилей. А потом откуда ни возьмись — современный, энергичный город, весь в новостройках и рекламах мобильной связи. Отчего одни местности выглядели процветающими, а другие пребывали в запустении, понять было невозможно, и ощущение загадочности игры, которую затеяли время и пространство, еще больше усиливалось.

На переезде, в пятнадцати километрах от Чудова, железнодорожная часть Никиного путешествия закончилась, дальше нужно было идти пешком.

Миша сунул Фандорину в карман вареное яичко, которым разжился на последней остановке, посоветовал: «Тапки-то обмотай, обезножишь!», и Николас спрыгнул на насыпь.

Поезд еле полз, так что обошлось без членовредительства. Магистр скатился вниз по чистому, выпавшему ночью снежку, отряхнулся и пошел напрямик через поле. Потом, как объяснил Миша, нужно будет взять вправо, пройти по шоссе самую малость и свернуть в лес — там указатель. Божий человек всё знал, везде бывал, в том числе и у лесного старца, нынешней весной. Захотелось посмотреть на святого человека, послушать, что скажет. Но впечатлениями Миша при всей своей словоохотливости делиться не стал, сказал: сам увидишь, и загадочно улыбнулся.

Указатель на шоссе и в самом деле был — деревянный столбик, на нем опрятная табличка: «К ст. Сысою». Ника не сразу догадался, что «ст.» означает «старец», а когда догадался, только головой покачал. Кто бы мог подумать, что из этакого Карабаса-Барабаса получится святой старец? Хотя, с другой стороны, разве мало в истории христианства, да и других религий подобных казусов? Из великих грешников праведники получаются более качественные, чем из добропорядочных членов общества. На то оно и Божье чудо.

Дорожка через лес была ухоженная, любовно вымощенная камнями. Эти-то камни и добили Николасову обувку, которая и без того дышала на ладан. Не послушался он Мишу, опытного бродягу, не обвязал истрепавшиеся тапочки тряпками, думал и так дойдет. И вот одна подошва расползлась на куски, через сотню шагов приказала долго жить и вторая. От обуви осталась одна видимость, поэтому, когда вдали показался бревенчатый частокол и увенчанные дубовым крестом ворота, Фандорин свои бессмысленные опорки скинул, припустил по дорожке в одних носках. Ничего, как-нибудь — вот он уже, скит.

Скит-то скит, да только войти в него оказалось не так просто. У ворот топталась очередь, а за углом ограды обнаружилась автостоянка, где был припаркован сияющий длинный «БМВ».

Пришлось встать в хвост, прыгать поочередно то на одной ноге, то на другой.

Перед Фандориным стояла немолодая пара: женщина с бледным, исплаканным лицом, рядом седовласый красавец атлетического сложения. Покосился на Никину куртку (погоны с нее были сняты, но пуговицы с гербами остались), иронически пробасил:

— Зина, погляди, милиционер пришел грехи замаливать. По всей паломнической форме — босой и простоволосый.

Женщина подняла ворот норковой шубки, плохо сочетавшейся с черным монашьим платком, и укоризненно сказала:

— Костя, ты обещал.

У ироничного красавца сделалось виноватое выражение лица.

— Прости, больше не буду. Замерзла? Посиди пока в машине.

И показал на лимузин, из чего можно было заключить, что БМВ принадлежит не отшельнику. А что, со «старца Сысоя» сталось бы, подумал Фандорин.

— Так нельзя, — ответила женщина. — Это будет неправильно.

За исключением этой пары очередь состояла из людей бедно одетых и понурых. В воротах их встречал служка в рясе и скуфейке. Тихо поговорит с каждым, запишет что-то в книгу, пропустит.

Углядел Никину разутость, подошел, неодобрительно покачал головой.

— Зачем это вы самоистязанием занимаетесь? Старец не одобряет. Немедленно обуйтесь.

— Не во что, — пробормотал Николас, смущенный таким вниманием к своему опорно-двигательному аппарату.

Послушник не удивился, только проворчал что-то, окинув взглядом все два метра фандоринского роста. Ушел за ворота, через минуту вынес войлочные боты брэнда «прощай молодость».

— Сорок пятый размер, больше нет.

И вернулся к своим обязанностям.

Теперь Николасу ожидание было нипочем — он блаженствовал, наслаждался теплом. Даже улыбнулся, когда седовласый прогудел жене:

— Как тапки в музее, только завязочек не хватает.

И снова та жалобно воскликнула:

— Костя!

И снова он смутился.

— Ты не понимаешь, — заговорила она вполголоса. — Нужно верить, в этом всё дело. И ты тоже должен верить, иначе не получится.

— Я понимаю, — ответил мужчина. — Самовнушение, психотерапия и всё такое. Зин, я стараюсь, честно.

Она взволнованно схватила его за руку:

— Разве ты не чувствуешь, какой здесь особенный воздух, какая звенящая тишина!

Это такое место, такое... как это, слово забыла...

— Магическое? — быстро подсказал муж.

— Ах нет, нет! Забыла!

Отчего-то такая простая вещь, как забытое слово, вызвала у женщины настоящий приступ отчаяния — по ее лицу потекли слезы.

— Ну что ты, что ты, — переполошился мужчина. — Подумаешь, я тоже иногда слова забываю.

— Но не такое! Я его все время говорю... Ну, когда хорошее место, где много молились.

— Намоленное, — обернулся старичок, стоявший впереди супружеской пары. — Еще бы не намоленное. Здесь в старинные времена жил святой праведник, Даниил-угодник. Единым прикосновением любые болезни исцелял, хоть у людей, хоть у зверей лесных. И за святость был живым вознесен в небесную сферу. Приходят на эту вот поляну местные жители, а праведника нету. Ну, они думали за травами какими ушел или за кореньями, на малое время. На столе-то у него свеча горела. А потом свеча как вспыхнет, сполохи от нее, и весь дом небесным огнем воссиял. Еле те, кто это видел, выскочить успели. Вот какое было знамение. И с тех пор тут много всяких чудес бывало. В последнюю войну каратели окружили партизанский отряд. Одних убили, других живьем взяли. Привели пленных на эту поляну расстреливать. Вдруг офицер ихний, самый главный эсэсовец, задрожал весь, руками перед собой замахал, будто увидел нечто. Командует своим по-немецки: «Кругом, маршире́н отсюда!» И ушли каратели, а партизан живых оставили. Мне один человек рассказывал, что старец Сысой — один из тех самых партизан.

— Что вы, мужчина, выдумываете? — вступила в беседу постного вида девушка в таком же, как у забывчивой дамы, черном платке. — Вы старца-то хоть видели? Ему лет пятьдесят, никак не больше. А партизанам вашим было бы уж все восемьдесят.

Старичок снисходительно улыбнулся.

— Э-э, милая моя, небольшая, я вижу, в вас вера-то. — И перешел на таинственный шепот. — В восемьдесят лет на пятьдесят выглядеть — это еще не штука. А я вам вот что скажу: старец Сысой и есть Даниил-праведник. В войну партизаном представился, чтоб святая поляна смертоубийством не осквернилась. А ныне вернулся сюда в облике отшельника, потому времена теперь такие, что без праведников пропадем все. Спроста, что ли, по-вашему, именно здесь скит построился?

— И ты хочешь, чтобы я верил в эти сказки Шехерезады? — тихо спросил жену седовласый.

— Во что? — удивилась та. — Какие сказки?

Мужчина растерянно заморгал глазами.

— Зиночка, ну что ты. Сказки Шехерезады, «Тысяча и одна ночь». Али-баба, Аладдин. У нас на полке стоит, красивая такая книга с золотым обрезом. Помнишь?

— Да, — неуверенно ответила женщина. — Кажется, помню...

Очередь двигалась довольно быстро. В ворота вошла и постная девушка, и старичок мистического уморасположения. Подошел через состоятельной пары.

Выслушав, что нашептывает женщина, инок перелистнул амбарную книгу, сказал:

— Сегодня, в два. Проходите в скит, вас разместят.

Выразительно постучав костяшками по крепкому косяку, владелец лимузина спросил:

— Послушайте, человек божий, а что это вы от нас, недостойных, стенами да запорами отгородились?

Женщина испуганно схватила своего неуемного супруга за рукав, однако привратник на дерзкий вопрос не рассердился. Ответил, впрочем, непонятно:

— Это не мы от вас отгородились, а вы от нас. Следующий!

У Фандорина спросил:

— Вам что от старца нужно? Помощь или моление?

— Помощь, мне очень нужна помощь.

— Тогда... — Послушник снова перевернул страницу. — Послезавтра, в четверть седьмого утра.

— Но почему так нескоро? — возмутился Николас. — Этих вон на сегодня назначили!

11

Или у вас в скиту по одежке встречают, как в миру?

— У нас две очереди, на помощь и на моление. За молением мало кто приходит, всё больше за воспомоществованием, потому туда и очередь длиннее. — Посмотрев на обтрепанные брюки паломника, все в катышках от ваты, инок строго сказал. — Только учтите: зряшно старец никому не помогает. И мне наказал: «Халявщиков в шею». Старец деньгам счет знает, он в мирской жизни банкиром был.

Фандорин удивился: выходит, патрон своих прежних занятий не скрывает и не стыдится?

— Мне не денег надо. Мне бы просто с ним поговорить. Мы старые знакомые, даже друзья. Скажите ему — Николай Фандорин пришел.

Привратник зевнул, перекрестил рот.

— Старцу теперь все друзья, что знакомые, что незнакомые... Если вы не за денежным воспомоществованием, тогда запишу в очередь на моление. Нынче в два тридцать приходите. Следующий!

Устройство скита было такое: «пещера», где проживал сам старец, братская изба, гостевой дом для паломников, поделенный на две половины, мужскую и женскую, и хозяйственный блок с собственной мини-электростанцией. Все постройки из гладко оструганных бревен, с крышами из жизнерадостной зеленой черепицы. Ни церковки, ни часовни внутри ограды не было — только икона Спасителя, да и та в необычном месте: прямо на сосне. Над иконой остроугольный навес от дождя, по бокам защитные дощечки, отчего вся конструкция смахивала на скворечник.

Загадка разъяснилась за трапезой, когда Фандорин с другими паломниками ел постные щи с кашей (оба немудрящих блюда показались изголодавшемуся магистру необыкновенно вкусными). Соседи по длинному дощатому столу сообщили, что старец, оказывается, в монахи не постригался, да и в священники не рукоположен. Приходящих не благословляет, потому что не имеет такой власти, а просто молится вместе с ними, и это многим помогает. Один желчный дядька, приехавший за молением из Петербурга, сказал, что церковное начальство поначалу даже запрещало верующим ходить в лес к старцу и сменило гнев на милость, лишь когда Сысой пожертвовал миллион на иконную фабрику. Правда, несколько других паломников объявили эту информацию злостным измышлением и клеветой, в результате чего в трапезной разразился небольшой скандал, но скоро утих — настроение у присутствующих все же было торжественное, благостное.

Слушать, как о компаньоне, которого Ника знал совсем с иной стороны, говорят с замиранием голоса и благоговением, было удивительно. Неужто бывает, чтобы человек до такой степени изменился? Это правда, что он уже довольно давно стал увлекаться божественным и терять вкус к предпринимательству. В последний год мирской жизни партнер вел полузатворническое существование, они с Николасом совсем перестали встречаться. Но дистанция между набожным бизнесменом и лесным отшельником слишком уж велика. Он был такой жовиальный, любитель выпить и закусить, и вдруг — святой старец, к которому сдут издалека за молением и помощью.

Моление Николасу, конечно, не повредило бы, но лучше все же было бы получить помощь. В прежние времена, когда Сысой еще не был Сысоем, вряд ли бы он стал молиться, но уж помог бы наверняка...

Ровно в половине третьего, ужасно волнуясь, Фандорин поднялся на крылечко «пещеры» — славного, аккуратного домика с белыми занавесками на окнах.

Оказалось, рано. Давешняя пара, которой было назначено придти в два, еще дожидалась своей очереди — сидела в прихожей, а из открытой двери кельи доносился негромкий, хорошо знакомый Николасу голос с легким кавказским акцентом.

— ...Как «зачем»? — удивленно спросил голос. — Так-таки не знаешь, зачем на свете живешь? Смешная какая!

Дама держала свою норковую шубку на коленях, нервно мяла кружевной платочек с монограммой. Фандорину кивнула, как знакомому, и шепнула:

— Задерживаемся. Женщина, которая перед нами, никак не уйдет.

— Тсс, — шикнул на нее муж, прислушиваясь к разговору в келье.

Выражение лица у него было насмешливо-удивленное, но скорее все-таки удивленное, чем насмешливое.

— Не знаю, отче, — подтвердил унылый голос, женский. — Зачем родилась, зачем столько лет ела, спала, работала? Зачем замуж вышла, зачем четверых детей нарожала? Кому они нужны, кому я нужна? Я что к вам пришла-то. Мысль одна покоя не дает. Я в семь лет туберкулезом заболела. Все думали — помру. Но врачи попались хорошие, выжила. А теперь думаю: зачем выжила-то? Если б тогда умерла, всем лучше бы было, и мне первой. Никакой во мне искры нету, никакого таланта. Никогда не было ни мне от жизни радости, ни ей от меня...

— Это правильно, — охотно согласился старец. — Битый час с тобой толкую и вижу, что женщина ты нудная и глупая. Всё ноешь, ноешь — у меня аж зуб под коронкой из-за тебя заболел. А все же жизнь свою ты не напрасно прожила.

Паломница вяло протянула:

— Это вы из доброты говорите, в утешение.

— Нет, раба Божья, я попусту воздух сотрясать не привык, не такой у меня бэкграунд.

— Что не такой?

— Биография не такая, чтоб языком болтать, поняла? Как же ты зря жизнь прожила, если четырех детей в мир привела? Знаешь, что такое ребенок, глупая? Это тебе лишний шанс свою жизнь оправдать. Выигрышный лотерейный билет. Пускай у тебя жизнь не задалась, пускай ты самое что ни на есть пустое существо, но если ты родила ребенка, всё меняется. Поняла?

— Нет, отче, не поняла.

— Фу, дура какая! — загорячился Сысой. — Я тебе русским языком толкую: лоте-рейный билет, поняла? Может, для того тебя Господь от туберкулеза и спасал, чтобы ты ребенка родила — такого необыкновенного, какого прежде еще не бывало. Может, от твоего ребенка весь Божий мир лучше станет! А у тебя лотерейных билетов целых четыре, и на каждый ты можешь грин-карту выиграть — да не в какую-то там Америку, а в рай!

— За детей-то? — усомнилась паломница. — Да мой старший в тюрьме сидит, по третьему разу. Сашка, второй, учиться не захотел, в армии сейчас. Дурень дурнем. А дочки-близняшки, Олька и Ирка? Тринадцать лет, а уж размалеванные ходят, по подвалам шляются. Глаза б мои на них на всех не смотрели.

Старец засмеялся:

— Что размалеванные — ничего. Это им любви хочется. Что тут плохого? И что Сашка твой дурень, тоже ничего. Может, поумнеет еще, да и не в уме главное. И на старшем крест не ставь. У Господа Бога чудес много, иному человеку и в тюрьме свет засияет. Ты вот что, Наталья Волосюк, ты ко мне приходи через десять лет. Расскажешь, как у твоих детей всё сложится. Тогда и о смысле жизни поговорим. Запиши ее, Кеша, на 15 ноября 2011 года.

Раздалось быстрое щелканье клавиш, и Фандорин, не поверив ушам, заглянул в открытую дверь. Неужто компьютер?

Так и есть: в углу кельи стрекотал на клавиатуре молодой парень в черной рясе. Старец и его собеседница сидели у стола, между ними мигал красным огонечком диктофон. На женщину Ника толком и не взглянул — его интересовал старец. Компаньон отпустил пышную получерную-полуседую бороду, вместо итальянского костюма на нем была черная хламида, но этим метаморфоза, пожалуй, и исчерпывалась. Обильная плоть былого чревоугодника нисколько не иссохла — поди все те же 125 килограммов, да и живые черные глаза блестели точно так же.

— Ва, Николай Александрович! — воскликнул старец, не удивленно, а обрадованно. — Какой молодец! Я за вас, безбожника, молился, а что приедете — и не надеялся.

— Так я через десять лет зайду, отче? — спросила паломница, поднимаясь.

Нагнувшись, чмокнула отшельника в мясистую руку и ретировалась.

— Ты знаешь, кто это, Иннокентий? — обратился старец к своему помощнику. — Это человек, который однажды дал мне правильный совет, после чего я сделал первый шаг в правильном направлении. Дорога в десять тысяч ли начинается с одного шага — это в Китае так говорят. Знаешь, что такое «ли»?

— Знаю, отче, — ответил ровным голосом очкастый Иннокентий. — Мера длины, равная четырем километрам.

— Всего получается сорок тысяч километров, то есть длина экватора, а стало быть что? Правильно, бесконечность, — назидательно сказал Сысой. — Вот какой бесценный совет дал мне мой друг Николай Александрович Фандорин.

Келейник бросил на Нику благоговейный взгляд и низко поклонился.

Момент был идеальный для того, чтобы завести разговор о деле, но тут в дверь заглянул седовласый скептик.

— Минуточку! Почему этот милиционер пролез без очереди?

Пришлось выйти. Оно и к лучшему: Николас был записан последним перед обеденным перерывом, так что обойдется без посторонних ушей.

Сидел на скамье, ждал, против воли прислушиваясь к разговору.

— Святой отец, у меня беда, — рассказывала женщина жалобно. — Ужасная болезнь, современная медицина бессильна. Болезнь Альцгеймера, слышали? Попросту говоря, старческое слабоумие.

— Знаю, знаю, — прогудел Сысой. — Как у Рональда Рейгана.

— У кого? — удивилась паломница.

Муж нервным голосом подсказал:

— Бывший американский президент. Ну, голливудский актер. Помнишь, он в Москву приезжал, мы на прием ходили. Ты еще платье его жены всё разглядывала.

— Нет, забыла...

Последовала пауза, прерываемая сморканием и всхлипами.

— Ой, — вдруг всполошилась женщина. — Извините, отче, я забыла серьги снять! Сюда ведь с бриллиантами наверное нельзя, тут святое место! Сейчас, сейчас сниму!

— Пустяки, — успокоил ее Сысой. — Не такие бриллианты, чтобы от них святости была помеха. Каратика полтора? Нестрашно. Ты, раба Божья, дело говори, а то у меня обед скоро. Плоть нам от Бога дана, ее беречь нужно.

— Спасите меня, отче! Мы все медицинские средства перепробовали! Я по три часа в день кладу эти... ну, перед иконой! Жертвую деньги, много. Уговорила вот мужа, чтобы к вам привез. Про вас чудеса рассказывают! Мне всего шестьдесят лет, отче...

— Шестьдесят четыре, ты забыла, — поправил муж.

— Да-да, извините, шестьдесят четыре! Наследственность плохая — с матерью было то же самое. Ее последние годы были чудовищны! Она пела детские песенки, по телевизору смотрела только мультфильмы про Чебурашку и Винни-Пуха. Я не хочу превращаться в идиотку! Лучше руки на себя наложу, чем буду, как мать!

Фандорин слушал жалобы несчастной и по профессиональной привычке думал, что бы ей посоветовать. Не так-то это было просто, а Сысой вот нисколько не затруднился.

— Руки на себя накладывать нельзя — это грех, — строго сказал он. — Даже и не думай. Жизнь для того Богом и дана, чтобы прожить ее всю, до старости, какая уж кому досталась. А болезнь Альцгеймера — это особенная милость от Господа. В младенчестве у человека душа постепенно просыпается, к телу привыкает, а в старости, наоборот, отвыкает от плоти, ко сну готовится. Да к какому сну-то — который и есть истинное пробуждение. Смотри, как твоей матери повезло. Она и не заметила, как от этой жизни к следующей перешла. И с тобой то же будет. Так что участь твоя легкая, завидная. Чем плохо — мультики смотреть? Вот кому тяжело будет, так это близким твоим, кто тебя любит.

Раздались быстрые шаги. Из кельи вышел седовласый. Лицо у него дрожало, и Николас понял, что этот человек действительно любит свою расфуфыренную старуху. Уж непонятно за что, но любит.

— Пойдем, Зина, — сказал мужчина. — Я тебе говорил — пустая трата времени. Пятьсот километров сюда, столько же обратно. Поедем с тобой в Швейцарию. Я читал, там новое лекарство нашли, «амилдетокс» называется.

Женщина безропотно поднялась и вышла, однако лицо у нее было уже не плаксивое, а задумчивое.

Седовласый же всё не мог успокоиться. Сердито жестикулируя, сказал Сысою:

— Чушь это, святой отец! Капитуляция перед самим собой и перед жизнью. Меня, например, смерть если и возьмет, то на полном скаку — рухну, как из седла! Видали мышцы? — Он задрал рукав кашемирового свитера, показал крепкую, жилистую руку. — Я с сорока лет, когда впервые почувствовал, что молодость уходит, взял себе за правило каждое утро делать часовую зарядку, и чтоб непременно сорок отжиманий. С тех пор каждый год по одному отжиманию прибавляю, назло старости. Сейчас вот делаю шестьдесят шесть, а с первого января перейду на шестьдесят семь. Да еще штангу качаю, в проруби зимой купаюсь. Думаете, легко? Трудно, и с каждым днем все труднее. Когда-нибудь во время зарядки сдохну от разрыва сердца. И очень этим доволен!

Сысой вышел из кельи, сцепил пальцы на большом животе.

— И что тогда с твоей женой будет? Кому она кроме тебя нужна? Кто с ней нянчиться станет, мультики ей крутить? Так что ты, раб Божий, уж полегче с отжиманиями-то. Ну, храни Господь вас обоих.

Перекрестился, поманил пальцем Фандорина: заходи, мол.

Келейнику сказал:

— Иди, Кеша, обедай. И диктофон выключи, не понадобится.

Когда же компаньоны остались вдвоем, Сысой крепко прижал гостя к мягкой груди. Вполголоса спросил:

— Знаете, Николай Александрович, что самое трудное в христианском учении? Любить всех людей одинаково — что ближних, что дальних. С этим у меня пока не очень. Грешен, Господи. — Он покаянно перекрестился. — То есть любить-то всех уже научился, но некоторых пока еще больше, чем прочих. Например, вас. Сядем, поговорим, как раньше, а? Как хорошо, что вы приехали! Тут все приходят мне загадки загадывать, а у меня тоже вопрос есть. Кроме вас кто ответит?

Сели, помолчали. Николас ждал вопроса, Сысой готовился, подбирал слова. Наконец, начал:

— Вы что же думаете, я, как в Бога уверовал, сразу решил в скиту поселиться? И в голове не держал. Со смеху бы помер, если б мне кто такое сказал. Я сначала как хотел? Чтоб зла поменьше делать, а хорошего побольше, только и всего. Чтоб всех людей любить, такого плана у меня не было, честное слово. Я ведь раньше по другому закону жил. Помню, мне старший брат сказал, семилетнему: «Если ты мужчина, не давай себя...» Нет, не могу это слово сказать — отшельник все-таки. Не давай себя *познать*, если по-библейскому. Сам всех это, *познавай*. Такой у меня раньше закон был, пока в Бога не поверил. А познать и полюбить — это две очень большие разницы. Оказывается, не нужно никого познавать. Любить нужно! И всё, и больше ничего.

— «All you need is love»? — кивнул Николас. — Во времена моего детства эта песня звучала из каждого радиоприемника. Я, помню, слушал и думал: как свежо, как просто и как верно. Всего-то и нужно, что относиться друг к другу с любовью, как люди этого не понимают? Потом, когда подрос, узнал, что ничего свежего тут нет. Люди всегда делились на тех, кто говорил: люби остальных, даже если они тебе ничего хорошего не сделали, и на тех, кто твердил: не давай себя .... И это еще не самое печальное, потому что, когда так говорят, сразу видно, кто хороший, а кто плохой. А сколько в истории было случаев, когда любовь проповедовали злые? И учили всех любви, и заставляли любить насильно, и убивали тех, кто не хочет любить или любит неправильно?

— Э, зачем про этих говорить? — досадливо махнул рукой Сысой. — Какая может быть любовь, если людей не жалеешь? Я вот через жалость пропал. Сначала, чувствую, всех знакомых жалко стало: несчастных, потому что несчастные; счастливых, потому что счастье их когда-нибудь кончится. Дальше — хуже. Бизнесменов, с кем дела вел, жалеть начал. Обвожу их вокруг пальца, делаю, как последних лохов, а прежнего кайфа нет. Жалко. Тогда-то я от менеджмента и отошел, траст создал. Не разориться испугался — жалко стало людей, которые на меня работают. Куда денутся, на что жить будут? И пошло-поехало. Бедных жалко, больных жалко, детей жалко, стариков жалко, жителей Черной Африки жалко... Да не от случая к случаю, а всё время. Тогда и решил: уеду в тихое место, буду жалеть там человечество с утра до вечера, с перерывом только на время сна. Правда, теперь и ночью жалею — такие уж сны снятся. Потом, смотрю, человечества мне мало сделалось. Зверей сильно жалеть начал. Зачем, думаю, мы их режем, шкуры с них сдираем? Грех это. И перестал мясо кушать. А помните, как раньше шашлык, сациви любил? Рыб есть тоже не могу. Как представлю: вот плавают они такие безмолвные, пучеглазые, шевелят своими губами, а сверху их сетью, и на палубу, где им дышать нечем... Бр-р-р!

Старец передернулся и вдруг с тревогой спросил:

— Николай Александрович, я тут в интернете прочел, что растения тоже боль чувствуют, тоже могут любить или ненавидеть. К одному садовнику листочками тянутся, от другого норовят отодвинуться. Как думаете, правда или нет?

— Не знаю.

— Если правда, то всё, конец мне, — печально сказал Сысой. — От голода умру. Как почувствую, что капусту с морковкой жалко, тут-то мне со святыми упокой. Эх, Николай Александрович, Добро — опасная штука, если к нему приохотить человека без тормозов, вроде меня. Вы — другое дело, вы во всем меру знаете.

Эти слова, вовсе не показавшиеся Фандорину комплиментом, были произнесены уважительно и даже, кажется, с завистью.

Впрочем, старец тут же просветлел, улыбнулся.

— Ничего, Господь милостив, даст пропитание. Буду йогурты диетические кушать, синтетические белки. Пшеницу тоже чего жалеть — все равно бы осыпалась. Плоды, которые не с ветки сорваны, а сами упали, тоже сгодятся. Такие даже еще вкусней... Ну вот, поговорил с вами, и на душе легче стало. А теперь вы мне расскажите, зачем пришли.

И Николас рассказал, за чем пришел — всю правду, без малейшей утайки.

— ...Если кто-то и может мне помочь, то только вы. — Такими словами закончил он свою готическую новеллу.

Сысой насупился, долго ничего не говорил. Потом шлепнул пухлой ладонью по столу, выругался по-грузински и вдруг превратился из святого отшельника в прежнего флибустьера.

— *Шени деда!* Раньше бы я вашу проблему легко решил. Узнал бы, кто на вас наехал. Если серьезный человек — разрулил бы ситуацию. Если несерьезный, поручил бы своему департаменту безопасности. Помните, какие были орлы? Нет их больше. Уволил, с выходным пособием. Теперь на других работают. Один Гиви со мной остался. Его куда только не звали, большие деньги давали — отказался. Тут у меня ключником служит. А сам даже в Бога не верует. Во всяком случае, это он так думает. Я бы вам его одолжил, Гиви и один много что может. Но не пойдет он, не захочет меня оставлять...

— Но ведь прочие ваши структуры целы! Бизнес продолжается! Значит, и связи остались!

— Какие связи? — развел руками бывший олигарх. — Говорю же, траст всем управляет. У меня и денег .никаких нет. Половина дохода на благотворительность идет, половина жене и дочке. Жена, конечно, у меня шалава, прости Господи за нехорошее слово [тут старец перекрестил рот], но она же не виновата, что такой на свет родилась. Вот и в Писании речено: «И сказал Господь Осии: иди, возьми себе жену блудницу и детей блуда; ибо сильно блудодействует земля сия, отступив от Господа». Не под силу мне вас от суетного мира защитить. Ушел я из него, Николай Александрович. Совсем, безвозвратно.

— Значит, спасения нет?

Николас побледнел. Неужели рухнула последняя надежда? Нежели долгое путешествие из Москвы было пустой тратой времени?

— Спасение, раб Божий, всегда есть, — назидательно ответил Сысой, вновь превращаясь в святого старца. — Это я тебя в миру не могу от зла защитить, а здесь, на этом острове благости, запросто. Бери Алтын, бери детей, ставь избушку — я помогу. Будете жить да радоваться. Никто вас здесь не тронет.

Ника на секунду зажмурился, представив себе лесную идиллию.

Картина обрисовалась такая: вот он сам, в перепоясанной рубахе навыпуск, с топором в руке — тешет бревно; вот Геля и Эраст, оба

27

в лапоточках, несут корзинки с земляникой; а вот главный редактор газеты «Эросс», в платочке, с коромыслом через плечо.

— Нет, не получится, — сказал он вслух. — Алтын здесь не сможет.

— Это ничего, что она из магометан, — не так понял его старец. — Бог-то один, а всё прочее — формальности.

Идя по шоссе обратно к железной дороге, Фандорин думал о предстоящем объяснении с женой.

Очень вероятно, что она с беглым мужем вообще разговаривать не захочет. Нечего надеяться на то, что Валя успел заменить в почтовом ящике записку. Скорее всего, ассистент уже нянчит свой сломанный нос где-нибудь за тридевять земель, спешно эвакуированный Мамоной подальше от неприятностей.

Стало быть, Алтын знает лишь, что муж ни с того ни с сего вдруг устал от семейной жизни и возжелал пожить в одиночестве. Помыслить страшно, в каком она сейчас пребывает негодовании. И ведь даже позвонить нельзя — наверняка прослушивают.

Нужно будет исхитриться и найти способ подстеречь ее где-нибудь в безопасном месте. Сначала она, конечно, накричит. Может даже ударить — прецеденты были. Но потом, когда он, наконец, расскажет о случившемся несчастье, они вместе найдут какое-нибудь решение.

Какое?

К прежней жизни, теперь представлявшейся утраченным раем, возврата быть не могло. Значит, выход только один — бегство.

Захочет ли Алтын с ним бежать, бросив дом, работу, родной город?

Неизвестно.

А если захочет, то куда бежать?

За границу? Как это сказал храбрый капитан Волков? «За своего бандосы тебя точно порешат, я их повадки знаю. Хоть в Австралию умотай — всё равно достанут».

Вот и получалось, что здесь, в лесу, под опекой мудрого Сысоя, безопасней. Никаким бандитам в голову не придет.

А что? Всё главное, из чего состоит жизнь, тут есть. Алтын будет воспитывать детей, он станет ассистентом у Сысоя — в конце концов, оба они занимаются, в общем-то, одним и тем же делом: помогают людям, которым трудно.

Кому из паломников нужно духовное наставление или молитва — будут идти к старцу. Кому довольно практического совета — к Николасу.

И будет у них простая, ясная, добрая жизнь. Как у Поля и Виргинии.

Сзади зашелестели шины, скрипнули тормоза. Низменные звуки цивилизации вернули Николаса к реальности.

Рядом с пешеходом остановился большой автомобиль с темными стеклами. Испугаться Фандорин не успел, потому что одно из них опустилось — за рулем, слава Богу, была женщина. Молодая, стильная и очень, очень красивая, это было очевидно даже несмотря на то, что половину ее лица закрывали огромные сиреневые очки.

— Извините, вы местный? — спросила Венера, поглаживая рукой пышный воротник из чернобурки.

Странно, но у Фандорина возникло ощущение, что он эту красавицу уже где-то видел.

Быть может, на картине Крамского? Такой же холодный день, посверкивающий серебром мех, и прекрасная незнакомка с надменным, требовательным взглядом.

Тряхнув головой, отогнал наваждение.

Должно быть, очередная паломница. Видимо, и у нее тоже стряслось какое-то несчастье, от которых, увы, не спасают ни красота, ни богатство.

— Мне бы разобраться, где я нахожусь. — Красавица беспомощно улыбнулась. — Я абсолютная топографическая идиотка. Даже не понимаю, в каком направлении еду. У меня тут есть карта, но я в ней запуталась. Не посмотрите?

Николас тоже улыбнулся — извечной мужской улыбкой, означавшей примерно следующее: о, современные хозяйки жизни, как быстро теряете вы уверенность и апломб, столкнувшись с неженскими атрибутами — дорогой, картой, простором.

Разве можно было отказать в столь невинной и отчасти даже лестной просьбе?

Он открыл дверцу, сел на пружинистое кожаное кресло.

— Ну, где ваша карта?

И ощутил невольный укол разочарования — сзади сидел еще кто-то (даже, кажется, двое). Рассматривать постеснялся, да и темновато было в салоне, за тонированными стеклами.

Женщина нажала какую-то кнопочку. Полуобернулась к своим спутникам и снисходительно сказала, видимо, продолжая прерванный разговор:

— Учитесь, мальчики, работать интеллигентно. Без мордобоя, без пальбы.

Странные слова все же заставили Николаса посмотреть на сидящих сзади.

Один из них обиженно ответил пугающе знакомым голосом:

— Ага, без пальбы. А кто мента завалил?

Этот голос Ника слышал уже трижды: перед ночным клубом, потом на даче и еще в милицейских «жигулях», из темноты. Главный из бандитов! А рядом с ним сидел еще один недобрый знакомец, Утконос.

Фандорин дернул ручку дверцы, та не подалась. Машина взяла с места — мягко, но так мощно, что уже через несколько секунд стрелка спидометра была на отметке 100, не задержалась там, поползла дальше и потом не спускалась ниже 160 даже на поворотах.

— Как вы мне надоели, прекрасный сэр, — сказала сумасшедшая водительница, проскакивая в щель между двумя автофургонами и одновременно с этим зажигая узкую черную сигарку. — От самой Москвы за вами ехали, любопытно было выяснить, куда это вас понесло. А вы, оказывается, на богомолье отправились.

Выдохнула струйку пахучего дыма, выскочила из потока на встречную полосу. Летящий прямо в лоб бензовоз отчаянно загудел, но столкновения каким-то чудом не произошло — Фандорин только охнул.

— Пока тащилась за вашим поездом, мне собирали о вас инфо — и в Москве, и в Англии. Всё не могла поверить, думала, недостаточно глубоко копаю. Оказалось, что вы пирожок ни с чем.

Затор остался позади, теперь ничто не мешало слаломщице ехать так, как ей нравится. Если бы кто-нибудь рассказал Фандорину, что по неказистому шоссе областного значения можно гнать на двухстах километрах, он нипочем бы не поверил. Как завороженный, магистр смотрел на бешено разматывающуюся серую ленту дороги, а в голове стучало: сейчас один ухаб, и всё...

— Ну хорошо, теперь вы знаете, что я не представляю для вас опасности, — сказал он, сглотнув. — Зачем же тогда меня похищать? Убили бы, и дело с концом. Вы ведь всё равно меня убьете, за вашего рыжего.

— Что моего мальчика грохнули, это бы еще полдела. Хуже то, что я впустую потратила на вас столько времени. А один день моей работы стоит дороже, чем... — Она запнулась, небрежно взмахнула рукой с сигарой. — Если из вас вынуть все внутренние органы и продать на пересадку престарелым нефтяным шейхам, столько не получится.

Метафора была такая сильная, что Николас на секунду оторвал взгляд от шоссе.

— Грохнуть вас — штука нехитрая, — раздраженно продолжила красавица. — Вытолкнуть в дверцу, чтоб размазало по асфальту, и дело с концом...

Она сдернула очки, швырнула их под ветровое стекло, и Фандорин впервые разглядел ее лицо.

Он действительно видел эту женщину раньше, и «Незнакомка» Крамского здесь была ни при чем.

Как он мог не узнать голос? Правда, тогда грохотал «музон», да и говорила она не зло и отрывисто, а протяжно, с придыханием...

Соблазнительница из «Холестерина», вот кто это был. Так что логика событий прояснилась.

Сначала эта охотница за черепами попыталась заманить Николаса в ловушку при

33

помощи женских чар. Когда не удалось — позвонила своим головорезам, поджидавшим на улице. И у пакгаузов станции Лепешкино, перед тем как погиб Волков, из подъехавшего джипа тоже вышла она, никаких сомнений.

Тут в голову готовящемуся к смерти магистру пришла отличная идея: схватиться обеими руками за руль и вывернуть его на себя, чтобы бешено несущийся автомобиль швырнуло под откос. А там уж пускай Господь решает, всех ли ездоков забрать к Себе на разбирательство или явить чудо и кого-нибудь пока оставить.

От этой сумасшедшей мысли страх немного отступил.

— Пожалуй, нет, — задумчиво произнесла Венера. — Грохнуть вас означало бы списать потраченное время в непродуктивные расходы, а я к этому не привыкла.

Она посмотрела на Николаса таким долгим, оценивающим взглядом, что он снова похолодел. Психопатка, а кто будет следить за дорогой, ведь сто дсвяносто!

— Будете отрабатывать долг, а там посмотрим. — Даже не повернув головы, Венера чуть шевельнула рулем — пропустила между колес неширокую, но довольно глубокую выбоину. — За вами числится следующее. Во-первых, четыре дня моей работы. Во-вторых, вы застрелили одного из моих помощников. Ну, и в-третьих, из-за вас скушал пулю капитан из МУРа, а это лишние хлопоты. Общая сумма выходит серьезная.

— Какая? — встрепенулся Фандорин, обнадеженный переходом на язык бухгалтерии. — Я небогат, но если мы договоримся о рассрочке...

Жестокая богиня коротко, зло рассмеялась.

— Из-за вас я осрамилась перед заказчиком. Пострадала моя репутация, а в профессии, которой я занимаюсь, репутация — самое главное. Этот ущерб деньгами не искупишь. Вы задолжали мне свою жизнь, Ника.

В устах страшной женщины это домашнее обращение прозвучало так дико, что Фандорин вздрогнул. Она же вдруг заулыбалась, кивнула каким-то своим мыслям. Пробормотала:

— Так-так-так... Умница девочка.

Кажется, у вершительницы Николасовой судьбы прямо на ходу зарождался какой-то план.

Фандорин нервно заерзал, оглянулся назад — оба пистолеро сидели неподвижно. Утконос бесстрастно смотрел в окно; второй же, которого Ника раньше так боялся, по сравнению с безжалостной Венерой показался ему не столь уж страшным. По крайней мере, в глазах бандита было что-то человеческое — пожалуй, даже сочувственное. И подумалось: представительницы прекрасного пола, конечно, в целом лучше мужчин — мягче, добрее, милосердней, но уж если женщина исчадие ада, то любого злодея за пояс заткнет.

— Мират ищет гувернантку для своей Золушки, — сказало исчадие ада таким тоном, будто рассказывало о каких-то общих знакомых.

— Что? — удивился Николас.

Она продолжила, не обратив внимания на вопрос, и стало ясно, что это не приглашение к диалогу, а рассуждение вслух.

— Билингвальный англичанин, да еще настоящий баронет. Инга будет в восторге. Ни у кого такого гувернера нет, все подруги от зависти полопаются. От кого бы наводку кинуть, чтоб не догадалась? От агентства, чего уж проще. Она ведь посылала туда заявку. Элементарно! Решено, Фандорин, вы станете гувернером.

— Я? Гувернером? — пролепетал он, ожидавший чего угодно, быть может, даже приказа совершить убийство, но никак не такого мирного задания. — Но где?

— В семье одного богатенького дяденьки. Будете учить его обожаемую дочурку английскому языку и изящным манерам. Вы ведь джентльмен? — засмеялась она.

— А что еще я должен буду там делать? — спросил Николас, пытаясь уразуметь, в чем здесь подвох.

Улыбка с ее лица не исчезла, но голос стал жестким:

— Всё, что скажу. Прикажу — ночью к Мирату в спальню залезешь и зубами ему глотку перегрызешь. Прикажу — станешь Ингину болонку трахать. Понял?

Переход к прямой агрессии и грубости был таким внезапным, что Ника отшатнулся.

— Послушайте, как вас...

— Ну, допустим, Жанна, — ответила она и снова чему-то рассмеялась.

— Послушайте, Жанна, я вам не зомби и не стану делать ничего, что противоречит моим принципам. Лучше сразу выкиньте меня из машины.

— Не хотите моську трахать, — резюмировала она. — И горло незнакомому дяде тоже грызть не желаете. Такие у вас принципы. Отлично вас понимаю. Конечно, лучше быть выкинутым из машины. Но это не самое ужасное, что может произойти с человеком. Особенно, если он такой примерный семьянин... — И тем же ровным тоном приказала. — Макс, подержи-ка господина Фандорина, а то не дай бог начнет за руль хвататься.

Мужчина, сидевший сзади (тот самый, в чьем взгляде Николасу привиделось сочувствие), легко и уверенно взял магистра в стальной зажим.

— Я вас убивать не стану, — продолжила Жанна. — Живите себе на здоровье. Но долг отдавать все равно придется. Согласна взять в уплату любого из ваших очаровательных двойняшек. Вы кого больше любите — Эрастика или Ангелиночку? Я не зверь, мне кого-нибудь одного хватит. Можете сами выбрать.

Николас забился, захрипел, мечтая только об одном — поскорее проснуться. Только теперь ему стало ясно, что все безумные события последних дней — кошмарный сон, и виноват во всем сумасшедший посетитель, назвавшийся судьей. Это он завел речь про заложников и про чудовищный выбор между собственными детьми. И вот нате вам, приснилось.

Но это, конечно, был самообман, защитная реакция ошалевшей психики. В следующую секунду Ника о пробуждении уже не думал — с ним случилось нечто странное, совершенно необъяснимое.

Он вдруг увидел происходящее извне, со стороны. Шоссе; мчащуюся по нему машину; в машине человек, которого держат за горло. Наблюдать за этой сценой было мучительно. Но потом он увидел ту же машину сверху — сначала в натуральную величину, потом, по мере того как точка обзора перемещалась все выше и выше, автомобиль превратился в жука, в букашку, в крошечную точку. Мир не был единым — их оказалось два: большой и маленький. В маленьком происходило несчастье, большой же сохранял величавость и равновесие. И мелькнула непонятная мысль: *я могу всё перевернуть*. В моих силах восстановить в маленьком мире гармонию, но тогда большого мира больше не будет. Почему-то это дикое допущение — *что большого мира не будет* — показалось Фандорину совершенно невыносимым.

— Нет, — просипел Николас.

— Нет? — удивилась Жанна, но тут же сама себе объяснила. — А, это у вас с воображением проблемы. О! Как кстати. Сейчас продемонстрирую.

Не поняв, что она имеет в виду, Николас проследил за ее взглядом.

За всё время кошмарной поездки машина в первый раз остановилась — как раз подъехали к железнодорожному переезду. Мимо с грохотом несся поезд. У шлагбаума других автомобилей не было, только стоял белобрысый деревенский мальчишка, держа за руль слишком большой для него велосипед. Он с любопытством глазел на роскошное авто, вглядывался в темные стекла, от нечего делать состроил рожицу собственному отражению и засмеялся. В ухо Николасу хмыкнул железнорукий Макс — сорванец его развеселил.

Потом раздался звонок, шлагбаум поднялся, и мальчишка, вихляя тощим задом, покатил вперед. На спине у него подпрыгивал ранец с цветными наклейками.

— Смотрим внимательно, — сказала Жанна, трогаясь с места.

Всё дальнейшее происходило на протяжении одной бесконечной, зависшей во времени секунды.

Увидев, как бампер разгоняющегося джипа нацеливается прямо в заднее колесо велосипеда, Николас закричал и рванулся. Макс тоже охнул, зажим не расцепил, но — видимо, непроизвольно — чуть-чуть ослабил. Этого люфта в два-три сантиметра хватило для того, чтобы Фандорин в отчаянном рывке достал до руля.

Нос машины вильнул влево, едва чиркнув по велосипедной шине. И тем не менее, маленький седок полетел в кювет.

Тут охранник вовсе выпустил Николаса, оба обернулись и увидели, как мальчишка сидит на земле рядом с упавшим велосипедом, машет вслед джипу кулаком и гневно разевает рот. Слава Богу, жив!

Утконос, тоже оглянувшийся назад, невозмутимо принял прежнюю позу. Макс же коротко дернул подбородком, и ресницы его слегка дрогнули, а когда он снова взял шею пленника в захват, то гораздо свободнее, чем прежде.

— То же самое я сделаю с вашим славным толстячком Эрастом, — пояснила Жанна. — Только отвести руль будет некому. Доходчиво показала? Нет? Тогда исполняю на бис. В этой глуши можно хоть всё население передавить — никто не почешется.

Впереди, держась поближе к обочине, ехала целая стайка маленьких велосипедистов. Должно быть, где-то неподалеку находилась школа.

— Держи его крепче, — велела Жанна, разгоняясь.

Макс сглотнул, но приказ выполнил.

И снова Николасу было то же самое видение, только в обратной последовательности.

Сначала он увидел сверху грязный бинт шоссе, по которому шустро ползла жирная, блестящая муха. Зум дал увеличение, и муха превратилась в автомобиль. Стала видна внутренность автомобиля: четверо людей, искаженное лицо самого Ники. А потом мир сжался до размеров Никиного тела, и сделалось ясно, что маленький мир с немногочисленным его населением — Алтын, Геля, Эраст — куда важней мира большого. Без большого мира жить можно, без маленького — нет.

И Фандорин быстро сказал:

— Да. Да.

— То-то же, — усмехнулась Жанна. — И нечего про принципы болтать. У человека, который ради своих принципов не готов пожертвовать всем, нет права говорить «нет».

Свою часть сделки она выполнила — за долю секунды до столкновения с последним из маленьких велосипедистов слегка повернула руль.

Краткий миг облегчения в череде наползающих друг на друга кошмаров — вот что такое настоящее счастье, понял вдруг Николас. И в течение нескольких последующих секунд был по-настоящему счастлив — насколько человек вообще может быть счастлив.

Глава четырнадцатая

ТЩЕТНАЯ ПРЕДОСТОРОЖНОСТЬ

— Ваше счастье, что я спешу! — вскричал коллежский советник, видно, утратив терпение. — У нас в Новгороде с невежами поступают просто. Сейчас кликну полицейских, сволокут на съезжую да отсыпят полста горячих. Не посмотрят, что в сюртуке.

— Вы грозите мне поркой? — недоверчиво переспросил Фондорин. — Ну это, пожалуй, уже слишком.

Раздалось два звука: один короткий, хрусткий, второй попротяженней, будто упало что-то тяжелое и покатилось.

Откинулась крышка проклятого короба, сильные руки вынули Митю из капкана.

— Дмитрий, ты цел? — с тревогой спросил Данила, наскоро ощупывая освобожденного пленника.

Тот утвердительно замычал, еще не вынув изо рта кляп. А когда вынул, показал на неподвижно раскинувшееся тело:

— Вы его убили?

Фондорин укоризненно развел руками:

— Ты же знаешь, что я убежденный противник намеренного смертоубийства. Нет, я вновь применил английскую науку, но только не палочного, а кулачного боя. Она называется «боксинг» и много гуманнее принятого у нас фехтования на колющих орудиях.

С этими словами он перевернул лежащего чиновника и коротко, мощно ударил его ногой в пах. Митя аж взвизгнул и присел — братец Эндимион один раз двинул его этак вот между ляжек, притом не со всего маху, а коленкой и несильно. Больно было — ужас.

— Зачем вы его?

— Для его же пользы. — Данила обхватил Митю за плечи, повел назад в гостиницу. — Видишь ли, Дмитрий, на свете есть изверги, у которых разгорается похоть на малых детей. После пропажи сына я к таким особенно пристрастен, хотя понимаю, что с медицинской точки зрения они никакие не изверги, а больные люди. Одним кратким ударом я произвел человеколюбивую хирургическую операцию, помог этому господину избавиться от плотских забот и вернуться в ряды цивилизованного общества. Причем прошла операция безо всякой боли, ибо, как ты мог заметить, твой обидчик пребывал в бесчувствии.

В сенях он еще прибавил:

— Друг мой, не расстраивайся из-за этого безобразного происшествия. На свете много темного, но немало и светлого. И вот еще что. Давай не будем рассказывать об этом маленьком случае Павлине Аникитишне, у нее слишком чувствительное сердце. Хорошо?

— Хорошо.

— Однако ты весь дрожишь. Неужто так замерз? А ведь и в шапке, и в бекеше.

Дрожал Митя не от холода, а от пережитого страха, но разве объяснишь это человеку, который, дожив до седин, кажется, так и не узнал значения этого слова? Как, должно быть, замечательно: жить на свете и ничегошеньки не бояться! Ничего-преничего. Можно ли этому научиться или сие дар природы?

— Годами ты львенок, но умом и сердцем настоящий лев, — сказал Данила. — Если б ты не принялся колотиться и мычать, я поверил бы этому хитроумному безумцу и отпустил его.

Я — храбрый? Я — лев? Митя перестал дрожать и стал думать о том, сколь велика разница между тем, каков ты есть на самом деле, и тем, как тебя видят другие люди. Вот плотоядный чиновник Сизов назвал его «бесенышем». Почему? Что такого привиделось его больной фантазии в семилетнем мальчике? Сколь интересно было бы заглянуть в мозг, помраченный недугом!

— Позволь спросить, — прервал его размышления Фондорин. — Отчего ты разговариваешь с госпожой Хавронской так странно? Верно, тут есть какая-нибудь особенная причина?

Митя заколебался: не рассказать ли всю правду — про коварного итальянца, про яд, про жизнь в Эдеме и изгнание из оного?

— Ты сомневаешься? Тогда лучше промолчи. Я вижу, здесь какая-то тайна. Не нужно раскрывать ее мне из одной лишь признательности. Данила Фондорин любознателен, но не любопытен. Давай лучше решим, как уберечь доверившуюся нам даму от хищных зверей. Один раз ты уже спас ее, — присовокупил он, великодушно уступая всю заслугу Мите, — так давай же доведем дело до конца. Павлину Аникитишну не оставят в покое, в этом можно не сомневаться. Путь до Москвы еще долог, изобилует пустынными местами. Я не стал говорить этого при графине, но вряд ли случайные попутчики станут ей защитой от гонителей.

— Это верно, Пикин свидетелей не испугается. — Митя оглянулся на дверь, ведущую на улицу. — Прежде всего нужно побыстрей уехать. Вы ведь слышали, что этому прооперированному подвластна городская полиция? Когда он вернется в сознание, гнев его обратится против нас.

Фондорин вздохнул.

— О, несчастная Россия! Отчего охрану закона в ней всегда доверяют не агнцам, но хищным волкам? А об этом человеке не беспокойся. Когда он очнется от полученного удара, ему будет о чем подумать и чем себя занять.

— ...И посему мы с Дмитрием пришли к выводу, что нам лучше расстаться.

Так закончил Данила речь, обращенную к Павлине, — краткую и весьма убедительную.

Только Дмитрия зря приплел. Впрочем, Хавронская приняла последнее за шутку, призванную скрасить мрачный смысл сказанного, и слегка улыбнулась, но всего на мгновение.

— Вы покидаете нас, добрый покровитель? — грустно спросила она и поспешно оговорилась. — Нет-нет, я не ропщу и не осуждаю. Я и так подвергла вас слишком большой угрозе. Благодарю вас, Данила Ларионович, за всё. У нас с Митюшей есть карета, есть кучер. Доберемся до Москвы сами. Бог милостив, Он не оставляет слабых.

Фондорин закусил губу, кажется, обиженный ее словами, но разуверять Павлину не стал. Вместо этого сухо сказал:

— Вы заблуждаетесь, графиня, по всем трем пунктам. У вас не будет ни кареты, ни кучера, ни мальчика. Я забираю их себе.

— Как так? — пролепетала она. — Я не понимаю!

— Карета хорошо известна вашим преследователям, по ней вас легко выследить. Нанятый кучер не понадобится — у вас будет другой возница. А что до Дмитрия, то он поедет со мной.

— Но я по-прежнему не понимаю...

— Да что тут понимать! В вашей карете поеду я. Сяду у окошка, надену ваш плащ, надвину на лицо капор. Казачок сядет на козлы к кучеру, чтобы его все видели. Никому в голову не придет, что вас в карете нет. Вашим преследователям скажут, что вы отправились дальше по Московскому тракту.

— А куда же я? — Павлина захлопала длинными ресницами.

— Сейчас я посажу вас в извозчичьи санки и отправлю к своему доброму знакомцу, о котором уже поминал. Вот письмо, в котором я прошу его отправить вас окольной дорогой в Москву в сопровождении верного слуги. Модест исполнит все в точности, он верный человек и мой брат.

— Родной брат?

Графиня всё не могла опомниться.

— Духовный брат, а это больше, чем родной.

— Но... но гнев этих злых людей обратится на вас, когда они обнаружат подмену!

— Пускай это вас не беспокоит.

— Как это «не беспокоит»?! — перешла она от растерянности к сердитости. — Неужто вы, Данила Ларионович, так про меня полагаете, что я способна бросить своего малыша на растерзание Пикину? Да и ваша судьба мне небезразлична. Нет-нет, ваш план решительно нехорош! Лучше оставим карету здесь и воспользуемся великодушной помощью вашего друга. Поедем окольной дорогой вместе!

Павлина порывисто вскочила, бросилась к Фондорину, умоляюще воздев руки. Ее глаза заблестели от слез.

Сидевшие в зале наблюдали за этой сценой с любопытством. Митя подумал: эк мы их нынче развлекаем, чистая пантомима.

— Ну пожалуйста! — прошептала графиня и вдруг пала на колени.

Данила осторожно погладил ее по волосам.

— Милая Павлина Аникитишна, нужно повести погоню по ложному следу. И не тревожьтесь за нас. Мы с Дмитрием никому не интересны. Догонят нас, увидят, что обмишурились, да и отпустят. На что им старик с младенцем? А вот если вы с мальчиком поедете в своем дормезе, вас непременно догонят и похитят. Какая участь тогда ожидает и вас, и бедного малютку?

Последние слова златоуст произнес с особенной выразительностью и подмигнул Мите: каково тебе понравилось про «малютку»?

Хавронская медленно поднялась.

— Вы правы, сударь... Но обещайте, что доставите мне Митюнечку в Москву, я так полюбила этого несмышленыша! — Тихо прибавила. — И вас, Данила Ларионыч, я тоже буду ждать...

Отъехали от «Посадника» самым явственным манером. Митя сидел на козлах рядом с кучером, Данила прислонился к окошку, лицо прикрыл и обмахивался белым платком, вроде как от духоты, хотя к ночи приморозило. На крыльце стояли двое из гостиничной прислуги, глазели. Прискачет погоня — расскажут: искомая особа отбыла со своим казачком в направлении Московской заставы. А подлинная госпожа Хавронская тем временем выскользнула через заднюю дверь, никем не замеченная.

Потом Митя переместился в дормез. Разогнались по снежку, оставили старый город Новгород мерзнуть под желтой луной, ждать рассвета.

Что-то Фондорин был на себя не похож. Спать не спал, а рта не раскрывал и на вопросы, даже самые соблазнительные, вроде наличия на Луне фауны или химического состава эфира, отвечал одним хмыканьем.

А когда Митя, отчаявшись подбить спутника на ученую беседу, начал клевать носом, Данилу вдруг прорвало.

— Это у них в крови, — заговорил он горячо, словно продолжая долгий и жаркий спор. — Даже у самых лучших! И они в том неповинны, как неповинен в жестокости котенок, забавляющийся с пойманным мышонком! Как неповинна роза, что источает манящий аромат! Вот и они манят, следуя голосу своего инстинкта, порождают химеры и несбыточные мечты!

— Кто «они»? — осведомился Митя, дождавшись паузы.

— Женщины, кто ж еще! Ах, друг мой, дело даже не в них, дело в тебе самом. Всё ждешь, что эта напасть тебя оставит, надеешься, что с сединой придет блаженное упокоение и ясность рассудка. Увы, годы проходят, а ничто не изменяется. «Буду ждать», сказала она тем особенным тоном, каким умеют говорить только прекрасные женщины. Можешь не уверять меня, я и сам знаю: она не имела в виду ничего такого, что я хотел бы себе вообразить. Любезность, не более того. И даже быть ничего не может! Кто она и кто я? Довольно взглянуть в зеркало! О, как завидую я господину Сизову, что лежит сейчас в постели и досадует на приключившуюся с ним метаморфозу. Он должен быть благодарен мне за то, что я навсегда избавил его от проклятого бремени чувственности!

Митя слушал сетования старшего друга очень внимательно, но смысл слов, вроде бы понятных, ускользал. Однако последнее замечание было интересным.

— Вы избавили его от чувственности посредством удара в область чресел? Неужто центр, ответственный за чувства, находится именно там? — живо спросил Митридат и осторожно потрогал рукой мотню.

Фондорин покосился, проворчал:

— Беседуя с тобой, забываешь, что ты еще совсем дитя, хоть и весьма начитанное.

Отвернулся, больше делиться мыслями не захотел.

Ну и пожалуйста. Митя поднял воротник, прижался к печке и проспал до самых Крестцов, где поменяли графининых лошадей на казенных. Они, может, и плоше, зато свежие.

Поели горячей картофели с постным маслом. Покатили дальше.

Теперь уснул Данила, Митя же глядел в окно на белый зимний мир, кое-где чернеющий редко разбросанными деревеньками, и размышлял про страну Россию.

Что это такое — Россия?

То есть, можно, конечно, ответить просто, не мудрствуя: пятнадцать мильонов квадратных верст низменностей и гор, где проживает тридцать мильонов народу, а теперь, с присоединением Польши, и все тридцать пять. Так-то оно так, но что общего у этого огромного количества людей? Почему они все вместе называются «Россия»?

Что, у всех у них один язык? Нет.

Одна вера? Тоже нет.

Или они подумали-подумали и договорились: давайте жить вместе? Опять-таки нет.

Может, у них общее воспоминание о том, как оно всё было в прошлые времена? Ничего подобного. Вчера нынешние сограждане воевали между собой и вспоминают про эти прежние свары всяк по-своему. У русских татары с поляками плохие, у тех, надо думать, наоборот.

А что же тогда всех нас соединяет?

Первый ответ пришел на ум такой: Россия — это воля, называемая государственной властью, на ней одной всё и держится.

Тут стало страшно, потому что Митридат видел власть вблизи и знал, что она такое: толстая старуха, которая любит Платона Зурова, боится якобинцев и верит в волшебные зелья адмирала Козопуло. И старуху эту, наверное, скоро отравят.

Но ведь со смертью Екатерины Россия быть не перестанет.

Значит, Россия — не власть, а нечто другое.

Он зажмурился, чтобы представить себе непредставимо широкие просторы с крошечным пятнышком столицы на самом западном краю, и вдруг увидел, что это пятнышко источает яркое, пульсирующее сияние.

Так вот что такое Россия!

Это сгущение энергии, которая притягивает к себе племена и земли, да так сильно, что притяжение ощущается на тысячи верст и год от года делается всё сильнее. Пока светится этот огонь, пока засасывает эта таинственная сила, будет и Россия. И сила эта не пушки, не солдаты, не чиновники, а именно что сияние, подобное привидевшемуся Даниле чудесному граду. Когда сияние станет меркнуть, а сила слабнуть, от России начнут отваливаться куски. Когда же пламень совсем затухнет, Россия перестанет быть, как прежде перестал быть Древний Рим. Или, может быть, на ее месте зародится некая новая сила, как произошло в том же Риме, а будет та сила называться Россией либо как-то иначе — Бог весть.

По быстрой езде да под сонное Данилино дыхание размышлялось хорошо, размашисто. Мчать бы и мчать.

Так, останавливаясь лишь для смены лошадей, пролетели за ночь да за день три сотни верст. Фондорин на станциях платил щедро (видно, разжился у своего новгородского знакомца деньгами), и никакой задержки путникам не было.

Заночевали в Твери. Не в гостинице и не на почтовом дворе, а в обывательском доме, для незаметности. Утром, еще до света, двинулись дальше. Если этак нестись, уже к вечеру можно было и к Москве пригнать.

Как бы не так.

Часа через полтора после Твери, когда проезжали большую деревню, расковался коренник. Кучер повел его в кузню, а путешественники вышли пройтись, размять ноги.

Деревня называлась Городня, и творилось в ней что-то непонятное.

Отовсюду неслись бабьи вопли, солдаты в треугольных шляпах, белых гамашах, с длинными косами волокли из дворов молодых парней. Кто упирался — колотили палкой.

— Что это за иноземное нашествие? — нахмурился Данила. — Мундиры-то прусские!

Однако на вторжение германской армии было непохоже, ибо солдаты употребляли выразительные слова, которых подданные прусского короля знать никак не могли. Пленников сгоняли на площадь, к церкви.

Туда Митя с Фондориным и направились.

На площади лениво постукивал барабан, стояли телеги, а на складном стуле сгорбился офицер в наброшенном на плечи полушубке, скучливо возил тростью по снегу. Лицо у начальника было мятое, похмельное.

Данила подошел, спросил:

— Могу ли я узнать, господин поручик, что здесь происходит? С какой целью ваши солдаты забирают и вяжут веревками этих юношей? Быть может, все они преступники?

Офицер посмотрел на вопрошавшего, увидел, что имеет дело с благородным человеком, и поднялся.

— Обычное дело, сударь. Берем рекрутов, а они прячутся, не желают служить отечеству. Одно слово — скоты безмозглые. Не понимают, что на солдатской службе и сытней, и веселей.

Поблагодарив за разъяснение, отошли в сторонку. Слушать душераздирающие крики несчастных матерей, у которых отбирали сыновей, и взирать на слезы дев, лишавшихся своих суженых, было тяжко.

— Что ты о сем думаешь, друг мой? — спросил Данила.

Митя увлеченно стал излагать свои мысли по поводу армии свободных людей — те самые, которые не так давно пытался привить государыне и которые привели к неожиданным и печальным следствиям.

Фондорин слушал, кивал.

— Как это верно, мой добрый Дмитрий. Странно, что наши властители не понимают простой вещи. Оборона отечества — важнейшее и благороднейшее из занятий. Как можно поручать его зеленым юнцам, которые к тому же, судя по их сетованиям, не испытывают к сему ремеслу ни малейшей склонности? Я бы вообще поостерегся доверять столь ненадежным гражданам смертоносное оружие — еще, не приведи Разум, нанесут увечье себе или окружающим. Пускай под ружье встают те, для кого этот жребий желанен.

— Так ведь одних волонтеров, наверное, не хватит? — усомнился Митя. — Где их столько взять, чтобы всю империю оборонить? У нас недоброжелателей много. Только турков с поляками и шведами побили, а уже вон французы подбираются.

— Хватит, отличным образом хватит. Видишь ли, Дмитрий, природа устроила так, что каждый год на свет нарождается известное количество храбрых и непоседливых мальчиков, от которых в мирной жизни одно беспокойство. Войдя в возраст, они начинают безобразничать, буйствовать, бить своих жен, а иные даже становятся ворами и разбойниками. Вот из подобных нелюбителей спокойной жизни и нужно набирать войско. Плати таким воинам за опасную службу щедро — деньгами, уважением, нарядной одеждой — и будешь иметь лучшую армию в мире. Очень большого войска и не понадобится, потому что один твой солдат десять этаких горе-вояк побьет.

Данила показал на зареванных рекрутов и жалостливо поморщился.

Тут подошел партионный начальник, и интересная беседа вынужденно прервалась.

— А что, сударь, — обратился к Фондорину офицер, помявшись, — нет ли у вас в карете погребца с каким-нибудь напитком? Простыл по морозу таскаться. Так недолго и внутреннюю застудить.

— Отчего же, есть, — вежливо ответил Данила. — И не в погребце, а прямо с собой. Ром для медицинских целей, первое средство от простуды.

И достал из кармана плоскую медную фляжку.

— О да! — просиял поручик. — Лучше рома только можжевеловая водка! Вы позволите?

Потянул лапу к фляжке, но Фондорин накапал ему в крышечку — на один глоток.

— Более не рекомендую. Вы ведь на службе.

Офицер опрокинул крышечку и протянул ее за добавкой.

— Скажите, поручик, а что это у вас за невиданный мундир? Я думал, букли, пудра, гамаши, тесный кафтан в русской армии давно отменены?

— В русской точно отменены, а в нашей, гатчинской, все заведения по уставу великого короля Фридриха. Одна пуговка где расстегнись, двадцать палок. Даже офицерам. Недопудришься — пощечина. А просыплется пудра на воротник — того хуже, гауптвахта. Его высочество государь Наследник с этим строг.

— Ах вот оно что, вы из Гатчины... — протянул Фондорин и выразительно взглянул на Митю.

— Точно так. Велено набрать в Новгородском и Тверском наместничествах новый батальон. О, нас теперь много, целая армия! — Офицер получил-таки добавку, выпил и снова протянул руку. — Случись что в Петербурге... Ну, вы понимаете? — Он подмигнул. — Через три часа форсированного марша будем у Зимнего.

— Через три часа? В этаких тугих рейтузах и штиблетах на кнопочках? Навряд ли, — отрезал Данила и отобрал крышечку. — Всего хорошего, сударь.

— Наслышан я о гатчинских заведениях, — продолжил он уже для одного Мити. — У Наследника там свое маленькое немецкое княжество. Дома для крестьян преотличные, каменные, стоят по ранжиру. Поселяне одеты чисто, на европейский манер. У хозяек на кухне одинаковый набор кастрюль и сковородок, его высочество сам устанавливает, каких именно. За нарушение бьют. Нужно, чтобы подданные ничем не отличались друг от друга — такое у Наследника мечтание.

— Сущая правда, — подтвердил поручик. Он, кажется, нисколько не обиделся на Фондорина и, вероятно, надеялся получить еще одну порцию противупростудного средства. — Давеча стою на вахтпараде. Всё в роте как есть в полном аккурате: сапоги носочек к носочку, усы у солдат торчат одинаково, глаза тоже пучат единообразно. А его высочество, гляжу, хмурится — недоволен чем-то. Присел на корточки, головой этак вот повертел. «Это, говорит, что. такое?» И показывает шеренге на середину фигуры, где обтяжные панталоны спереди топырятся. Я рапортую: «Сие у роты причинные места, ваше императорское высочество!» А он мне: «Вижу, что причинные, болван! Почему в разные стороны глядят — у одних направо, у других налево? Чтоб у всех было направо!» Вот как у нас в Гатчине. Хм. Не позволите ли еще ромом одолжиться?

Данила отдал ему всю фляжку. Покачал головой.

— Пойдем, Дмитрий. Спаси Разум бедную Россию. Что ожидает ее с этаким императором?

Митя подумал немного и спросил:

— Так не лучше ли, если следующим императором станет Внук государыни? Я видел его. Он производит впечатление юноши умного и доброго.

— Возможно. Правда, Наследник тоже некогда был отроком добрым и рассудительным. Увы, мой славный друг: жизнь близ престола губительна для ума и для сердца...

Они были на середине площади, когда один из конвойных, приложив ладонь к глазам, присвистнул:

— Ишь чешет. Как только шею не свернет.

Со стороны Москвы, сопровождаемый шлейфом снежной пыли, мчался верховой.

— Не иначе кульер, на казенной, — лениво сказал капрал, пыхнув дымом из трубки. — Свою лошадку так гнать не станешь.

Фондорин взял Митю за руку.

— Вернемся к карете. Полагаю, операция по перемене подковы завершена, и мы можем следовать дальше.

Всадник тяжело проскакал мимо, Митя разглядел только развевающийся черный плащ и круп вороного жеребца. Видно, дело у казенного человека было срочным.

Но возле дормеза тот вдруг осадил коня и гаркнул:

— Вот она где, голуба!

Голос был осипший от холода, но до дрожи знакомый.

Пикин! Догнал!

— Если я не ошибаюсь, этот господин явился по нашу душу, — спокойно молвил Данила, чуть ускоряя шаг.

Митя же ничего не сказал, потому что стало очень страшно.

Ужасный капитан-поручик соскочил с коня, постучал в дверцу:

— Ваше сиятельство! — крикнул он. — Пустая затея от Пикина бегать! Как это я мимо-то прогрохотал, ведь по одной дороге ехали! В Твери на заставе говорят: был дормез, в Завидове говорят — не было. Чудеса да и только. Дай-ка, думаю, вернусь. Павлина Аникитишна, что вы молчите? Ау!

Он распахнул дверцу, а тут как раз и Данила подошел. Митя благоразумно остался сзади.

Ну сейчас будет!

Фондорин тронул преображенца за плечо:

— Кто вы, сударь, и что вам нужно в моей карете?

— В *вашей* карете?

Пикин озадаченно уставился на незнакомца.

— Это дормез графини Хавронской, я отлично его знаю!

— Карета прежде и в самом деле принадлежала даме, имя которой вы назвали, однако от самого Новгорода в ней еду я. Графиня была так любезна, что уступила мне свой экипаж, причем за самую скромную цену. Вам дело до ее сиятельства? Сожалею, но не имею представления, где она сейчас находится.

— Черррт!

Пикин в бешенстве двинул кулаком по дверце.

— Триста верст зря! Проклятая баба! — Он еще и ногой размахнулся, чтоб ударить ботфортом по колесу, но вместо этого спросил. — А не было ли с ней старого мужика — косматого, звероподобного, с седой бородищей?

Данила насупился, сдержанно произнес:

— Нет, описанного вами субъекта я рядом с ее сиятельством не видел. С ней был маститый, почтенный поселянин зрелых лет.

Пикин оглядел Фондорина с головы до ног.

— А вы-то кто такой? Назовите имя!

Тот скрестил руки на груди.

— Сначала представьтесь вы, как это заведено у приличных людей.

— С чего вы взяли, что я приличный? — хмыкнул капитан-поручик.

— С того, что на вас мундир ее императорского величества Преображенского полка.

Спокойные, с достоинством произнесенные слова возымели действие.

Злодей вскинул голову, представился:

— Гвардии капитан-поручик Пикин. — И, выдержав паузу, со значением прибавил. — Адъютант его светлости князя Платона Александровича Зурова. Ну, а вы кто? Куда едете? Зачем?

— Данила Фондорин, отставной гвардии капитан и кавалер. — Митин покровитель слегка наклонил голову и в следующую секунду совершил страшную, неисправимую ошибку — произнес. — Путешествую со своим воспитанником из Санкт-Петербурга в Москву, где проживал прежде и намерен обрести жительство вновь. Позвольте же и мне, в свою очередь, осведомиться...

Он не договорил, заметив, что преображенец его более не слушает и смотрит мимо, да еще разинул рот.

Вероятно, это была всего лишь гримаса изумления, но бедному Митридату померещилось, что капитан-поручик хищно, по-волчьи ощерил зубы.

— Шишки зеленые! — задохнулся Пикин. — Вот удача!

— Что вы хотите этим...

Капитан-поручик оттолкнул своего визави в сторону.

— Уйди, старый дурень! Если это твой воспитанник, то я — персидский евнух. Ну, Андрюша, нынче твоя масть!

И пошел на Митю, растопырив руки — будто куренка ловил.

— Вы меня толкнули, и весьма невежливо, — сказал ему вслед Данила. — Что вам нужно от мальчика? Мы еще не закончили разговор про графиню.

Пикин отмахнулся.

— Черт с ней, с Хавронской! За нее князь обещал чин и только! А за этого цыпленка другая особа сулила мне много больше! Иди-ка сюда, цып-цып-цып.

Митя попятился. Он отлично знал, о какой особе толковал Пикин. Слыхал и о награде — половине долга.

За момент до того как монстр ухватил бы его за шею, самого капитан-поручика взяла за ворот крепкая, жилистая рука и развернула к Мите спиной.

— Во-первых, вы оскорбили достойнейшую даму, послав ее к черту. Во-вторых, оскорбили моего воспитанника, обозвав его детенышем нелетающей птицы. В-третьих же, вы оскорбили меня — дворянина и кавалера.

Пикин был так доволен встречей с Митей, что даже не озлился. Только сбросил Данилину руку.

— Не знаю, старый брехун, чего ты там кавалер и какой отставной козы капитан, но ежели ты сей же миг не уберешься, я вобью тебе в глотку твою собственную челюсть.

Фондорин удивился:

— Это так в Преображенском полку нынче принимают вызов на дуэль? В мои времена были другие обычаи.

— Дуэль? — поразился капитан-поручик. — С тобой? Да ты шпагу-то удержишь, Полтавский ветеран?

— Это не ваша забота, — наставительно сказал Данила. — Ваша забота — восстановить честь, которой я сейчас нанесу рукоприкладное оскорбление.

С этими словами он звонко, хоть и несильно, шлепнул преображенца по щеке.

На лице капитан-поручика отразилась крайняя степень изумления, он даже дотронулся до уязвленного места, словно желая удостовериться, в самом ли деле с его щекой могла произойти подобная оказия.

Фондорин развел руками:

— Ну вот, сударь. Полна площадь свидетелей, в том числе военного сословия. Или бейтесь, или из гвардии вон. Так гласит дуэльный статут.

Задумчиво глядя ему в лицо, преображенец негромко произнес:

— Что ж, старичок, будь по-твоему. Это я сгоряча, на радостях, тебе убираться велел. А отпускать тебя, пожалуй, нельзя. Начирикал, поди, тебе воробьишка, о чем не следовало...

— Нет! — крикнул Митя. — Я ни слова!

— А все же так, шишки моченые, верней выйдет. Пойдем, Аника-воин, пыряться. Где шпагу возьмешь?

— Одолжу у господина партионного начальника. — Данила указал на гатчинского офицера, наблюдавшего за ссорой с чрезвычайным интересом. — Поручик, вы окажете мне эту любезность?

— С великим удовольствием, — немедленно откликнулся тот, и видно было, что не соврал — глаза так и заблестели. — Дворянин дворянину! В деле чести! Всегда! Могу и секундантом быть. А вторым... — Он оглянулся на своих солдат. — Ну вот хоть капрал

64

Люхин. Он служака исправный и грамоте знает.

— По мне хоть кто. — Пикин уже скинул плащ и шляпу. — Условие одно: бьемся до смерти. Посему господ секундантов прошу не соваться, не разнимать, а кто полезет — уши отстригу. Ясно?

Поручик с готовностью пообещал, что лезть ни в коем случае не станет, а капрал Люхин даже встал навытяжку, из чего следовало заключить, что он без приказа и не шелохнется.

— Ну и орудие у вас, — вздохнул Фондорин, разглядывая шпажонку гатчинца. — Только на вахт-параде салютовать. Ладно, делать нечего. Приступим, пожалуй?

Они встали друг напротив друга: Данила в одной рубашке, Пикин же раздеваться поленился — очевидно, не сомневался, что и так легко совладает с противником.

Телеги и пойманных рекрутов поручик велел убрать на края площади, чтобы не мешали поединку. Он и капрал встали шагах в десяти, прочие зрители боязливо жались на отдалении.

Более всего Мите хотелось зажмуриться или вовсе убежать, чтобы не видеть, как Пикин зарежет Данилу. Но он заставил себя выйти вперед и смотреть. От подлого гвардейца можно было ждать любой каверзы, на щепетильность секундантов тоже рассчитывать не приходилось, но ведь он, Митридат, не зря обучался фехтованию. Заметит от Пикина какую-нибудь пакость — не спустит, закричит.

Взглянув на небрежно помахивающего оружием капитан-поручика, Фондорин спросил:

— Я вижу, вы отдаете предпочтение женевской позитуре? А я придерживаюсь мантованской школы, она из всех мне известных наилучшая.

И принял позу неописуемого изящества: одна нога согнута в колене и выставлена вперед, другая вывернута носком в сторону, левая рука уперта в бедро, правая воздела шпагу диагонально вверх.

— Ого! — хохотнул Пикин. — Бойкий старичок! Подагра не скрючит?

— Подагра происходит от неумеренности в потреблении вина и жирной пищи. — Данила быстро переступил вперед-назад, пробуя, достаточно ли утоптан снег. — Я же сторонник умеренности. И, прошу вас, перестаньте называть меня стариком. Мне шестой десяток, а эти лета мудрецы древности почитали возрастом мужской зрело...

Фраза осталась незаконченной, потому что Пикин вдруг сделал выпад. Это было не вполне правильно, поскольку секундант еще не выкрикнул «En avant!», но в то же время не могло почитаться и явным нарушением артикула — ведь оба противника уже стояли друг к другу лицом и с обнаженным оружием.

Тяжелый клинок ударился о неубедительную шпажонку Данилы и со звоном отскочил, а Пикину пришлось отпрыгнуть, чтобы не получить удара в грудь. Развивая успех, Фондорин мелко засеменил вперед. Его выставленная рука шевелила одной только кистью, однако шпага перемещалась так стремительно, что казалась подобием серебристого конуса.

— Шишки еловые! — Капитан-поручик отбежал назад, стал снимать кафтан. — Кажется, будет интересно.

— Я вам говорю: в фехтовальной науке итальянцы продвинулись значительно далее швейцарцев, — уверил Данила противника, дожидаясь, пока тот выдернет руку из рукава.

Митя воспрял духом. Если лекарь изучал науку фехтования столь же усердно, как премудрость дубинного и кулачного боя, то берегись, Пикин.

Снова сшиблись, только теперь преображенец был осторожней: на рожон не лез, пытался достать врага издали, пользуясь преимуществом в длине клинка. И все же медленно, шаг за шагом отступал.

Через минуту-другую он уперся спиной в телегу, и Фондорин тут же отошел, жестом приглашая гвардейца вернуться на середину.

Пикин снял и камзол, швырнул на солому. Схватились в третий раз.

Данила качнулся вбок, пропуская выпад капитан-поручика, а сам перегнулся вперед и достал острием ключицу противника. Если б его клинок был на вершок подлинней, тут бы поединку и конец, а так Пикин только шарахнулся назад.

Сорвал и жилет. На белой рубашке расплывалось красное пятно. Что, выкусил? Это тебе наука, а не душегубство!

— Куда, оголец? — ухватил Митю за кушак гатчинец. — Затопчут!

Оттащил от дуэлянтов подальше.

— Давай, Данила, круши его! — закричал Митя, начисто позабыв об артикуле.

Фондорин, видно, и сам решил, что хватит. Поднял кисть до уровня глаз, а шпагу, наоборот, направил сверху вниз.

Выписывая в воздухе свистящие круги, стал апрошировать к преображенцу, переступая все быстрей и быстрей.

Вдруг, при очередном скрещении клинков, раздался пронзительный звук, словно лопнула струна — проклятая гатчинская спица переломилась!

Поручик жалобно охнул:

— Пятьдесят рублей!

Пикин немедленно перешел от обороны к наступлению — теперь Данила едва успевал отбивать своим обломком мощные удары сверху.

— Остановить схватку! — заголосил Митя. — Не по правилам!

И партионный начальник тоже вступился:

— Господин гвардии капитан-поручик, остановитесь! Вы его убьете, а кто за шпагу заплатит?

— Прочь! — взревел преображенец. — Уговорено на смерть, значит на смерть!

Как ужасно всё переменилось! Фондорин был обречен, в этом не оставалось ни малейшего сомнения.

Пикин сменил тактику. Убедившись, что эфеса и десятивершкового куска стали противнику довольно, чтобы парировать рубящие удары, он перешел к беспроигрышной атаке посредством быстрых коротких выпадов, против которых у Данилы защиты не было.

Некоторое время тот пятился, уворачиваясь от уколов. Потом остановился.

— Увы, — сказал обреченный, вытирая пот со лба. — Следует признать, что с таким огрызком наука мантованской школы бесполезна.

Капитан-поручик дернул усом.

— Хоть на колени повались, не помилую!

— Сударь, во всю свою жизнь я вставал на колени только перед иконой, да и того давно уж не делаю. — Фондорин взглянул на свое жалкое оружие. — Пожалуй, придется разжаловать тебя из шпаг в рычаги.

И вдруг выкинул штуку: достал из кармана платок, быстро обмотал лезвие и взялся за него рукой, так что теперь сломанная шпага была выставлена эфесом вперед. Всё же решил сдаться на милость победителя? Тщетно! Этот не помилует.

Митя застонал от безнадежности.

Так и есть — Пикин рыкнул:

— Капитуляций не принимаю!

И сделал выпад, целя противнику прямо в живот.

Данила поймал острие в позолоченную петлю гарды, чуть дернул кистью, и шпага вырвалась из руки опешившего капитан-поручика, отлетела в сторону. Фондорин же размахнулся и ударил противника рукоятью по затылку, что, конечно, тоже не предусматривалось дуэльным артикулом, но Митя всё равно завизжал от восторга.

Оглушенный, Пикин упал лицом в снег. Почти сразу же перевернулся, но поздно: Данила наступил ему сапогом на грудь, а обломок, уже перевернутый сталью вперед, уперся побежденному в горло. Клинок, хоть и тупой, при сильном нажатии несомненно пропорол бы шею до самых позвонков.

— Ага! — возликовал Митя, бросаясь вперед. — Что, съел?

Прочие зрители тоже подбежали, чтобы увидеть, как гвардейца будут лишать жизни.

Но Фондорин, не оборачиваясь, сказал громко:

— Прочь! Смерть — великое таинство, оно не терпит досужих глаз.

И как прикрикнет зычным голосом:

— Прочь, плебеи!

Все шарахнулись, один Митя остался. Не потому что дворянин, а потому что уж он-то имел право видеть, как поверженный змей будет пронзен булатом и испустит дух.

Фондорин сказал:

— Судя по тому, что я о вас слышал и что наблюдал собственными глазами, вы дряннейший из людей. Я убежденный противник смертоубийства, но всё же сейчас лишу вас жизни — не сгоряча и не из мести, а во имя спасения дорогих мне существ. Если веруете в Бога, молитесь.

Пикин облизнул губы, оскалился:

— Молиться мне поздно. Одолел — коли. Мне еще когда цыганка насулила от железа умереть.

И не стал больше смотреть на клинок, перевел взгляд на небо, раздул ноздри, открыл рот — жадно вдыхал напоследок холодный воздух.

Фондорин подождал — очевидно, давал негодяю попрощаться с жизнью.

Или дело было в ином?

— Опыт учит меня, — произнес он раздумчиво, — что если в самом закоренелом злодее сыщется хоть одна привлекательная черта, значит, он еще не потерян для Разума и человечества. У вас же я обнаруживаю целых две: вы смелы и не чужды понятия о достоинстве... Вот что. Хотите отдалить час своей смерти?

Преображенец закрыл рот, посмотрел на победителя.

— Кто ж не хочет?

— Дайте мне слово офицера и дворянина, что впредь не станете преследовать ни этого мальчика, ни известную вам даму. Никогда и ни при каких обстоятельствах, даже если вам прикажут ваши начальники.

Пикин часто заморгал. Лицо у него сделалось сначала безмерно удивленное, а потом бледное-пребледное. Даже странно: пока жизнь висела на волоске, он был румян, теперь же, обретя надежду на спасение, вдруг побелел.

Ах, Данила Ларионович, что вы делаете? Да этот бесчестный даст какую угодно клятву, а после над вами же и смеяться будет!

Митя даже замычал от обиды за простосердечного верователя в Добро и Разум.

Однако преображенец за соломинку хвататься почему-то не спешил. Лежал молча, смотрел Фондорину в глаза.

Наконец, сглотнул и заговорил — тихо-тихо:

— Даю слово офицера, дворянина и просто Андрея Пикина, что ни черт, ни дьявол, ни сам Еремей вкупе с Платошкой не заставят меня больше гоняться за этим воробьишкой и за той ба...

— За Павлиной Аникитишной, — строго перебил его Данила.

— За Павлиной Аникитишной, — еще тише повторил капитан-поручик.

— Хорошо. — Фондорин убрал обломок от пикинского горла. — Я тоже дам слово — слово Данилы Фондорина. Если вы нарушите обещание, клянусь, что найду вас и убью, чего бы это ни стоило. И можете мне верить: любые ваши ухищрения избежать сего конца — хоть спрячьтесь под самый царский трон, хоть сбегите на край света — будут с полным основанием названы тщетною предосторожностью.

Глава пятнадцатая
ГОСТИ СЪЕЗЖАЛИСЬ НА ДАЧУ

Все предосторожности оказались тщетны. Нарочно позвонил в одиннадцать утра, когда Алтын на работе, а дети в саду. Собирался наговорить на автоответчик заранее обдуманный, неоднократно отредактированный и заученный наизусть текст. Если Алтын вдруг окажется дома, намеревался повесить трубку.

Всё начиналось нормально: гудки, включился автоответчик. После сигнала Николас заговорил, стараясь, чтобы голос звучал как можно жизнерадостней:

— Алтын, это я. Записка в почтовом ящике — чушь, Валина самодеятельность. Дело совсем в другом. У меня срочный и очень важный заказ. Извини, но объяснять ничего не могу, по контракту должен соблюдать конфиденциальность. Я не в Москве, поэтому...

— А где же ты? — раздался голос жены.

Фандорин стукнулся плечом о звукозащитный эллипсоид телефона-автомата и глупо пролепетал:

— Ты дома?

— Что случилось? Где ты? Во что ты вляпался? Почему Глен в больнице? А ты? Ты здоров?

Чтобы прервать пулеметную очередь коротких, истерических вопросов, Николас заорал в трубку:

— В какой он больнице?

— Где-то за границей. Мать не сказала, где именно. Она вообще была очень груба. Я спрашиваю про тебя, а она мне: «Жаль, что ваш муженек исчез, а то бы я ему за моего Валечку хребет сломала». Господи, я две ночи не спала. Всё мечусь по квартире, не знаю, звонить Семену Семеновичу или нет.

Это был полковник из Управления по борьбе с организованной преступностью, оберегавший газету «Эросс» от всякого рода неприятностей как с нарушителями закона, так и с его блюстителями. Алтын мужа не посвящала в подробности этих деликатных отношений, говорила лишь: «Сейчас все так делают».

— Не надо Семена Семеновича, — быстро сказал Фандорин и, поняв, что версия с «важным заказом» не пройдет, добавил. — Вообще ничего не предпринимай! Сиди тихо!

Алтын судорожно втянула воздух. Николас понимал, что врать бесполезно — слишком хорошо она его знает. Но и говорить правду тоже было нельзя. Отправить бы ее с детьми подальше из Москвы, как осмотрительная Мамона Валю, но разве Жанна позволит?

— Всё очень плохо, милая, — глухо проговорил он. — Но я постараюсь. Очень постараюсь. Надежда есть...

И нажал на рычаг, чувствуя, что сейчас разрыдается самым позорным образом.

Хороший получился разговор, нечего сказать. Называется, успокоил жену. Слабак, размазня! «Очень постараюсь, надежда есть». Бред, жалкий лепет! Бедная Алтын...

А, с другой стороны, что еще мог бы он ей сказать?

Даже если б за спиной не стояли Макс с Утконосом.

На новую службу Ника ехал, как на эшафот.

Нет, хуже, чем на эшафот, потому что, когда везут на казнь, от тебя требуется немногое: не выть от ужаса, перекреститься на четыре стороны, положить голову на пахнущую сырым мясом плаху, да покрепче зажмуриться. Тут же задача была помудреней, с мазохистским вывертом.

Не просто явиться к месту экзекуции, но еще и лезть вон из кожи, чтобы позволили подняться на проклятый помост. В загородном доме господина Куценко, директора клиники «Фея Мелузина» (да-да, того самого Куценко, из шибякинского списка приговоренных), кандидата на гувернерскую должность ожидают, он рекомендован хозяйке самым ле-

75

стным образом, но всё равно нужно пройти собеседование. Если же Николас будет почему-либо, не важно по какой причине, отвергнут, то... — Жанна разъяснила последствия с исчерпывающей ясностью. И еще присовокупила (словно слышала совет, не так давно данный Фандориным по поводу именно такой ситуации): «Только не думайте, что если вы наложите на себя руки, то тем самым спасете своих детей. Просто в этом случае я заберу в счет долга не одного вашего ребенка, а обоих».

Ни перед одним экзаменом магистр истории не трясся так, как перед этим. Вступительный экзамен в ад, каково?

Пальцы так крепко сжимали руль, что побелели костяшки. Фандорин вел машину совершенно несвойственным себе образом — рывками и зигзагами, обгонял и слева и справа, а после поворота с Кутузовского на Рублевку, когда поток несколько поредел, разогнался за сотню. Что это было: нетерпение пациента перед мучительной, но неизбежной операцией или подсознательное стремление угодить в аварию, причем желательно с летальным исходом? Вспомнив, к каким последствиям приведет подобный поворот событий, Николас резко сбрасывал скорость, но ненадолго — через минуту «фольксваген-гольф» снова начинал рваться с узды.

Машина была хорошая, хоть и не новая. Жанна сказала, что именно на такой должен ездить небогатый, но уважающий себя аристократ, который вынужден зарабатывать на жизнь учительством. Одежду Николасу купили в магазине «Патрик Хеллман»: два консервативных твидовых пиджака, несколько двухсотдолларовых рубашек, неяркие галстуки. Продавщицы умиленно улыбались, наблюдая, как стильная дамочка в мехах экипирует своего долговязого супруга, а он стоит бука-букой, ни до чего ему нет дела. Ох уж эти мужчины!

Сверяясь по плану, Фандорин свернул на загородную трассу, потом еще раз, на Звенигородское шоссе. Теперь уже близко.

Вот он, съезд на новехонькую асфальтированную дорогу, обсаженную молодыми липами. Указатель с витиеватой надписью «Усадьба Утешительное» (новорусский китч во всей красе), под указателем «кирпич».

Усадьба была видна издалека: ложноклассический дом с колоннами, флигели и хозяйственные постройки, вокруг — высокая каменная стена.

Подъехав ближе, Николас увидел, что на стене через каждые десять метров установлено по видеокамере, да и ворота непростые — бронированные, такие танком не прошибешь. Непросто будет «Неуловимым мстителям» добраться до этого «гада и обманщика». Агент по внедрению зажмурился, затряс головой. Нужно взять себя в руки, успокоиться. Не дай боже, чтобы нанимательница уловила в его голосе или мимике искательность — тогда всё, провал.

— Опустите стекло, — сказал механический голос из динамика.

Опустил, раздвинул губы в равнодушной улыбке.

— Въезжайте, господин Фандорин. Стоянка для гостей справа от клумбы.

Ворота бесшумно раздвинулись. Въехал.

А дом-то был не новодельный, как показалось Фандорину издали. Самый что ни на есть настоящий русский классицизм. Если приглядеться, то сквозь позднейшие перестройки и перелицовки в фасаде и колоннах проглядывало восемнадцатое столетие. Жаль только, нынешние нувориши еще не научились понимать красоту обветшалости — очень уж всё свежекрашенное, прилизанное. Ничего, научатся. Богатству, как бронзе, нужно время, чтобы покрыться благородной патиной.

Николас нарочно заставил горничную (до смешного кинематографичную — в фартучке и даже с кружевной наколкой) немножко подождать, пока со скептическим видом разглядывал потолок в прихожей: облака, упитанные амурчики, Аполлон на колеснице — ерунда, бескрылая стилизация под рококо. Неопределенно покачал головой. Мол, не решил еще, согласится ли работать в доме, где хозяева столь невзыскательны к интерьеру.

В гостиную вошел с видом снисходительным и чуть-чуть настороженным: художник Маковский, картина «Посещение бедных». А сам диктовал сердцу ритм биения: не тук-тук-тук-тук, а тук... тук... тук... тук. Сердце изо всех сил старалось, но получалось у него плохо.

Только всё это было зря — и напускная величавость, и насилие над адреналиновым балансом. Хозяйку интересовал только один вопрос: правда ли, что Николас настоящий баронет.

Мадам Куценко оказалась женщиной молодой и неправдоподобно красивой. Всё в ее лице было идеальным: кожа, рисунок губ, изящный носик, форма глаз. Николас попытался мысленно хоть к чему-то придраться, но не сумел — Инга Сергеевна являла собой само совершенство. Ей бы легкое косоглазие, или чуть оттопыренные уши, или рот пошире — одним словом, хоть какой-то дефект — и была бы неотразима, подумал Фандорин. А так вылитая кукла Барби, свежезамороженная клубника.

— People at the agency told me that you have a hereditary title. Is it true?[1] — спросила хозяйка, произнося английские слова старательно, но не очень чисто.

— I am afraid, yes, — по-аристократически скромно улыбнулся соискатель, да еще слегка развел руками, как бы извиняясь за это обстоятельство своей биографии. — Nobody is perfect[2]. Правда, баронетство наше

---

[1] Мне сказали в агентстве, что у вас наследственный титул. Это правда? *(англ.)*
[2] Боюсь, что да. У всех есть свои недостатки *(англ.)*

недавнее, первым баронетом Фандориным стал мой отец.

— Для британца вы слишком хорошо говорите по-русски, — забеспокоилась госпожа Куценко. — И потом... — Она замялась, но все-таки спросила. — Скажите, а как человек может ну... подтвердить, что он действительно имеет титул? Что, прямо в паспорте пишут: лорд такой-то или баронет такой-то?

— Зачем в паспорте? Выдается грамота, подписанная монархом. Хотите, покажу, как это выглядит? Она у меня с собой. Там собственноручная подпись королевы Елизаветы.

Фандорин сделал знак горничной, чтобы принесла из прихожей саквояж, а сам подивился Жанниной предусмотрительности. Вместе с ключами от машины, водительскими правами и телефоном он получил отцовский баронетский патент, который должен был храниться дома, в шкафчике, рядом с прочими родовыми реликвиями. Выводов отсюда проистекало как минимум два. Первый: оказывается, помощники Жанны умеют проникать в чужие квартиры и производить там обыск, не учиняя погрома и вообще не оставляя каких бы то ни было следов. И второй вывод, еще более пугающий: Алтын и дети от подобных вторжений абсолютно ничем не защищены. Именно это Жанна, должно быть, и хотела ему лишний раз продемонстрировать.

Пока Инга Сергеевна с любопытством разглядывала геральдических зверей на грамоте, Николас для пущего эффекта прибавил:

— Как видите, нашему баронетству нет и тридцати лет, но вообще род Фандориных очень древний, еще от крестоносцев.

Хозяйка смущенно попросила:

— Можно я сделаю ксерокопию? Нет, нет, не для проверки, что вы! — Блеснув голливудской улыбкой, призналась. — Хочу подругам показать, а то не поверят. Знаете, я ведь тоже из дворянского рода. Мой прадед, Серафим Пименович Конюхов, при царе Александре Третьем получил личное дворянство. Вот он, видите? Я по старой фотографии заказала.

Посреди стены, на самом почетном месте, висел сияющий лаком портрет чиновника, судя по выпученным глазам и носу картошкой, а в особенности по имени-отчеству, выслужившегося из поповских детей. Николасу стало стыдно, что он расхвастался своими крестоносцами, однако Инга взирала на своего предка с гордостью. Наверное, полагала, что личное дворянство — это какая-то особенно почетная разновидность аристократии, с личным шофером и личной охраной.

А дальше разговор перешел в аспект практический: сколько гувернер будет получать, где жить, с кем питаться. Из этого Николас понял, что пропуск на эшафот он себе благополучно добыл, и внутреннее напряжение немного ослабло.

— Наша Мирочка — девочка необыкновенная, вы сами увидите, — стала рассказывать хозяйка про ученицу. — В чем-то она гораздо взрослее своих сверстниц, а в чем-то, наоборот, сущий ребенок.

Могу себе вообразить, кисло подумал Фандорин, представив себе, что за чадо могло взрасти в этом кукольном доме за глухой стеной, сплошь утыканной видеокамерами. Что было, действительно, необычным, так это имя. Во внешности Инги Сергеевны ничего семитского не было. Быть может, господин Куценко?

— Девочку зовут Мирра? — переспросил Николас.

— Нет-нет, — засмеялась хозяйка. — Имя у нее, конечно, ужасное, но не до такой степени. Не Мирра, а Мира, уменьшительное от «Миранда». Претенциозно, согласна, но нас не спрашивали.

Это загадочное высказывание поставило Фандорина в тупик, однако лезть с расспросами он не решился.

— Во-первых, нужно заняться с Мирочкой английским — чтоб был такой же чудесный выговор, как у вас. — Инга Сергеевна стала загибать тонкие пальцы с серебристыми ногтями. — Во-вторых, хорошо бы, чтобы она и по-русски тоже говорила, как вы. Неграмотное строение фразы, вульгаризмы — это еще полбеды, но ей нужно избавиться от этого жуткого прононса! Далее. Общий уровень. Выработайте культурную программу, привейте ей хороший вкус, базовые представления об изобразительном искусстве, музыке. Особенное значение мы с мужем придаем правильному чтению. Не обязательному, которое включено в школьную программу, а внеклассному. Именно по начитанности этого рода тонкие люди определяют, что ты за человек.

Николас с серьезным видом кивнул, подумав, что потуги новой элиты на утонченность по-своему трогательны: Мужьям, конечно, не до «внеклассного чтения», они слишком заняты проблемами выживания и пожирания себе подобных, всякими там *откатами*, *обналичками* и *заморочками*. Но женщины, извечные оберегательницы и покровительницы культуры, уже устремляются душой к прекрасному, даже если пока оно еще имеет вид пухлых купидончиков на расписном потолке и чудовищных портретов в золотой раме. Ничего, они наймут своим отпрыскам дорогих бонн и гувернеров, научатся отличать искусство от китча. Скоро, очень скоро взбитое молоко российской жизни обрастет слоем нежнейших сливок.

— Агбарчик, золотце! — воскликнула вдруг хозяйка, прерывая свой монолог. Вытянула губы трубочкой, протянула руки книзу, и на колени ей впрыгнула беленькая ухоженная болонка. — Познакомься, это наш новый друг. Лаять на него нельзя, кусать тем более.

К собакам Фандорин всегда относился с симпатией, но от вида этой его передернуло — вспомнились слова Жанны, сказанные во время безумной гонки по шоссе.

Болонка соскочила на пол и дружелюбно потыкалась Николасу в ботинок. С отвращением глядя на ее мокрый нос и болтающийся розовый язычок, магистр сдавленным голосом сказал:

— Славный песик. Но почему «Агбар»? Разве это не мужское имя?

— А он у нас и есть мальчик, — просюсюкала хозяйка, подхватывая повизгивающего Агбара на руки. — Смотрите, как он на вас смотрит. Вы ему понравились... Так на чем я остановилась? Ах да. Про внеклассное чтение я уже сказала. Теперь самое главное. Девочку нужно обучить манерам, она монструозно невоспитанна. Школьные предметы — не ваша забота. К Мирочке ходят профильные учителя, и она очень неплохо успевает по всем дисциплинам. Но как она держится, как разговаривает, как ходит! Девочка кошмарно запущена. Во весь рот зевает, даже не прикрываясь ладонью. Когда икнет, говорит: «Икотка-икотка, беги на Федотку». Если кто-то чихает, желает доброго здоровья. Представляете?

Николас сочувственно покивал.

— Я бы хотела, чтобы уже к Новому году ее можно было вывозить в свет.

Он с трудом сдержал улыбку, представив этот «свет»: вчерашних завмагов, райкомовских работников и бухгалтеров, изображающих из себя салон Анны Павловны Шерер.

— Но еще до того, в ближайший вторник, Мирочку ждет первое серьезное испытание. Отец решил устроить прием в честь ее дня рождения. Соберется много гостей. Она не должна ударить лицом в грязь. Как вы думаете, сэр Николас, многого ли вы сумеете добиться за столь короткий срок?

Он озабоченно покачал головой и нахмурил лоб, как это делает ДЭЗовский сантехник, когда говорит: «Ну не знаю, командир, сам гляди, работы тут много, а у меня смена кончается».

Окончательно входя в роль, сказал:

— Сделаем. Зевать она будет с закрытым ртом, это я вам гарантирую. Кстати, сколько вашему ребенку лет?

Ответ был неожиданным:

— Через три дня исполнится восемнадцать.

Вот тебе на! Хозяйка выглядела максимум лет на тридцать.

Инга Сергеевна улыбнулась, правильно истолковав удивление собеседника в лестном для себя смысле.

— Вы думали, что Мирочка моя дочь? Нет-нет, это дочь моего мужа. Там целая романтическая история... — Госпожа Куценко сделала неопределенный жест, однако от пояснений воздержалась, вместо этого сочла нужным сообщить. — Вместе мы живем совсем недавно, но я успела полюбить Миру как родную дочь.

За окном раздался шелест колес по гравию, и лицо хозяйки просветлело.

— Это муж! Он ненадолго, скоро снова уедет по делам, но я хочу, чтобы он на вас взглянул. Посидите, пожалуйста.

И вышла, оставив Фандорина одного.

Вежливей было бы сказать: «я хочу вас познакомить», мысленно поправил он работодательницу и сам усмехнулся — надо же, учитель изящных манер. Не поменять ли профессию? Пятьсот долларов в неделю на всем готовом, плохо ли?

Госпожа Куценко вернулась в гостиную, сопровождаемая невысоким мужчиной лет сорока пяти — пятидесяти с некрасивым, но, пожалуй, значительным лицом: высокий лоб, бугристый плешивый череп, внимательные глаза за толстыми стеклами и неожиданно сочный, толстогубый рот.

Так-так, вычислил Николас. История семьи угадывалась без большого труда. Этот самый Куценко несколько лет назад разбогател, женился на молодой фифе, а прежнюю подругу дней своих суровых, как это водится у мужчин предклимактерического возраста, отправил в отставку. Недавно же отобрал у нее и дочку, должно быть, хорошо за это заплатив. Нет повести банальнее на свете.

Вошедший протянул руку с длинными, как у скульптора или пианиста, пальцами и тихо сказал:

— Мират Виленович. Рад, что вы понравились Инге.

— Очень приятно познакомиться, Марат Виленович, — ответил на рукопожатие Фандорин, решив, что не совсем точно расслышал имя.

— Не «Марат», а «Мират», — поправил хозяин. Примечательные губы тронула мягкая ироническая улыбка. — Сокращенное «Мирный атом». Отец работал инженером в КБ, а времена были технократические.

— Пообедать успел? — спросила Инга Сергеевна, сняв нитку с его рукава.

Он помотал головой, перестав обращать внимание на гувернера. Устало потер веки.

— Некогда было. Сделай какой-нибудь бутерброд и поеду. В дороге нужно еще видеодосье пациентки посмотреть.

Жена со вздохом подала ему пластмассовую коробочку.

— Так я и знала. Вот, с докторской и огурчиками, как ты любишь. Рубашку смени, несвежая.

Мират Виленович, кажется, не на шутку проголодался. Цапнул из коробки красивый маленький сэндвич, откусил половину и пошел к дверям.

— Извините, — бросил он на прощанье Фандорину, сосредоточенно работая челюстями. — У меня в час операция.

И удалился.

— Я дам рубашку! — крикнула Инга Сергеевна и бросилась вдогонку.

Эта сцена произвела на Николаса самое удручающее впечатление. Он бы предпочёл, чтобы хозяин оказался противным, тогда было бы не так тяжело за ним шпионить. Но Куценко магистру скорее понравился, да и отношения между обитателями кукольного дома были вполне человеческие, не как у Барби с Кеном.

— Ваш муж оперирует? — спросил Фандорин, когда хозяйка вернулась. — Я думал, он бизнесмен.

— Да что вы! — удивилась госпожа Куценко. — Мират — светило косметологической хирургии. У нас в стране ему нет равных, а, может, и во всём мире. Он один из первых, ещё в конце восьмидесятых, открыл частную клинику. Сейчас, конечно, менеджмент отнимает много времени, но он продолжает оперировать сам. Неужели вы не слышали о методике Куценко?

— Да, что-то такое читал, про чудеса омоложения и рукотворную красоту. И рекламу видел: как фея касается Золушки волшебной палочкой, и чумазая замарашка превращается в ослепительную красавицу.

— Напрасно вы улыбаетесь, — строго сказала Инга Сергеевна. — Это не преувеличение, а истинная правда. Мират настоящий кудесник. Дурнушку он делает интересной женщиной с шармом, а лицо обыкновенное, так сказать, среднестатистическое, превращает в настоящее произведение искусства. Он хирург от Бога!

Снисходительно улыбаться, кажется, не следовало. Николас поспешил исправить свой faux-pas:

— Я заметил, какие у него тонкие, красивые пальцы.

Прекрасные глаза хозяйки затуманились, голос стал мечтательным.

— Ах, вы даже не представляете, какие у него гениальные руки! Иногда они бывают сильными, даже безжалостными, а иногда такими нежными! Знаете, как Мирата любят растения? Они чувствуют животворную энергию! У нас в зимнем саду есть ужасно капризные цветы. Когда их поливает прислуга, они начинают сохнуть, а у Мирата расцветают, как в джунглях. И животные к нему тоже льнут — собаки, кошки, лошади. Они тоже умеют видеть настоящую, внутреннюю силу!

Николас несколько растерялся от столь откровенной демонстрации супружеского обожания. На душе стало совсем отвратительно.

Господи, зачем кошмарной женщине по имени Жанна, верней, ее таинственному заказчику понадобился этот доктор?

Последняя надежда оставалась на дочку, эту новорусскую инфанту, наверняка испорченную скороспелым папашиным богатством, и к тому же еще, очевидно, редкостную тупицу, раз она, несмотря на всех репетиторов, к восемнадцати годам не сумела закончить школу.

Хозяйка вела Фандорина знакомиться с падчерицей — через анфиладу комнат, в которых евроремонт причудливо сочетался со старинной мебелью и сохранившейся кое-где лепниной, рассказывала про историю усадьбы. Кажется, ее не то выстроил, не то перестроил кто-то из приближенных императора Павла — впрочем, Николас слушал вполуха, готовясь к встрече с ученицей: никаких нервов, максимум терпения, главное же — сразу правильно себя поставить, иначе учительство превратится в унизительную пытку.

Комната принцессы находилась на втором этаже. Через огромное полукруглое окно открывался прелестный вид на поле, лес, реку, но Николасу было не до любования природой. Он быстро оглядел просторную — нет, не комнату, а самую настоящую залу, с белыми колоннами и небольшой галереей, опоясывавшей внутреннюю стену. Самой обитательницы чертога видно не было, однако, судя по разбросанным там и сям нарядам, по отсутствию книжных полок, по навороченному компьютеру, на здоровенном мониторе которого застыла жалкая игра «Крестики-нолики», Никины предположения относительно интеллектуального уровня девицы Куценко полностью оправдывались.

— Мирочка, ты что, спишь? — позвала хозяйка, направляясь к завешенному портьерой алькову.

— Нет, Инга Сергеевна, — донесся откуда-то сверху, будто с самих небес, звонкий, чистый голосок. — Я здесь.

Николас обернулся, задрал голову и увидел над перилами балюстрады истинного ангела: тоненькое личико в обрамлении очень светлых, почти белых волос, широко раскрытые голубые глаза, худенькие голые плечи с бретельками не то от лифчика, не то от комбинации.

— Почему ты там сидишь? И почему неодета?

— Сняла платье, чтобы не испачкать. Тут пылища — ужас. Не вытирает никто, так я решила тряпкой пройтись, — ответила спрятавшаяся за перилами нимфа, разглядывая Николаса. — А села, потому что неодетая. Стыдно. Вы ведь не одна...

Опомнившись, Николас смущенно отвернулся.

— Сейчас поднимусь, принесу тебе платье и туфли. Сэр Николас не смотрит. Кстати, познакомься. Это гувернер, он будет руководить твоим воспитанием и готовить тебя к балу.

— Здравствуйте, — проворковал ангельский голос.

Фандорин, не оборачиваясь, слегка поклонился, что было довольно глупо. Определенно мадам Куценко самой не помешал бы гувернер. Неужто не могла подождать с представлениями, пока девушка оденется и спустится вниз?

Но вот Мира сошла с небес на землю, и оказалось, что никакая она не девушка, а девочка, совсем еще ребенок. На вид ей можно было дать лет тринадцать, да и то без поправки на современную акселерацию. Ее макушка приходилась магистру где-то на уровне локтя, фигурка была щупленькая, без каких-либо намеков на женские округлости. Уж во всяком случае, лифчик, проглядывавший сквозь тонкое батистовое платье, Мире был точно ни к чему.

— Я вас оставляю наедине, чтоб вы могли как следует познакомиться. Не дичись. — Госпожа Куценко ласково погладила девочку по кудрявой головке. — Обещаешь?

— Хорошо, Инга Сергеевна.

— Сколько раз говорить, называй меня просто «Инга». Сэр Николас, я скажу Клаве, чтобы она пришла через десять минут и помогла вам разместиться.

Когда за хозяйкой закрылась дверь, Мира сделала два шага назад — не от застенчивости, а чтобы удобнее было рассматривать двухметрового учителя.

— Вас чё, правда «сэр Николас» зовут? — недоверчиво спросила она и не удержалась, прыснула.

— Зовите меня «Николай Александрович». И давайте сразу договоримся: я буду исправ-

лять неправильности вашей речи, а вы за это
не будете на меня обижаться. Идет?

Дождавшись, когда она кивнет, Николас
продолжил:

— Первое. Слово «что» по-русски произ-
носится нередуцированно, то есть полностью:
што. Второе. Вместо просторечного «правда»
в данном случае изысканней было бы упот-
ребить выражение «в самом деле». И третье.
В беседе с малознакомым человеком, каким я
для вас пока являюсь, одного кивка в знак
согласия недостаточно. Нужно обязательно
произнести вслух: «Да» или «хорошо». Вы
меня поняли?

— Да. Только не говорите мне «вы», ладно? Я себя на «вы» покамест не ощущаю.

Мира посмотрела куда-то вниз — Николас
подумал, от стеснения. Но нет, это она ук-
радкой полюбовалась на свои часики. Поймав
взгляд учителя, прошептала:

— Это французские, с настоящими бриллиантами. «Картье» называются. Папа купил.
Ужас какие деньжищи стоят. Правда, красивые? Ой, — спохватилась она, — я хотела
спросить: в самом деле красивые?

Фандорин вздохнул. О, великий и могу-
чий, сам черт в тебе ногу сломит.

А девочка ему, увы, понравилась. Да и как
она могла не понравиться — такая славная,
хорошенькая, и к тому же совсем неиспорчен-
ная, а искренняя, простодушная. И так мило,
по-волжски окает. Должно быть, именно это

госпожа Куценко обозвала «жутким прононсом». Вероятно, Мира жила с родной матерью не в Москве, а где-нибудь в провинции.

Чтобы с самого начала не обозначить себя как педанта и зануду, Николас не стал придираться к «покамест» и к «ужасу». Подошел к письменному столу, склонился над компьютером.

— В «Крестики-нолики» играешь? Нравится?

— Воще-то не очень, — призналась Мира и шмыгнула носом. — Но я ни во что другое не умею. У меня раньше компьютера не было.

— Лучше говорить не мягко «компьютер», а твердо: «компьютОр». И каким же играм ты хотела бы научиться?

— А вы умеете? В самом деле? — Мира схватила его за рукав. — Я по телеку видела, там пацаны играли по компьютОру в приключения! Подземелье с сокровищами, скелеты, а неправильно угадаешь — тебе кранты! Вы в такую играть умеете?

Он кивнул, глядя в ее ясные, полные радостного ожидания глаза, и подумал: очень инфантильна для своего возраста, но это делает ее еще очаровательней.

— Ага, а сами кивнули, — засмеялась Мира. — И «да» не сказали! Так научите меня играть в приключения?

Улыбнувшись, Ника пообещал:

— Научу. Не только играть. Если захочешь, мы будем с тобой сами придумывать новые игры. Это еще интересней.

Девочка взвизгнула от восторга, подпрыгнула и с меткостью дрессированного дельфина чмокнула Фандорина точно в середину щеки.

Похоже было, что контакт с ученицей наладился.

Из «детской», как внутренне окрестил Ника комнату Миры, гувернера отвели к управляющему усадьбой, уютному усачу Павлу Лукьяновичу с белорусским выговором и повадками армейского отставника. Он вручил новому жителю Утешительного ключи от «партаментоу» (апартаментов) и магнитную карточку, чтобы открывать ворота. Предупредил, что на «терриоторыи объекту» действуют особые правила безопасности, потому что «Мырат Виленовитш большой тшеловек, а у большого тшеловека и проблэмы большие». Эти слова Павел Лукьянович сопроводил странным безулыбочным подмигиванием, что, видимо, означало: шучу, но не совсем.

Следуя за горничной в свои «партаменты», Фандорин видел из окна, как хозяин выезжает из ворот: впереди джип охраны, сзади еще один, а в лимузин рядом с шофером сел какой-то человек-гора — ростом с Николаса, но вдвое шире. Что-то многовато лейб-гвардейцев для светила хирургии, подумал Ника и спросил, кивнув в сторону великана:

— Личный телохранитель?

— Нет, это секретарь Мирата Виленовича, Игорек, — ответила горничная, милая женщина средних лет по имени Клава. — Он в Америке университет закончил.

Должно быть, по футбольной стипендии, предположил Николас.

«Партаменты» оказались двухкомнатной квартиркой, небольшой, но вполне комфортабельной. Правда, вид из окон был так себе — на хозяйственные постройки.

Развешивая в шкафу вещи, Клава попросила:

— Вы уж, Николай Александрович, помягче с Мирочкой, без строгостей. Такая девочка хорошая, деликатная. Не обвыклась еще здесь. У нас в обслуге все ее знаете как жалеют.

— За что же ее жалеть? — удивился Фандорин. — Дай бог всякой девочке расти в таких условиях.

Горничная аж рубашку уронила.

— Всякой? Да вы что! Над Мирочкой вся страна слезы лила!

На лице гувернера отразилось полнейшее недоумение, и Клава шлепнула себя по лбу:

— Ах да, вы же англичанин. Очень уж чисто по-русски говорите, я и забыла. «Надейся и жди», наверно, не смотрите?

— Это ток-шоу, да? Нет, я телевизор почти не смотрю, только новости по шестому каналу.

— И газет наших не читаете? О Мирочке писали «Комсомольский москвич», «Факты и аргументы», «Фитилёк», да все писали!

Ника виновато развел руками:

— Нет, я этих изданий не читаю. Только газету «Таймс». — И, просветлев, вспомнил. — Еще иногда еженедельник «Эросс».

— А-а, тогда понятно, — протянула Клава и отвернулась.

Кажется, Николас безвозвратно погубил себя в ее глазах. Она быстро закончила свою работу и вышла, даже не попрощавшись.

Ну и ладно. Фандорину сейчас было не до ханжеских предрассудков обслуживающего персонала.

Он встал у окна, попытался собраться с мыслями.

Итак, пропуск в ад получен. Оттого что это место скорее напоминает рай, только хуже. Тогда получается, что он прислан сюда соглядатаем от Сатаны. Никаких инструкций или заданий Николасу не дали — только устроиться гувернером, и всё. Но телефон ему выдан не случайно. Скоро он зазвонит, можно в этом не сомневаться. Неизвестно, чего именно потребует Жанна от своего агента, но это наверняка будет нечто, несущее обитателям Утешительного беду...

Короткий стук в дверь. Снова вошла горничная. Положила на стол какую-то папку, сухо сказала:

97

— Хорош учитель, не знает, кого учить собрался. Вот, почитайте. Это я подбираю публикации, про Мирочку.

И с надменным видом удалилась.

Фандорин развязал тесемки. Увидел сверху женский глянцевый журнал «ККК». На обложке — робко улыбающаяся Мира. И крупно анонс: «МИРАНДА КУЦЕНКО: ЗОЛУШКА НАШИХ ДНЕЙ».

Сел в кресло, стал читать.

ФЕЯ ПРИЕХАЛА НА «МЕРСЕДЕСЕ»

...В детском доме райцентра Краснокоммунарское таких девочек и мальчиков больше двух сотен. Большинство попали сюда совсем крошками, прямо из Дома малютки.

«Детский дом» или «интернат» — слова неправильные, обманные. Не нужно стесняться названия «сиротский приют», потому что именно этим святым делом здесь и занимаются: дают приют сиротам — уж как могут. У этих детей никогда не было настоящей семьи, они всегда носили только казенную одежду и питались только казенной пищей — увы, скудной, потому что область здесь бедная, дотационная, и своих сироток ей баловать особенно не на что.

Но чем суровей и безрадостнее реальная жизнь, тем больше человеческая душа стремится к полету, к мечте, к несбыточному. И каждый из маленьких жильцов приюта, конечно же, грезит о том, что родители его не

бросили, а потеряли, что они ищут свое дра-
гоценное дитятко и однажды непременно найдут. Сколько трогательных, наивных и совершенно фантастических историй впитали кра-
шенные масляной краской стены спален! О
папах-разведчиках, о мамах-актрисах, о роко-
вых подменах в родильном доме...

Как рассказал автору этих строк директор
Краснокоммунарского детдома Р.Мовсесян,
обычно такого рода фантазии иссякают к три-
надцатилетнему возрасту, когда подрастаю-
щий человечек начинает готовить себя к ре-
альной, взрослой жизни. Иссякают, но не ис-
чезают совсем, они продолжают жить на
самом донышке юного сердечка.

О, как всколыхнулась, забурлила вода в
этих глубоких омутах после чуда, которое произошло в тихом волжском городке! Сказка
спустилась с небес на землю и озарила жизнь
всех сироток нашей бескрайней страны вол-
шебным светом надежды. И рассказывать эту
историю нужно именно так — как сказку.

Жила-была на свете девочка с чудесным
именем Миранда. Но кроме звучного имени
ничегошеньки у нее не было, даже отца с матерью. Росла она, как травинка в поле. Мамина ласка и папина забота не оберегали ее ни
от злого ветра, ни от ледяного дождя, и потому выросла она тоненькой и чахлой. В детстве
много болела, из-за этого два раза оставалась на второй год, а потом, хоть и выздоро-
вела, но осталась худенькой и бледненькой,

совсем не такой, как ее румяные сверстницы, у кого есть родители.

Больше всего на свете Миранда, как и многие ее подружки, любила сказку про Золушку, к которой однажды явилась добрая фея и одним взмахом волшебной палочки подарила ей новую, чудесную жизнь. Годы шли, сказка оставалась сказкой, а жизнь жизнью. Другие девочки-сироты уже зачитывались повестью «Алые паруса» и мечтали не о фее — о принце, Миранда же взрослеть не торопилась, она по-прежнему верила в свою детскую сказку. И была вознаграждена за верность.

А теперь позвольте перейти от языка сказочного к языку фактов.

В феврале 1983 года молодой москвич с необычным именем Мират проводил отпуск в крымском санатории. Отдыхала там и юная пермячка по имени Настя. Мертвый сезон, холодное море, пустые пляжи. Стоит ли удивляться, что между ними завязался короткий, но бурный курортный роман? Любовники знали друг друга только по имени, даже фамилией поинтересоваться не удосужились. И вдруг, месяца через два, в московской квартире Мирата зазвонил телефон. Это была Настя. Она сказала, что ждет ребенка. «Как ты меня нашла?» — спросил молодой человек, одолеваемый самыми недобрыми подозрениями. «По имени, — ответила она. — Оно у тебя такое редкое!» «Сделай аборт, — сказал он и мрачно прибавил, уже догадавшись, что, как говорится, запопал. — Я вышлю денег. Диктуй адрес». Но Настя разрыдалась и бросила трубку. Больше она его не беспокоила.

Шли годы. Мират стал знаменитым хирургом и преуспевающим предпринимателем, владельцем нескольких косметических клиник. Вы наверняка видели рекламу этой фирмы и в нашем журнале, и в других гламурных изданиях. Называется фирма — вот он, мистический почерк судьбы! — «Фея Мелузина».

Мират Виленович женился на писаной красавице, и всё у них с женой было прекрасно, только вот детей им Бог не дал. Тогда-то миллионер и вспомнил давнюю историю. Стал разыскивать Настю из Перми, только оказалось это совсем не просто, ведь имя у нее было не то что у него, а самое что ни на есть обыкновенное. Но Мират Виленович не жалел ни средств, ни усилий, и после нескольких лет беспрестанных поисков выяснил и фамилию Насти, и адрес. А также то, что она умерла, родив девочку, и что ребенка отдали в детский дом.

Дальнейшее было делом техники, и здесь я снова перехожу на сказочную волну.

Однажды семнадцатилетняя воспитанница Краснокоммунарского интерната Миранда открыла окно палаты, где она жила с пятью другими девочками, и увидела, как по дороге, сверкая черной полировкой, катит чудо-экипаж, каких в райцентре отродясь не видывали...»

Статья была длинная, но Николас прочитал ее до конца. Иногда морщился от слащавости стиля, но история и в самом деле была необычная, трогательная.

Посмотрел и другие публикации, их было несколько десятков, и почти все с портретами трогательной большеглазой девчушки: и на фоне детдома, и в лимузине, рядом со смущенным Куценко. Вот сколько шума, оказывается, наделала история краснокоммунарской золушки и владельца «Феи Мелузины». Еще бы, настоящая мыльная опера, «Богатые тоже плачут».

Фандорин закрыл папку, подошел к зеркалу.

Лицо у него было такое же, как всегда, но он-то знал, что видит перед собой не Нику Фандорина, а оборотня.

Спасти маленький мир ценой большого?

Зажмурился.

Чтоб не раскиснуть, заставил зрительную память показать жителей маленького мира: вот Алтын, вот Эраст, вот Геля.

Вдруг вспомнилось, как дочка спросила: «А как это — душу потерять?»

Передернулся. Задал бессмысленный вопрос, звучавший с библейских времен бессчетное количество раз. Господи, за что мне такое испытание? Оно выше моих сил. Я не выдержу!

Потом открыл глаза и сказал своему отражению: «Я подлец».

* * *

По договоренности с хозяйкой, уроки должны были занимать два часа перед обедом (воспитание и английский) и два часа перед ужином (английский и воспитание), но с первого же дня сложилось так, что учитель и ученица расставались лишь на время ночного сна, да еще утром, до двенадцати, когда Мира занималась с предметниками. То есть урокам английского-то отводилось столько времени, сколько полагалось по расписанию, но вот «воспитание» растягивалось самым недопустимым образом, поглощая весь вечер, а то и половину ночи — до тех пор, пока гувернер, спохватившись, не отправлял девочку спать.

Собственно воспитание и обучение изящным манерам происходило урывками, от случая к случаю, как гарнир к главному делу — разработке компьютерной игры про Эраста Петровича Фандорина. Незаконченного «Камер-секретаря» Ника трогать не стал, поскольку та история уже наполовину сложилась, а затеял сочинять новый сценарий.

В первое утро, пока Миранда была на уроках, сгонял в Москву за необходимыми программами. Убедился, что дома никого нет, и только тогда вошел в квартиру.

Повздыхал в детской, глядя на аккуратно убранную кроватку Эраста и разбросанные куклы Гели. Жене записки не оставил — просто положил на постель купленную по дороге лилию, символ надежды. Алтын поймет.

И скорей назад, в Утешительное. Как раз обернулся к назначенному часу.

Азы программистской науки Мира схватывала на лету, тем более что он не стал утомлять ее техническими деталями — поскорее перешел к рассказу про своего замечательного предка. Вывел на монитор его портрет и был очень доволен, когда девочка воскликнула: «Красивый — помереть!». Даже вульгаризм поправлять не стал.

Миранде было предложено на выбор три приключения героического сыщика (ни про одно из них сколько-нибудь достоверных сведений не сохранилось, так что простор фантазии не был ограничен): «Эраст Петрович против Джека Потрошителя», «Эраст Петрович в Японии» и «Эраст Петрович в подводном городе».

К изумлению учителя, выяснив исходные данные каждого из сюжетов, ученица без колебаний выбрала самый кровавый, про Уайтчепельского монстра.

Сначала Николас решил, что это следствие запоздалого эмоционального развития — нечто вроде ностальгии по детским «страшилкам», которыми, должно быть, пугали друг друга по ночам маленькие детдомовки. Но, узнав свою воспитанницу поближе, он понял, что ночная готика про «Летающие гробики» и «Желтые перчатки» здесь ни при чем. Ангелоподобная инженю с поразительным хладнокровием относилась к вещам, которых обычно так боятся девушки ее возраста: к смерти, крови, страданиям.

А впрочем, ничего поразительного тут не было. За свою недолгую, да к тому же проведенную в замкнутом пространстве жизнь Мира не раз видела, как мучаются и умирают ее сверстники, ведь многие из них были от рождения болезненны, а казенному уходу, каким бы он ни был добросовестным, далеко до родительского.

— И лекарства не всегда достанешь, особенно если дорогие, — беспечно рассказывала Миранда, заливая красным цветом лужу крови на месте очередного злодеяния Потрошителя. — Роберт Ашотыч из кожи вон лезет, но он же не волшебник. У меня в третьем классе подружка была, Люсьенка, с пороком сердца. Ждала очереди на операцию, но не дождалась. И Юлик тоже не дождался, пока его в Туапсе переведут, задохся от астмы.

Роберта Ашотовича она поминала часто. Это был директор интерната — судя по рассказам, человек неординарный и энергичный. Всем своим питомцам он придумывал имена сам, одно причудливей другого, а если у ребенка в графе «отец» стоял прочерк, то дарил и отчество.

— Пока меня папа не нашел, я звалась Миранда Робертовна Краснокоммунарская, —

похвасталась Мира, произнося это несусветное прозвание, словно какой-нибудь громкий титул. — Красота, да? Мы там все, у кого своей фамилии не было, назывались Краснокоммунарскими. Во-первых, звучит, а во-вторых, Роберт Ашотович говорил, что ни у кого кроме наших такой фамилии быть не может. Как где встретите какого-нибудь Краснокоммунарского, сразу поймете: это свой.

Странно, но про отца она говорила гораздо меньше, чем про этого самого Роберта Ашотовича. То есть почти совсем не говорила. Но когда видела Мирата Виленовича или когда кто-нибудь просто упоминал его имя, в глазах Миранды зажигались особенные огоньки, а на щеках проступал румянец. Вот как нужно добиваться пылкой дочерней любви, думал Николас. Отказаться от своего ребенка, помариновать его лет семнадцать в приюте, а потом прикатить на «мерседесе»: здравствуй, дочурка, я твой папа. Думать-то думал, но сам, конечно, понимал, что несправедлив, что просто завидует.

За четыре дня хозяина Фандорин видел только однажды. Мират Виленович уезжал рано, возвращался поздно, и лишь в понедельник, накануне дочкиного дня рождения, поспел к семейному ужину. Но пообщаться с ним возможности не представилось. Господин Куценко и в столовой то говорил по телефону, то просматривал бумаги, которые без конца подсовывал ему мамонтоподобный Игорек.

106

Вот это мужчина, уныло размышлял Ника, поглядывая на магната. С каким обожанием смотрят на него красивейшая из женщин и прелестнейшая из дочерей, а ведь собою отнюдь не Эраст Петрович и даже не Том Круз. Дело не во внешности, дело во внутренней силе, тут Инга Сергеевна абсолютно права. Интересно, а как бы он обошелся с Потрошителем? Все-таки врач, представитель гуманной профессии.

Дело в том, что как раз перед ужином у Николаса произошел ожесточенный спор с Мирой — как должен поступить Эраст Фандорин, если ему удастся изловить это чудовище. По мнению гувернера, несчастного психопата следовало поместить в тюремную больницу, чтобы врачи попробовали исцелить его больную душу. Именно так бы и сделал Эраст Петрович, который, будучи защитником правопорядка и человеком истинно цивилизованным, свято верил в то, что слово эффективнее насилия. Мира же о подобном исходе не желала и слышать. «Наш Эраст нашел бы эту гадину и прикончил», — безапелляционно изрекли нежные девичьи уста.

Характер у девочки был крепкий, бойцовский. Например, она ужасно боялась предстоящего приема по случаю своего дня рождения. При одном упоминании о неотвратимо приближающемся вторнике ее личико, и без того худенькое, вытягивалось, а мелкие ровные зубы впивались в нижнюю губку, но

Миранда ни за что не призналась бы, как мучительно для нее предстоящее испытание — ведь это расстроило бы папу, который хотел сделать ей приятное.

Николас не жалел усилий, чтобы придать девочке уверенности. Убеждал, что в пышном платье с кринолином она божественно хороша (это было сущей правдой), показывал, как нужно ходить, как держать осанку. Целый час посвятил инструктажу по пользованию столовыми приборами, хотя был совершенно уверен, что новорусский бомонд этих премудростей знать не знает.

Больше всего Миранда боялась что-нибудь не то сказать и тем самым опозорить Мирата Виленовича.

— А ты говори поменьше, — посоветовал ей Ника. — Это и есть самый хороший тон для молоденькой девушки в присутствии взрослых. Спросят что-нибудь — ответишь, ты же не дурочка. А так смотри на всех с улыбкой, и больше ничего. Улыбка у тебя, как у мадонны.

В знаменательный день, когда в доме уже ждали гостей, Фандорин отвел нарядную Миру в сторону и ободряюще сжал ее затянутый в длинную перчатку локоток:

— Ты знаменитость. На тебя будут смотреть, в том числе ревнивыми глазами. Выискивать промахи, особенно женщины. Это не должно тебя пугать. Так уж устроен свет — не важно, в девятнадцатом веке или в двадцать первом. Будь со всеми доброжелательна и вежлива, но если почувствуешь насмешку или вызов, не теряйся. Я постараюсь держаться неподалеку и приду тебе на помощь.

— Ничего, Николай Александрович, — улыбнулась девочка белыми от страха губами. — Мне бы только папу не подвести. А если кто на меня наедет, дам сдачи. Роберт Ашотович всегда говорил: «Кто добрый, с тем надо по-доброму, а если кто обидел — давайте сдачи». Еще песню нам пел, свою любимую.

И Миранда пропела хрустальным голоском:

— «При каждой неудаче давать умейте сдачи, иначе вам удачи не видать».

А во двор уже въезжал автомобиль первого из гостей.

— Ну, в бой, — подмигнул Николас.

— Ой, мамочки...

Мира деревянной походкой двинулась в сторону передней, откуда уже доносился звучный, известный всей стране бас режиссера Оскарова:

— Миратушка! Ингушетия! У, затворники, старосветские помещики! Визит Магомета к горе! А где именинница?

Николас выглянул из коридора, увидел, как кинокдассик, склонив львиную голову, целует ручку мертвенно бледной Миранде. Рядом стояла умопомрачительная мадам Оскарова, с великодушной улыбкой взирала на дилетантку и — с точно таким же выражением лица — на празднично расчесанного Агбара, который возбужденно подпрыгивал и повизгивал у ног хозяйки.

— Ты что это фрак нацепил, низкопоклонник? — Куценко шутливо снял с плеча режиссера несуществующую пылинку. — Хватило бы и смокинга. Девочке всего восемнадцать.

— Да я не из-за вас. Был на открытии фестиваля «Русский меценат». Бабки на картину нужны, я тебе говорил.

— Ну и как? Достал?

Режиссер махнул рукой.

— Сказал бы я тебе русским языком, если б не присутствие этого волшебного дитяти. «Меценат, лови откат» — вот какой у них фестиваль.

Тут каннско-венецианский лауреат все-таки не сдержался и выразился самым энергичным, идиоматическим манером, отчего Мира вздрогнула и испуганно оглянулась на Николаса. Тот пожал плечами: ничего не поделаешь, видно, так в этой среде заведено.

Куценко засмеялся, жестом пригласил проходить в салон, где стояли столы с винами и закусками, но другой рукой приобнял госпожу Оскарову.

— Маруся, ты через пять недель ко мне, на техосмотр. Помнишь?

— Уж про что про что, а про это я помню всегда.

Красавица нежно поцеловала хозяина в щеку, а по лестнице уже поднимались новые гости — и тоже такие, которых знала вся страна. Это был истинный парад планет!

Сначала обомлевшей Мире вручил букет Максим Кафкин, ведущий телешоу «Как украсть миллион». Не успела она прийти в себя, а ей уже тряс руку колумнист Михаил Соколов, реставратор некогда славной и теперь снова входящей в моду профессии сатириков-государственников. Потом бедняжку целовала светско-парламентская львица Ирина Оригами. А следом, шурша шелками и туманами, уже наплывала блистательная Изабелла Марченко (народная кличка «Средство Макропулоса») — на великую актрису Николас воззрился с особенным интересом, вспомнив, что она судится с газетой «Эросс» за диффамацию: редакция поздравила легенду кинематографа с совершеннолетием правнука.

Миранда держалась молодцом: подарки принимала грациозно, разворачивала, мило ойкала и даже розовела. На вопросы отвечала тихо, но без робости, иногда же ограничивалась одной улыбкой, что было уже высшим пилотажем.

Успокоившись за воспитанницу, Фандорин переместился в салон, где джазовый секстет исполнял вариации на темы классических шлягеров из Доницетти и Беллини. Теперь можно было подумать и о себе.

Странное у него было предчувствие: сегодня, наконец, что-то произойдет. Не может же затишье продолжаться вечно? Сколько можно выгибать шею и всматриваться в небо: когда же выползет грозовая туча? Воздух насыщен электричеством, где-то за горизонтом перекатываются булыжники грома, а бури нет и нет. Уж скорей бы.

За все эти дни ни одного звонка от Жанны. Выданный ею телефон молчал, но Ника не забывал о нем ни на секунду, был готов к тому, что проклятая машинка в любое мгновение запищит — так истинный самурай живет в непрестанной готовности к внезапной смерти.

В салоне, среди выпивающих, хохочущих, целующихся звезд магистру сделалось совсем тоскливо — будто он по случайности угодил на глянцевый разворот журнала «Семь дней».

Он выскользнул в прихожую, чтобы через боковой коридор ретироваться в свои «партаменты» — и как раз налетел на чету Куценко. Они стояли спиной к двери и приближения гувернера не слышали, потому что, производя свой маневр, Николас старался ступать как можно тише. В результате чего и сделался невольным свидетелем маленькой супружеской сцены.

Инга Сергеевна говорила с ласковой укоризной:

— Дурачок ты, ей-богу. Нашел к кому ревновать. Сколько лет прошло! Ты бы еще та-

таро-монгольское иго вспомнил. Глаза мои этого Яся не видели бы, пропади он пропадом. Ведь ты сам его пригласил, у вас свои дела.

— Дела делами, но как вспомню... — глухо рокотал Мират Виленович.

Беседа явно носила интимный характер, однако пятиться назад было глупо — еще подметка скрипнет, только хуже получится. И Фандорин поступил самым тривиальным образом — кашлянул.

Мадам Куценко обернулась, вспыхнула и, бесстрастно улыбнувшись Николасу, спустилась по ступенькам вниз. Хозяин же, тоже покашляв, счел нужным задержаться — должно быть, от смущения.

Выход в такой ситуации один: завести разговор на какую-нибудь нейтральную тему. Поэтому, глядя через распахнутые двери на столичный бомонд, Фандорин сказал:

— Все-таки не зря русских женщин называют самыми красивыми. Всего несколько лет раскрепощенности, богатства, и вот наши светские львицы уже ничем не уступают лондонским или парижским. Вы только посмотрите, это же просто конкурс «Мисс Вселенная».

— Скорее, «Миссис Вселенная», — хмыкнул Куценко. — Жены наших политиков и богатеньких буратин в последние годы стремительно хорошеют и молодеют, это правда. Но дело тут не в генах, а вот в этих руках. — Он продемонстрировал свои замечательные пальцы и засмеялся. — Три четверти дам, которых вы тут видите, прошли через мою операционную. И каждый год я делаю им коррекцию — этого требует разработанный мною метод. Если какая-нибудь из моих лолобриджид опоздает на очередную профилактику, то с боем часов превратится в тыкву. Что делать — красота требует квалифицированного ухода.

Николас вспомнил, как Мират Виленович поминал жене режиссера про какой-то «техосмотр». Так вот что имелось в виду.

— Но как вы всё успеваете? И заниматься бизнесом, и оперировать, и еще эта профилактика.

Куценко вздохнул:

— За счет сна, отдыха. Не помню, когда ел по-человечески — знаете, чтобы не спеша, с удовольствием. А что прикажете делать? Посвятить в свой метод ассистентов? Народ сейчас ушлый — враз свою клинику откроют и конкурировать начнут. Прецеденты уже были. Опять же клиентки у меня особенные. — Он кивнул в сторону зала. — С ними личный контакт нужен.

Кажется, за финансовые перспективы фирмы «Фея Мелузина» можно не тревожиться, подумал Николас. В пациентках у чудо-доктора нехватки не будет, и за деньгами они не постоят.

Внезапно лицо Мирата Виленовича изменилось. Из устало-насмешливого стало сосредоточенным, напряженным. Но не более чем на мгновение. Затем хирург просиял широченной улыбкой и, глядя мимо Фандорина, воскликнул:

— Ясь! Как обычно, опаздываешь! А ну давай дневник и чтоб без родителей не приходил!

На площадку поднимался стройный господин с импозантной проседью в тщательно уложенных волосах. Смокинг сидел на нем так, словно припозднившийся гость прямо в нем родился и с тех пор другого кожного покрова не знал — только время от времени линял, обрастая новой элегантной шкуркой.

Красавец дружески хлопнул хозяина по плечу, после чего оба исполнили странный ритуал: вместо рукопожатия стукнулись открытыми правыми ладонями, а потом еще и шлепнули друг друга по лбу.

— Салют, Куцый. Как говорится: здрасьте, давно не виделись.

— Это точно. Инга уж спрашивала, чем это вы с Ясем ночи напролет занимаетесь. Вы что, говорит, ориентацию поменяли? — засмеялся Мират Виленович. — Но на сегодня брейк, лады? Только бумажку тебе одну покажу, и всё. Зайдем в кабинет?

— Угу, — промычал Ясь, вопросительно глядя на Николаса.

— Фандорин, гувернер дочери Мирата Виленовича, — представился тот, но руку первым протягивать не стал, ибо гувернер —

фигура второстепенная и должен знать свое место.

Правильно сделал. Рукопожатием с наемной рабочей силой гость обмениваться не пожелал — только оглядел Николаса с головы до ног и еще раз повторил, но уже с другой интонацией:

— Угу.

Вежливый Куценко представил своего знакомого:

— Это Олег Станиславович Ястыков, мы когда-то в одном классе учились. А теперь главный мой конкурент, ему принадлежат аптеки «Добрый доктор Айболит». Вы их, конечно, знаете.

Тот самый Ястыков, из списка приговоренных!

Стараясь не выдать волнения, Фандорин спросил:

— Какая же может быть конкуренция между косметическими клиниками и аптеками? Скорее сотрудничество.

— Вот и я тебе говорю, Куцый, — засмеялся Ястыков. — Ты бы лучше со мной сотрудничал, а не бодался. Гляди, уши на нос натяну, как в пятом классе.

На мгновение лицо Мирата Виленовича исказилось странной гримасой, но, может быть, Николасу это показалось — Куценко весело двинул однокашника локтем в бок.

— Что ж ты один? Не узнаю грозу сералей и борделей!

— Почему один? Я с дамой. Сейчас позна-
комлю — супер-класс.

— Ну, и где твой супер-класс?

Ястыков оглянулся.

— Ее внизу твоя подхватила, повела гостиную показывать. Инга-то цветет! Счастлив-
чик ты!

И снова лицо хозяина дома дернулось —
теперь уже совершенно явственно.

Криво улыбнувшись Ястыкову, Мират Виленович попросил Фандорина:

— Николай Александрович, не сочтите за
труд. Спуститесь, пожалуйста, вниз и скажите
жене, что я поднимусь с Олегом Станиславо-
вичем в кабинет, но к выносу праздничного
торта мы непременно спустимся.

Подавив порыв низко поклониться и про-
шелестеть: «Слушаю-с, ваше сиятельство»,
Николас отправился на первый этаж. Раз ты
обслуживающий персонал, умерь гордыню,
знай свое место.

Инга и спутница неприятного Ястыкова
были в гостиной — стояли перед портретом
личного дворянина Конюхова.

Заслышав шаги, гостья, высокая брюнет-
ка в алом платье с глубоким вырезом на за-
горелой спине, обернулась.

Ника покачнулся, ухватился за дверной ко-
сяк.

Это была Жанна!

Время и пространство переключили регистр
и перешли в иное измерение, так что ровный,

безмятежный голос Инги Сергеевны казался звучащим откуда-то из иного мира, из позапрошлого столетия:

— Заметьте, что неуважение к предкам есть первый признак дикости и безнравственности...

Глава шестнадцатая

БРИГАДИР

— Дмитрий, будет безнравственно, если ты и дальше станешь хранить молчание о причинах твоего бегства из Петербурга, — строго молвил Данила, едва дормез отъехал от площади.

Митя стоял на коленках, забравшись на заднее сиденье, и смотрел в окно: на поручика-гатчинца, пересчитывавшего полученные за шпагу деньги, на угрюмого Пикина — тот стоял один, накинув поверх рубахи плащ, и жадно дымил длинной трубкой. Карету взглядом не провожал, разглядывал землю под ногами.

— Я не понуждал тебя к откровенности, — продолжил Фондорин все тем же решительным тоном, — однако же, согласись, что после случившегося я вправе получить ответы на некоторые вопросы. Первое: кто таков упомянутый капитан-поручиком Еремей? Второе: почему за тебя обещано вознаграждение, и судя по всему немалое? Третье: что ты делал в Петербурге — один, без родителей? Четвертое...

Всего вопросов было ровным счетом двенадцать, перечисленных в строгой логической последовательности, из чего следовало, что занимали они Данилу уже давно.

— Простите меня за скрытность, мой почтенный друг и благодетель, — повинился Митридат. — Она была вызвана отнюдь не недоверием к вам, а нежеланием вовлекать вас в эту не до конца ясную, но опасную интригу.

И Митя поведал своему спасителю всё, как на духу, сам не замечая, что заразился от лесного философа привычкой изъясняться длинными грамматическими периодами.

Фондорин изредка задавал уточняющие вопросы, а дослушав, долго молчал — обдумывал услышанное.

— Рассказанная тобой история настолько запутанна и смутна, — сказал он наконец, — что, если позволишь, я попытаюсь осмыслить ее суть, а ты меня поправишь, коли я в чемто ошибусь. Итак. В законах о российском престолонаследии еще со времен Великого Петра нет определенности. Государь вправе назначать себе преемника по собственной воле, не считаясь с династическим старшинством. Известно, что по насмешке судьбы сам Петр назвать своего преемника не успел — испустил дух, так и не произнеся имени. С тех пор монархов на престол возводит не право, а сила. И первая Екатерина, и второй Петр, и Анна, и младенец Иоанн, и Елисавета, и третий Петр, и Екатерина Вторая были возведены на трон не законом, а произволом. Неудивительно, что в окружении Фаворита возник прожект миновать естественную очередность престолонаследия и сделать преемником императрицы не Сына, который известен упрямством и вздорностью, а Внука, который по юности лет и мягкости нрава станет воском в руках своих приближенных. Очевидно, завещание на сей счет уже составлено, но осторожная Екатерина пока хранит его в тайне, по своему обыкновению выжидает удобного момента. Однако, как говорится, у мертвых голоса нет. Если Екатерина сама, еще при жизни, не передаст скипетр Внуку, то едва у нее закроются глаза, как в столицу явится Павел во главе своего пудреного воинства и займет трон силой. Тогда всем его гонителям и обидчикам не поздоровится, а в первую голову самому Фавориту и его приспешникам. Твой приятель Еремей Метастазио умен и отлично понимает, что время не терпит. А тут еще скудоумный Платон совсем потерял голову от страсти и затеял сам рубить сук, на котором сидит. Не сегодня-завтра зуровский неприятель Маслов добудет верные доказательства Фаворитовой неверности, и тогда случаю его светлости конец. Вот итальянец и решил сократить земное пребывание императрицы. Она должна умереть поскорее, пока Зуров еще в силе, но умереть не в одночасье, а после болезни, чтобы у нее хватило времени утвердить Внука в державном преемничестве. Для этого и понадобился медленнодействующий яд. Верно ли я понимаю последовательность и смысл событий?

— Верно! — воскликнул Митя. — О, как верно! Только теперь интрига Метастазио раскрылась передо мной в полной ясности!

— М-да? — скептически покачал головой Данила. — А мне для полной ясности чего-то недостает.

— Чего же?

— Пока не могу сказать. Нужно хорошенько всё обдумать. Вот что, дорогой мой товарищ, не будем торопиться в Москву. Во-первых, надобность в спешке отпала, потому что погони за нами больше нет. Во-вторых, я обещался доставить тебя к Павлине Аникитишне, а она едет кружным путем и прибудет к своему дяде не ранее, чем через два-три дня. В-третьих же, в рассказанной тобой истории есть некая странность, которую я чувствую, но назвать не могу. Пока мы досконально во всем не разобрались, я счел бы рискованным возвращать тебя в родительский дом — итальянцу будет слишком легко отыскать там опасного свидетеля. У господина Метастазио наверняка есть и другие помощники кроме Пикина.

Да и Пикина списывать нельзя, заметил Митя, но не вслух, а мысленно — чтобы не расстраивать своего легковерного друга.

— Не в Москву? — сказал он. — Тогда куда же?

Данила раскрыл дорожную карту.

— Мы миновали Городню... Если в городке Клине повернуть с тракта и проехать верст двадцать в сторону Дмитрова, там находятся обширные владения бригадира Любавина. Это мой старинный приятель и университетский соученик. Надеюсь, Мирон жив и находится в добром здравии. С началом гонений на мнимых якобинцев он удалился из Москвы и наверняка поныне пребывает у себя в подмосковной.

— Этот господин тоже был членом вашего общества? — явил проницательность Митя. — Как ваш новгородский приятель?

— Нет, Любавин из практиков. Идеи нравственного преобразования, исповедуемые братьями Злато-Розового Креста, казались его деятельному уму слишком медленными. Но это весьма достойный и добрый человек. Решено, едем к Любавину, в Солнцеград.

В Клину снова произошло переодевание. Зная фондоринские привычки, Мирон Любавин весьма удивился бы, увидев старого друга путешествующим в сопровождении казачка. К тому же, если гостевание продлится несколько дней, не селить же Митридата со слугами? Поэтому после непродолжительных, но, должно быть, чувствительных для сердца колебаний Данила решился представить Митю как собственного сына. Бригадир, анахоретствовавший у себя в имении еще с той поры, когда Фондорина не постигли прискорбные Обстоятельства, вряд ли был осведомлен о судьбе маленького Самсона.

С бекешей и замечательной запорожской папахой пришлось расстаться. Мите были куплены беличья шубка, камзол, кюлоты, башмаки, полотняные рубашки и все прочие предметы туалета, необходимые дворянину, а волосы опять побелели, смазанные салом и присыпанные пудрой.

— Эким ты версальским маркизом, — пошутил Данила, оглядывая преобразившегося спутника.

Митя лишь небрежно пожал плечом: эх, Данила Ларионыч, видели бы вы меня в Зимнем.

Вскоре после съезда с Московской дороги начались владения Мирона Антиоховича Любавина, растянувшиеся не на одну версту.

— Мирон богат, — рассказывал Фондорин. — Кроме Солнцеграда у него тут еще три или четыре деревеньки, да хутора, да мызы, да заводы, да лес, да вон сколько мельниц по холмам. Полутора тысячами душ владеет, а с бабами получится вдвое. Брать по германским меркам — владетельное графство. И погляди, Дмитрий, сколь славно живут.

Как раз подъезжали к селу Солнцеграду, и вправду на диво благоустроенному и опрятному.

Улица была всего одна, но широкая, расчищенная от снега и — невероятный для деревни феномен — мощенная камнем. Таких домов, как в Солнцеграде, Мите тоже доселе видеть не доводилось. Хоть и бревенчатые, все они были крыты не соломой и даже не дранкой, а самым настоящим железом, и хоть одни из строений были побольше и побогаче, а другие поменьше и поскромней, обычной российской нищеты не ощущалось вовсе.

— Смотрите, неужто клумба? — показал Митя на выложенный кирпичом круг перед одной из изб.

— В самом деле! — воскликнул Фондорин, взволнованный не менее Мити. — А окна! Из настоящего стекла! Это просто невероятно! Я был здесь тому двенадцать лет, когда Мирон только-только вышел в отставку и вступил в права наследства. Солнцеград просто не узнать! Взгляни, взгляни сюда! — закричал он во весь голос и потянул спутника за рукав. — Видал ли ты когда-нибудь подобных поселян?

По улице шло крестьянское семейство: отец, мать и трое дочек. Одеты во всё новое, добротное, у женщины и девочек цветные платки.

— Ай да Мирон! Мы все мечтали да спорили, а он дело делал! Ах, молодец! Ах, герой! — всё не мог успокоиться Данила.

Между тем карета въехала в ворота английского парка, устроенного таким образом, чтобы как можно достовернее походить на девственное творение природы. Должно быть, в летнее время все эти кущи, лужайки, холмы и озерца выглядели чрезвычайно живописно, однако бело-черная зимняя гамма придавала парку вид строгий и немного сонный.

Над верхушками деревьев показалась крыша господского дома, увенчанная круглой башенкой, и в следующий миг грянул пушечный выстрел, распугав многочисленных птиц.

— Это нас дозорный заметил, — объяснил Данила, радостно улыбаясь. — Старинное московское гостеприимство. Как завидят гостей, палят из пушки. И на кухне сразу пошла кутерьма! Тебе понравится здесь, вот увидишь.

А Мите и так уже нравилось.

Дом оказался большим, размашистой постройки: с одной стороны стеклянная оранжерея, с другой колоннада, сплошь уставленная свежевыкрашенными сельскохозяйственными орудиями, из которых Митя узнал лишь английскую двуконную сеялку, которую видел на картинке.

У парадных дверей в ряд выстроились дворовые — молодец к молодцу, в синих мундирах на манер гусарских. Двое подбежали открывать дверцу дормеза, остальные поклонились, да так весело, без раболепства, что любо-дорого посмотреть.

А по ступенькам уже сбегал плотный, невысокий мужчина с кудрявой непудреной головой и румяным лицом. Он был в кожаном фартуке поверх рубашки, в нарукавниках, засыпанных опилками.

— Мирон!

Фондорин спрыгнул на снег, побежал навстречу хозяину, и тот тоже просиял, распростер объятья.

Они троекратно облобызались, оба разом что-то говоря и смеясь, а Любавин, не удовлетворившись объятьями, еще принялся стучать гостя по спине и плечам.

— Ну порадовал! Ну утешил, Даниил Заточник! — хохотнул Мирон Антиохович и пояснил присоединившемуся к нему красивому юноше. — Однокашник мой, Данила Фондорин, тот самый! А Заточником его прозвали после того, как ректор его за дерзость в карцер заточил.

— Да, батюшка, вы рассказывали, — улыбнулся юноша. — Я про вас, Данила Ларионович, очень наслышан.

— Сын мой, Фома, — представил Любавин. — Ты его в пеленках помнишь, а ныне вон какой гренадер вымахал. Ох, опилками тебя перепачкал!

Он засуетился, отряхивая кафтан Фондорина. Тот, смеясь, спросил:

— Все мастеришь?

— Да, придумал одну штуку, которая произведет la révolution veritable[1] в мясо-молоч-

---

[1] истинную революцию *(фр.)*

ном сообществе. Но показать не могу, даже не упрашивай. Не всё еще додумал.

Данила засмеялся.

Тут Мирон Антиохович увидел прилипшего к каретному окну Митю.

— Э, да ты, я смотрю, не один?

Улыбка на лице гостя угасла.

— Я тоже с сыном. Поди сюда, Самсон, не дичись.

Когда Митя подошел и поклонился, Фондорин присовокупил:

— Ему девять, но разумен не по годам.

Мите показалось, что Любавин и его сын смотрят на него каким-то особенным образом, но впрочем почти сразу же оба, переглянувшись, радушно заулыбались.

— Мал для девяти годов-то, мал. — Мирон Антиохович шутливо тронул Митю пальцем за кончик носа. — Поди, Данила, ученостью сынка сушишь? Знаю я тебя, книжника. Ах, да что же я, как нехристь какой! — переполошился вдруг хозяин. — В дом, в дом пожалуйте! Лидия-то моя умерла. Да-да, — закивал он всплеснувшему руками Даниле. — Ладно, ладно, отплакано. Нечего. Теперь я, как и ты, бобылем. Вдвоем с Фомой управляемся, без женского уюта. Не взыщи.

Это он скромничал, насчет уюта-то. Дом замечательного бригадира был устроен самым разумным и приятным для проживания манером. Мебель простая, без затей, но тщательно продуманная в видах удобства: спинки стульев и кресел вырезаны в обхват спины, чтоб покойней сиделось; на широких подоконниках турецкие подушки — вот, поди, славно почитывать там хорошую книжку и любоваться парком; полы покрыты дорожками деревенского тканья — и не скользко, и ступать мягко.

Но больше всего Митридата, конечно, заинтересовали полезные приборы, имевшиеся чуть не в каждой комнате. Были тут барометры с термометрами, обращенные на обе стороны дома, и подзорные трубы для лицезрения окрестностей, и буссоль с астролябией, а лучше всего оказалось в библиотеке. Что книг-то! Тысячи! Вот где провести бы годик-другой!

На стенах три портрета старинных людей: один в круглой шапочке и с длинными прямыми волосами, молодой, двое других — в плоских, именуемых беретами, возрастом постарше.

— Это у тебя Пико де ла Мирандола, контино моденский, — покивал Фондорин, признав молодого. — Это преславный Кампанелла, а третий кто ж?

— Великий англинский муж Фома Мор, в честь которого я назвал единственного сына и наследника. Портрет писан художником не с известной гравюры, а по моим сугубым указаниям, вот ты и не узнал.

— Отменная Троица, лучше всякого иконостаса, — одобрил Данила и оборотился к стеклянному кубу, в котором стояла черная трубка на хитрой подставке. — А это что? Неужто диоптрический микроскоп?

— Он самый, — гордо подтвердил Любавин. — Самоновейший, с ахроматическим окуляром. В простой капле воды обнаруживает целый населенный мир. Выписан мною из Нюрнберга за две тысячи рублей.

Митя затрепетал. Читал о чудо-микроскопе, много сильнейшем против прежних, давно мечтал при его посредстве заглянуть в малые вселенные, обретающиеся внутри элементов. Была у него собственная гипотеза, нуждавшаяся в опытном подтверждении: что физическая природа не имеет границ, однако же ее просторы не линейны, а слоисты — бесконечно малы в одном направлении и бесконечно велики в другом.

— Милостивый государь, а не дозволите ли заглянуть в этот инструмент? — не выдержал он.

Мирон Антиохович засмеялся:

— «Милостивый государь». Ишь как ты его, Данила, вымуштровал. Гляди, не переусердствуй с воспитанием, не то вырастишь маленького старичка. Всякому возрасту свое. — А Митридату ответил. — Извини, дружок, не могу. Очень уж нежный механизм. Я и собственному сыну не дозволяю его касаться, пока не постигнет всей мудрости биологической и оптической науки. В твои годы должны быть иные игрушки и занятия. На токарном станке работать умеешь? Нет? А с верстаком столярным знаком? Ну-ка ладоши покажи. — Взял Митины руки в свои, зацокал языком. — Барчук, сразу видно — барчук. Вот вы каковы, злато-розовые, лишь языком молоть да слезы лить, а надобно работать. Ты-то вот, Данила, своих крепостных, поди, отпустил, вольную им дал, так?

— Так.

— Держу пари, что половина на радостях поспивались. Рано нашим мужикам волю давать, много воли это как много сильного лекарства. Отравиться можно. Понемногу следует, по чуть-чуть. Я вот своим крепостным свободы не даю и не обещаю. Зачем человеку свобода, если он ею пользоваться не умеет? Иной раз и посечь нужно, по-отечески. Зато я каждому помогаю на ноги встать, хозяйство наладить. Известно ли тебе, сколько доходу дает помещику в России одна ревизская душа? Нет? А я справлялся. В среднем семь рублей в год, не важно натурой или деньгами. Я же с каждого работника имею средним счетом по сорока пяти рубликов. Каково?

— Невероятно! — воскликнул Фондорин.

— То-то. И это не считая дохода от мельниц, ферм, скобяных мастерских, полотняного и конного заводов. Ты зависимому человеку перво-наперво дозволь жить: дом ему обеспечь хороший, ремеслу научи, дай на ноги встать, а после и бери по справедливости. Женатый мужик первые три года мне вовсе ничего не платит, даже, наоборот, на обзаведение получает. Зато потом и возвращает сторицей.

Данила заметил:

— Это, конечно, превосходно у тебя устроено. Да только возможно ль воспитать в человеке достоинство, если такого хозяина всегда посечь можно?

— Не всегда, не по моему произволу, а по установленному порядку, за известные нарушения! — горячо возразил Любавин. — Для их же блага!

— А вот я, чем дольше на свете живу, тем более склоняюсь к убеждению, что человеку, если он здоров, лучше дать возможность самому своим благом озаботиться. Иначе выйдет, как у наследника в Гатчине. Слыхал? Он тоже своим крестьянам благодетельствует, но они у него должны в немецких полосатых чулках ходить, спать в ночных колпаках и чуть ли не волосы пудрить.

— Ну, с чулками это, пожалуй, чересчур, — засмеялся Мирон Антиохович, — однако у меня на цесаревича большие надежды. Он знает, что такое несправедливость, а для государя это великая наука. Уже четверть века, со дня совершеннолетия, он пребывает отстраненным от законного престола. И, подобно любимому тобой некогда принцу Датскому, принужден бессильно наблюдать за бесчинствами преступной и распутной матери. А ведь эта новая Иезавель много хуже шекспировской Гертруды. Та всего лишь совершила грех кровосмесительства, эта же умертвила двух законных государей, Петра с Иоанном, и не подпускает к короне третьего!

Здесь Любавин взглянул на детей и осекся.

— Ладно, после об этом потолкуем, а то у счастливых обитателей грядущего девятнадцатого столетия уже ушки на макушке. Сейчас обедать, всенепременно обедать!

После обеда, сытного и вкусного, но очень простого, хозяин все же не утерпел — повел гостей в коровник показывать свое революционное изобретение. Оно являло собой сложнейший механизм для содержания скотины в телесной чистоте. Дело в том, что коровы, отменно крупные и ленивые, у Любавина на пастбище не ходили вовсе, а проводили всю свою коровью жизнь в узких деревянных ячеях. Ели, спали, давали молоко и соединялись с быком, не двигаясь с места. По уверению Мирона Антиоховича, мясо и молоко от этого обретали необычайную вкусность и жирность. Теперь же неутомимый эконом замыслил устройство, посредством которого навоз и урина ни на секунду не задерживались бы в стойле, а попадали на особый поддон, чтобы оттуда быть переправленными в отстойные ямы. Обычное отверстие в полу для этой цели не годилось, так как глупое животное могло попасть в него ногой. Посему Любавин разработал пружинную планку, нечувствительную к давлению копыта, однако переворачивающуюся при падении на нее груза весом более трех унций.

— Соседские крестьяне моим коровам завидовать будут, ей-богу! Буренки у меня и так содержатся много сытней, теплей, чище, а скоро вообще царевнами заживут, — оживленно объяснял изобретатель, демонстрируя работу хитроумной конструкции.

— Не будут, — сказал Данила. — Коровник, спору нет, заглядение, но человеку одних лишь сытости, крова и устроенности бытия мало. Большинство предпочтут голод, холод и грязь, только бы на свободе. Да и коровы твои разбрелись бы кто куда, если б ты их стенками не запер.

— И были бы дуры! Пропали бы в одночасье. Кого б волки задрали, а прочих крестьяне на мясо бы разворовали.

— Неужто твои мужики воруют? — удивился Фондорин. — Невзирая на сытость?

Любавин досадливо покривился:

— Мои-то нет, зачем им? У кого достаток и работы много, тому не до воровства. Голодранцы из соседних деревень шастают, тащат что на глаза попадет. После того как мои мужики конокрада до смерти забили, я у себя милицию завел. Чистые гусары! Много лучше казенной полиции, уж можешь мне поверить.

— Верю, — усмехнулся Данила. — Однако в чем незаконченность твоего навозного клапана?

Любавин встал на четвереньки, оттянул пружину.

— Да вот, видишь? У меня тут насосец, доску водой споласкивать. Включается качанием планки, но не успевает ее дочиста вымыть — пружина захлопывается.

Митя сказал:

— А если вот сюда пружинный замедлитель?

Все же девятилетним мальчиком быть гораздо вольготнее, чем шестилетком! Можно предложить разумное техническое усовершенствование, и никто особенно не удивится.

— Толковый у тебя сынок! — воскликнул Мирон Антиохович. — Ну-ка, Фома, беги в слесарную за инструментами. Попробуем!

Провозились в коровнике дотемна. Перепачкались в пыли, да и в навозе тоже, но своего добились: струя воды вымывала планку начисто.

Счастливый хозяин повел гостей в баню — отмываться.

Уж как Митю хвалил, как его сметливостью восхищался.

— Наградил тебя Бог сыном, Данила. За все твои мучения. — Любавин показал пальцем на грудь Фондорина, и Митя, вглядев-

шись через густой пар, увидел там белый зме-
истый шрам, и еще один на плече, а на боку
багровый рубец. — Ты его в офицеры не от-
давай, пошли в Лондон. Пускай на инжене-
ра выучится. Много пользы может принести,
с этакой головой.

Он любовно потрепал Митю по волосам.

— Ты зачем сыну волоса дрянью мажешь?
От сала и пудры только блохи да вши. Это
в тебе, Данила, бывый придворный просту-
пает. Стыдись! К естеству нужно стремить-
ся, к природности. А ну, Самсоша, поди
сюда.

Схватил, неуемный, Митю за шею, лицом
в шайку сунул и давай голову мылить. Сам
приговаривает:

— Вот так, вот так. Еще бы коротко об-
стричь, совсем ладно будет.

— Ой, пустите! — запищал Митя, которому в глаз попало мыло, но все только засме-
ялись.

Сильные пальцы, впрочем, тут же разжа-
лись. Митридат, отфыркиваясь, распрямился,
протер глаза и увидел, что смеются только
Данила и Фома, а Любавин стоит бледный,
с приоткрытым ртом и смотрит на него,
Митю, остановившимся взглядом.

Это заметил и Данила, бросился к старому другу.

— Что, сердце?

Мирон Антиохович вздрогнул, отвел глаза. Трудно сглотнул, потер левую грудь.

135

— Да, бывает... Ничего, ничего, сейчас отпустит.

Но и за ужином он был непривычно молчалив, почти не ел, а если и отвечал на Данилины слова, то коротко и словно через силу.

Наконец Фондорин решительно отодвинул тарелку и взял Любавина за руку.

— Ну вот что, братец. Я как-никак доктор... — Посчитал пульс, нахмурился. — Э, да тебе лечь нужно. Больше ста. В ушах не шумит?

Любавин-младший встревожился не на шутку — сдернул с груди салфетку, вскочил.

— Да что вы переполошились, — улыбнулся через силу Мирон Антиохович. — В бане перегрелся, эка невидаль. — Глаза его блеснули, улыбка стала шире. — Вот ты, Данила, давеча, в коровнике, мне упрек сделал. Неявный, но я-то понял. Про то, что я своих крестьян, как коров содержу — только о плоти их забочусь, а духом пренебрегаю. Подумал про меня такое, признавайся?

— Мне и в самом деле померещилось в твоей чрезмерной приверженности к порядку и практической пользе некоторое пренебрежение к...

— Ага! Плохо же ты меня знаешь! Помнишь, как мы с тобой, еще студиозусами, сетовали на убожество деревенской жизни? Что крестьяне зимой с темна на печь ложатся, иные чуть не в пятом часу, и дрыхнут себе до света вместо того чтоб использовать зимний досуг для пользы или развлечения? Помнишь?

— Помню, — кивнул Данила. — Я еще негодовал, что иной крестьянин и рад бы чем заняться, да нищета, лучину беречь надо.

Любавин засмеялся:

— А как про клобы крестьянские мечтал, помнишь? Где поселяне зимними вечерами, когда работы мало, собирались бы песни играть, лапти на продажу плести или ложки-игрушки деревянные резать?

Засмеялся и Фондорин:

— Помню. Молод был и мечтателен. Ты надо мной потешался.

— Потешаться-то потешался, а нечто в этом роде устроил.

— Да что ты?!

Мирон Антиохович хитро прищурился.

— Между Солнцеградом и Утопией (это другая моя деревня) в лесу стоит старая водяная мельня, от которой зимой все равно никакого прока. Так я там лавки, скамьи поставил, самовар купил. Кто из крестьян хочет — заезжай, сиди. Свечи за мой счет, а если кому баранок или сбитня горячего — плати по грошику. Дешево, а все же не задарма. Пускай цену досугу знают. Там же книги лежат с картинками, кому охота. Станочек токарный, пяльцы, ткацкий станок для баб.

— И что, ходят? — взволнованно воскликнул Данила.

— Сначала-то не больно, приходилось силком. А теперь привыкли, особенно молодые. У меня там милицейский дежурит и дьячок из церкви, чтоб не безобразничали. Хочешь посмотреть?

— Еще бы! — Фондорин немедленно вскочил. — За это заведение тебе больше хвалы, чем за любые хозяйственные свершения! Едем! — Но вдруг стушевался. — Извини, друг. Ведь ты нездоров. Съездим в клоб завтра...

Хозяин смотрел на него с улыбкой.

— Ничего, можно ведь и без меня. Фома дорогу покажет. Там и заночуете, а утром вернетесь.

— Едем? — повернулся Данила к Мите, и видно было, что ему страсть как не терпится на свою осуществленную мечту посмотреть.

— Конечно, едем!

Митридату и самому было любопытно на этакую невидаль взглянуть. Крестьянский клоб — это надо же!

— С Самсошей не получится, — сказал Любавин. — Тропу снегом завалило, только верхами проехать можно, гуськом. Лошади у меня собственного завода, норовистые. Неровен час упадет мальчуган, расшибется. Вдвоем поезжайте. Мне с твоим сыном не так скучно хворать будет, да и Самсону скучать я не дам. Ты, кажется, хотел в микроскоп посмотреть?

— Неужто? — задохнулся от счастья Митридат. — Тогда я останусь!

* * *

Полчаса спустя он и хозяин стояли в библиотеке у окна и смотрели, как по аллее рысят прочь два всадника — один побольше, второй поменьше.

Вот они уже и скрылись за последним из фонарей, а Мирон Антиохович всё молчал, будто в каком оцепенении.

Митридата же снедало нетерпение. В конце концов, не выдержав, он попросил:

— Ну давайте же скорее изучать водяную каплю!

Тогда Любавин медленно повернулся и посмотрел на мальчика сверху вниз — точь-в-точь так же, как в бане.

В первый миг Митя подумал, что у Мирона Антиоховича снова схватило сердце, и испугался. Но взгляд был гораздо более долгим, чем давеча, и значение его не вызывало сомнений. Солнцеградский владетель смотрел на своего маленького гостя с нескрываемым отвращением и ужасом, будто видел перед собой какого-нибудь склизкого ядовитого гада.

И тут Митя перепугался еще больше. От неожиданности попятился, но Любавин сделал три быстрых шага и схватил его за плечо. Спросил глухо, с кривой усмешкой:

— Так ты Данилин сын?

— Да... — пролепетал Митя.

— Тем хуже для Данилы, — пробормотал

Мирон Антиохович как бы про себя. — Он думал, я не слыхал, как ты сбежал-то. Не хотел я про это говорить, чтоб не бередить... Надо думать, там, в бегах, это с тобой и случилось. Так?

— Что «это»? — взвизгнул Митридат, потому что пальцы хозяина больно впивались в плечо. — Дяденька Мирон Антиохович, вам нехоро...

Второй рукой Любавин зажал ему рот. Нагнулся и прошептал, часто моргая:

— Тс-с-с! Молчи! Слушать тебя не велено! Кто ты был раньше, не важно. Важно, кем ты стал.

Он провел рукой по лбу, на котором выступили капли пота, и Митя, воспользовавшись вернувшейся свободой речи, быстро проговорил — дрожащим голосом, но все же стараясь не терять достоинства:

— Сударь! Я не возьму в толк, к чему вы клоните? Если мое пребывание здесь вам неприятно, я немедля уеду, единственно лишь дождавшись возвращения Данилы Ларионовича.

— И говорит не так, как дети говорят. — Мирон Антиохович рванул ворот рубашки. — Родного отца по имени-отчеству... Сомнений нет! Тяжек жребий, но не ропщу.

Он на миг зажмурился, а когда вновь открыл глаза, в них горела столь неистовая решительность, что Митя, позабыв о достоинстве, заорал в голос:

— Помогите! Кто-нибудь, помо...

На висок ему обрушился крепкий кулак, и крик оборвался.

Очнувшись, Митридат не сообразил, где он, отчего перед глазами белым-бело и почему так холодно. Хотел повернуться из неудобной позы — не вышло, и только тогда понял, что его несут куда-то, перекинув через плечо. Услышал хруст снега под быстрыми шагами, прерывистое дыхание, и рассудок разъяснил смысл происходящего: свихнувшийся Любавин тащит свою маленькую жертву через парк.

Куда? Зачем?

Что за жизнь такая у маленьких человеков, именуемых детьми? Отчего всякий, кто старше и сильнее, может ударить тебя, обругать, перекинуть через плечо и уволочь, словно некий неодушевленный предмет?

Дыхание Митиного обидчика делалось все чаще и громче, а шаги медленней. Наконец он остановился вовсе и бросил свою ношу на снег, тяжело сел на корточки, прижал пленника коленом.

— Куда вы меня, дяденька? — тихо спросил Митя.

Снизу, на фоне темно-серого неба, Любавин казался великаном с огромной, косматой башкой.

— К пруду, — хрипло ответил Мирон Антиохович. — Там прорубь. Ты хитер, но и я не промах. Вон гляди. — Он коротко, одышливо рассмеялся и повернул Митину голову назад.

Там, за деревьями, белели стены дома.

— Видишь окно открытое? Это твоя спальня. Скажу, уложил тебя спать, а ты через окно сбежал. Данила подумает, что ты снова в уме тронулся. Жалко его, пускай у него надежда останется. Ни к чему ему правду знать.

Подавляя неудержимое желание закричать от ужаса, Митя спросил еще тише:

— Почему вы хотите меня убить?

— Не хочу, а должен.

Внезапно Любавин нагнулся и снова зажал своему пленнику рот. Секунду спустя Митя услышал приближающийся стук копыт. Кто-то скакал по аллее галопом в сторону дома.

— Пора, — пробормотал сумасшедший.

Вскинул мальчика на плечо, понес дальше.

— Я ничего дурного не сделал! — крикнул Митя.

— Не лги, сатана, не обманешь! — пропыхтел Мирон Антиохович, продираясь через кусты.

Вот ветки расступились, и впереди открылась белая поляна с черным пятном посередине.

Нет, не поляна — пруд, а черное пятно — прорубь!

Митя забарахтался, закричал — не о помощи, ибо кто ж тут услышит, а от раздутия легких. Они, бедные, истово хватали воздух, словно понимали, что это напоследок, что скоро им суждено наполниться жгучей черной водой.

— Остудись, остудись перед геенной огненной, — приговаривал на ходу Любавин.

— Стой! — раздалось вдруг сзади. — Мирон, ты что?!

— Д-Данила! Я здесь! — завопил Митя, выворачиваясь и брыкаясь.

Любавин перешел на бег, но Фондорин тоже бежал, быстро приближаясь.

Безумец споткнулся, упал, но Митю из рук не выпустил.

— Врешь, — шептал он, подтаскивая мальчика к проруби. — Мирон Любавин свой долг знает!

Видно, понял, что не успеет утопить. Схватил Митю обеими руками за шею, но сжать не сжал. Налетел Данила, отодрал Любавина от жертвы, швырнул в сторону.

— Опомнись! У тебя мозговая горячка! Деменция! Я еще за ужином приметил...

— Зачем ты вернулся? Зачем? — с болью воскликнул тот.

Бросился было снова на Митю, но Фондорин был начеку — перехватил и больше уже не выпускал.

— Ну, ну, успокойся, — заговорил он медленно, рассудительно, как бы убаюкивая. — Это я, твой старый товарищ. Это мой сын, Самсон. А тебе что померещилось? Много работаешь, себя не жалеешь, вот и надорвал рассудок. Это ничего, я тебя вылечу...

— Зачем ты вернулся? — в отчаянии повторял Мирон Антиохович. — Ты все испортил! Зачем ты вернулся?

— Вернее сказать, почему, — все так же умиротворяюще ответил Данила. — По двум причинам. Дорога через лес оказалась не столь уж узкой и заснеженной. Вполне можно было поехать в санках. А еще я всё думал и не мог понять, с чего это вдруг ты решился малому мальчонке свой драгоценный микроскоп дать. Ведь даже родного сына не подпускаешь. Опять же блеск у тебя в глазах был особенный, знакомый мне по медицинским занятиям. Так глаза горят, когда человек вообразит, что он один в здравом уме, а все прочие безумцы и против него сговорились. У тебя припадок, временное ослепление разума...

— Это у тебя ослепление! — бессвязно закричал Мирон. — Ты что, не видишь, кто с тобой? Отыскал сына и радуешься? А где он шатался, знаешь? Спрашивал? Так ведь он правды не скажет! Такого наврет, всякий поверит! Послушай меня! Его истребить надо!

Он рванулся так сильно, что Данила его не удержал. К Мите не подпустил — закрыл собой.

Тогда Любавин кинулся назад, к дому, истошно вопя:

— Эй! Эй! Милиция! Кто на часах? Сюда!

В ту же минуту в окнах загорелся свет, наружу выбежали несколько человек с фонарями.

— Бежим! — Данила подхватил Митридата на руки. — Милицейские у Мирона дюжие, шутить не станут.

Понесся огромными скачками по льду, потом через парк.

Сзади слышались крики Любавина:

— Вон там они, вон там! Догнать, схватить, кляпы в рот, обоим!

Ах, как быстро бежал Фондорин — у Мити только ветер в ушах свистел. Откуда у старого человека столько силы?

Перед оградой Данила остановился. Митю просунул между прутьев, сам ухватился за острия копий, подтянулся, спрыгнул вниз.

Долго бежали через снежное поле. Хорошо наст был крепкий, держал. И еще выручила невесть откуда налетевшая метель — подпустила по белому белых завитушек, подхватила беглецов, прикрыла кружевной занавеской.

На опушке леса Фондорин упал в сугроб, привалился к сосне. Перевел дух.

Митю прижимал к себе, чтоб не замерз.

— Ах, горе, ах, беда, — сокрушался Данила. — Один на всю Россию нашелся толковый эконом, крестьянам благодетель, и тот ума лишился. Ты, Дмитрий, на него зла не держи, это не он тебя убить хотел, а его болезнь. Я после непременно к Мирону наведаюсь и вылечу его. Он — живая душа, пускай даже и нездоровая. Ничего, лучше хворая душа, чем когда у человека вовсе нет ни души, ни совести. Это уже не излечишь. Жить без совести всего на свете хуже...

Глава семнадцатая

КРОТКАЯ

— ...А лучше всего то, что эта курица Инга прямо души в тебе не чает. «Сэр Николас то, сэр Николас сё, девочку просто не узнать». Браво, Ника, браво.

Жанна насмешливо похлопала Фандорина по щеке — он отшатнулся.

Они стояли на лестнице вдвоём. Хозяйка ушла на кухню проверить, скоро ли будет готово горячее, попросила Николаса сопроводить «Жанночку» в салон.

Вот он и сопровождал, на еле гнущихся ногах.

— Хорошо, что я тебя тогда не размазала по шоссе, — проворковала истинная Никина работодательница, беря его под руку. — Я чувствовала, что время на тебя потрачено не напрасно, у меня интуиция. — Женственно прислонив голову к его плечу, перешла на шепот. — Сегодня ночью ты сможешь выплатить свой долг. И всё, свободен.

— Что именно я должен сделать? — хрипло спросил он.

146

Это были его первые слова с того момента, как он ее увидел. Когда Инга Сергеевна их знакомила («сэр Николас, Мирочкин гувернер — Жанночка Богомолова, подруга нашего старинного приятеля»), он только сумел заторможенно кивнуть и вяло ответить на рукопожатие. Рука у Жанны была крепкая, горячая; у него — мокрая от холодного пота.

— Помочь моему клиенту получить то, что он хочет, — ответила она.

Подвела спутника к окну, отдернула штору.

Мир за ярко освещенным двором и подсвеченной верхушкой внешней стены был черен, и от этого усадьба напоминала большую орбитальную станцию, летящую сквозь космические просторы.

— Ваш клиент — Олег Станиславович Ястыков?

— Какой ты у меня умный, какой сообразительный, ну прямо магистр.

Она хотела снова потрепать его по щеке, но теперь Николас успел отстраниться. Жанна рассмеялась — она вообще пребывала в отличном расположении духа.

— Что они не поделили?

— Ну, на этот вопрос я могла бы и не отвечать, — протянула Жанна, лукаво поблескивая зелеными, египетского разреза глазами. — Но так и быть, отвечу, потому что ты, Ника, у меня паинька и отличник. История, в общем, обыкновенная. Куцему и Олежеку захотелось скушать одну и ту же нняку.

— Что скушать?

— Нняку, — весело повторила она. — Скушать нняку и сделать бяку. Старому другу. Куцый с Олежеком такие старые друзья, что просто люди столько не живут, сколько они дружат. У меня бы такой дружок точно на свете не зажился. Куцый на нняку уже лапу положил, отдавать не хочет. А моему клиенту обидно, вот он меня на помощь и позвал, чтобы я ему в этом помогла. И я помогу, с твоей помощью. Куцый, конечно, дядька бронебойный, не то что ты, но и у него имеется хрупкое местечко. Что характерно — точно такое же, как у тебя. Этакая маленькая точка, как, знаешь, в закаленном стекле: если в нее попасть, пуленепробиваемое стекло рассыпается вдребезги. Точка под названием «дочка».

Снова засмеялась — так ей нравилось собственное остроумие.

— Вы говорите про Миранду? — похолодев, спросил Фандорин.

— А ты знаешь у железного доктора другую болевую точку? — деловито сдвинула брови Жанна. — Подскажи. Ах, ты, должно быть, про горячо обожаемую супругу...

Ничего подобного Николас в виду не имел и ужаснулся самому предположению.

Но специалистка по болевым точкам пренебрежительно скривилась.

— Инга не подходит. Куцый когда-то обожал ее, но это в прошлом. По имеющейся у меня информации, старушка ему поднадоела. Он завел себе на стороне цыпулю, но и та для наших целей тоже не функциональна. Не тянет на болевую точку.

— Какая же Инга старушка? — удивился Фандорин и прикусил язык: получалось, что он все-таки лоббирует госпожу Куценко на роль жертвы.

— Да ей столько же лет, сколько Олежеку и Куцему. Они ровесники-ровесники, девчонки и мальчишки. Одни пели песенки, одни читали книжки. Короче, одноклассники. Что, непохоже? Так ведь Куцый у нас — великий и ужасный Гудвин, Волшебник Изумрудного Города. Что же он, по-твоему, для других старается, а свою женушку забудет? Вон какую куколку вылепил. Только, похоже, надоело ему собственный продукт обожать. Нет, Ника, жена не годится. Нужна дочурка. Вот на ком у Куцего точно крыша съехала.

— Пожалуйста, не называйте меня Никой, — болезненно морщась, попросил он.

В салоне погас свет, и через несколько секунд донесся восторженный гул — наверное, внесли торт со свечками.

— Как скажете, Николай Александрович. — Жанна вдруг сделалась совершенно серьезной. — Если хотите — буду обращаться на «вы». Только смотрите, не задурите в последнюю минуту. Мой клиент ведет очень большую игру, в которой вы даже не пешка, а так, пылинка на шахматной доске. Дуну, и вас не станет. Вместе с *вашими* болевыми точками.

Она помолчала, чтобы он вник.

И Николас вник, опустил голову.

Жанна взяла его за локоть, стиснула. Хватка у нее была цепкая, совсем не женская.

— Теперь внимание. Сегодня, когда гости разъедутся, Куценко с женой укатят в Москву. Завтра утром у них важная встреча. Прилетает его партнер, председатель совета директоров фармацевтического концерна «Гроссбауэр». Здесь останутся только двое охранников. Пойдем прогуляемся. Я вам кое-что покажу.

Неспешным шагом она повела его по коридору налево, останавливаясь у развешанных по стенам гравюр. Ничего подозрительного — обычная праздная прогулка. Навстречу шел официант с подносом, уставленным бокалами с шампанским. Жанна взяла один, пригубила. Николасу же было не до вина.

У двери, про которую он знал лишь то, что она ведет на служебную лестницу (как-то не было повода заглянуть), Жанна задержалась. Вынула из сумочки ключ, и через секунду они были уже с другой стороны.

— Так. Теперь наверх, — сказала она.

Шагая через две ступеньки, поднялась на третий этаж, без малейших колебаний повернула в один коридорчик, потом в другой, который упирался в дверь с надписью «Мониторная».

Жанна перешла на шепот:

— Ровно в половине шестого утра вы войдете вон в ту комнату. Держите ключ. — В руку Николаса легла магнитная карточка. — Сейчас там сидит охранник, но он уедет вместе с Куценко. Мониторы будут переключены из режима наблюдения в режим автоматической сигнализации. Итак, входите, нажимаете на пульте третью кнопку слева в нижнем ряду. Потом тихонечко выходите и возвращаетесь к себе. Вот и всё, что от вас требуется. Запомнили?

— Половина шестого. Третья слева в нижнем ряду, — тоже шепотом повторил он. — А что это за кнопка?

— Она отключает детекторы на одном участке стены. Совсем маленьком, но мне хватит. И всё, Николай Александрович, мы с вами будем в расчете. Живите себе дальше, растите своих «зверят».

Они пошли обратно: впереди Жанна, сзади бледный Фандорин.

На лестнице он тихо спросил:

— Вы собираетесь похитить девочку? Что с ней будет?

— Ничего ужасного. — Жанна подняла палец, приложила ухо к двери, прислушалась. — Можно. Выходим.

Вот они уже снова шли по ковру. Остановились перед гравюрой с изображением какой-то парусной баталии.

— Ничего с вашей ученицей не случится, — повторила Жанна. — Если, конечно,

Куцый не окажется монстром, для которого деньги важнее единственной дочери.

— Нет, — покачал головой Ника, желая сказать, что не сможет выполнить ее задание.

Она удивленно посмотрела на него.

— Что «нет»? Вы думаете, что он недостаточно хороший отец? — И после паузы добавила, с угрозой. — Или это *вы* недостаточно хороший отец?

— Не считайте меня идиотом. Как только я исчерпаю свою полезность, вы меня убьете.

Его слова почему-то снова привели ее в легкомысленное настроение.

— Ну и что? — прыснула она. — Зато ваши дети останутся живы. — И тут уж прямо зашлась в смехе. — А может, еще и не стану вас убивать. Зачем? Разве вы мне опасны? Только знаете что, на вашем месте я бы убралась куда-нибудь подальше. Знаете, какие они, чадолюбивые отцы? Если Куцый раскопает, как всё произошло, он вам сделает хирургическую операцию. Без наркоза.

Отсмеявшись, Жанна сказала:

— Всё, пойду, а то Олежек взревнует. Пока, папаша.

И удалилась, грациозно покачивая бедрами.

Николас же прижался лбом к стеклу гравюры и стоял так до тех пор, пока не услышал голоса — еще кому-то из гостей вздумалось полюбоваться старинными картинками.

152

Это был еле переставляющий ноги старик со смутно знакомым лицом — кажется, академик, чуть ли не нобелевский лауреат. Его поддерживала под руку моложавая, ухоженная дама. Не иначе, еще одна пациентка Мирата Виленовича, рассеянно подумал Фандорин, скользнув взглядом по ее гладкой коже, вступавшей в некоторое противоречие с выцветшими от времени глазами.

Но заинтересовала его не женщина, а старик. На девяностолетнем лице, покрытом возрастными пятнами, застыла несомненная гиппократова маска — песочные часы жизни этого мафусаила роняли последние крупицы. Через считанные месяцы, а то и недели дряхлое сердце остановится. *А все-таки он меня переживет*, подумал Николас и содрогнулся. В то, что Жанна отпустит опасного свидетеля, он, конечно же, не поверил.

Но речь шла даже не о собственной жизни, с ней всё было ясно. Главное, что Алтын и детей оставят в покое. Зачем они Жанне?

Разве не за это ты хотел биться, когда рвался на эшафот, спросил себя Фандорин. Радуйся, ты своего достиг. Твой маленький мир уцелеет, пускай и без тебя.

Николас пошел к себе. Метался между четырех стен и думал, думал. Не о том, что скоро умрет, это его сейчас почему-то совсем не занимало. Терзания были по другому поводу — схоластическому, для двадцать первого века просто нелепому.

Что хуже: спасти тех, кого любишь, погубив при этом собственную душу, или же спасти свою душу ценой смерти жены и детей? В сущности, спор между большим и маленьким миром сводился именно к этому.

Во дворе то и дело взрыкивали моторы — это разъезжались гости, а магистр всё ходил из угла в угол, всё ерошил волосы.

Хорошее у меня получится спасение души, вдруг сказал он себе, остановившись. Оплаченное гибелью Алтын, Гели и Эраста.

Странно, как это он до сих пор не взглянул на дилемму с этого угла зрения.

Ну, значит, нечего и терзаться.

Дожидаемся половины шестого, совершаем гнусность, которой не выдержит никакая живая душа, но мучаемся после этого недолго, потому что долго мучиться нам не дадут.

Раз угнездившись, фальшивое бодрячество его уже не оставляло. Николас выглянул в окно, увидел, что во дворе остались только машины хозяев да джипы охраны, и был осенен еще одной идеей, гениальной в своей простоте.

А не надраться ли?

Конечно, не до такой степени, чтоб валяться на полу, а так, в меру, для анестезии.

Идея была чудесная, реальный супер-пупер. Ах, Валя, Валя, где ты?

Фандорин поднялся на второй этаж, где прислуга убирала следы пиршества. Налил себе полный фужер коньяку. Выпил. Решил прихватить с собой всю бутылку.

Еще пара глотков, не больше. Не то, упаси боже, кнопки перепутаешь. Тогда совсем кошмар: и душу погубишь, и семью не спасешь.

Он вышел из салона в коридор, взглянул на стенные часы. Без трех минут два. Господи,.как долго-то еще.

Хотел отвернуться к окну, чтобы видеть перед собой одну только черноту ночи, но краешком глаза зацепил какое-то движение.

Повернулся — и замер.

На козетке, между двумя пальмами, спала Миранда.

Подобрала ноги, голову положила на подлокотник, светлые волосы свесились до самого пола. Должно быть, умаявшаяся именинница присела отдохнуть после ухода гостей и сама не заметила, как задремала.

У всякого спящего лицо делается беззащитным, детским. Мира же и вовсе показалась Николасу каким-то апофеозом кротости: тронутые полуулыбкой губы приоткрыты, пушистые ресницы чуть подрагивают, подрагивает и мизинец вывернутой руки.

Фандорин смотрел на девочку совсем недолго, а потом отвернулся, потому что подглядывать за спящими — вторжение в приватность, но и этих нескольких секунд оказалось достаточно, чтобы понять: никогда и ни за что он не станет нажимать на третью слева кнопку в нижнем ряду. Безо всяких резонов, терзаний и рефлексий. Просто не станет и всё. А уж потом когда-нибудь, если это «когда-нибудь» настанет, объяснит себе, что первый и главный долг человека — перед своей душой, которая, нравится нам это или нет, принадлежит не маленькому миру, а большому.

Выпил коньяк залпом, неинтеллигентно крякнул и, топая чуть громче, чем нужно, отправился на хозяйскую половину, к Мирату Виленовичу, пока тот не уехал. Объясниться как отец с отцом.

Господин Куценко сидел в кабинете, дожидался, пока переоденется супруга. Смокинг уже снял, был в вельветовых штанах, свитере. Появлению гувернера удивился, но не слишком. Непохоже было, что этот человек вообще умеет чему-либо сильно удивляться.

— Еще не спите, Николай Александрович? — спросил он. — Хочу вас поблагодарить. Мирочка вела себя просто безупречно. Все от нее в восторге. А главное — она поверила в свои силы. Я знаю, как ей было тяжело, но девочка она с характером, перед трудностями не пасует.

Вот как? Оказывается, этот небожитель наблюдателен и затеял прием неспроста.

Тут взгляд чудо-доктора устремился куда-то вниз, брови слегка поднялись. Николас спохватился, что так и не выпустил из руки бутылку.

— Не думайте, я не пьян, — отрывисто сказал он и запнулся.

Куценко его не торопил. Перед Миратом Виленовичем стояла шахматная доска — он коротал время, не то разрабатывая партию, не то изучая какой-то мудреный этюд. Ну разумеется — самое естественное хобби для интровертного человека незаурядных интеллектуальных способностей.

— Не уезжайте, — наконец справился с волнением Фандорин. — Нельзя. Мирочка, то есть Миранда в опасности. Я... я должен вам кое-что рассказать. Только не перебивайте, ладно?

Мират Виленович не перебил его ни разу, хотя говорил Николас сбивчиво и путано, по нескольку раз возвращаясь к одному и тому же. На рассказчика Куценко смотрел только в первую минуту, потом, словно утратив к нему всякий интерес, уставился на доску с фигурами. Даже когда исповедь закончилась, доктор не подал виду, что потрясен услышанным. Сидел всё так же неподвижно, не сводя глаз с клетчатого поля.

Фандорин был уверен, что это ступор, последствие шока. Но минуты через полторы Мират Виленович вдруг взял коня и переставил его на другое поле, сказав:

— А мы на это вот так.

— Что? — переспросил Николас.

— Гарде конем, — пояснил Куценко. — Белые вынуждены брать, и моя ладья выходит на оперативный простор.

Магистр смотрел на железного человека, не зная, что и думать. А тот внезапно порывистым движением сшиб с доски фигуры, вскочил и отошел к окну.

Значит, все-таки не железный.

Мират Виленович стоял так еще несколько минут, держа стиснутые кулаки за спиной. Николас смотрел, как сжимаются и разжимаются длинные пальцы хирурга. Сам помалкивал, не мешал человеку обдумывать трудную ситуацию.

— Ну вот что, — сказал Куценко совершенно спокойным тоном, обернувшись. — Первое. Я высоко ценю вашу откровенность. Понимаю, чего вам стоило прийти ко мне. И скажу только одно: вы не пожалеете о своем решении. С этого момента я беру вас под свою защиту. И вообще... — Он смущенно закашлялся — видно, не привык говорить эмоционально. — Я не люблю расширять свой ближний круг, потому что считаю себя человеком ответственным. В том смысле, что за каждого из близких мне людей я отвечаю. Полностью — всем, что имею. Так вот, Николай Александрович, считайте, что вы в этот круг вошли. И всё, хватит об этом. — Он поднял руку, видя, как взволнованно задрожали губы собеседника. — Давайте я введу вас в курс проблемы, а потом уж будем принимать конкретные решения. Садитесь.

Они сели в кресла друг напротив друга.

— Значит, мы оба — и я, и Ястыков — были приговорены к смерти какими-то полоумными «мстителями»? Референты наверняка выкинули бумажку с идиотским приговором, не придали ей значения. Сумасшедшие мне пишут довольно часто. Но я выясню. Когда, вы говорите, это было?

— Сейчас. Я переписал с листка в записную книжку. Вот: директор АО «Фея Мелузина», приговор вынесен 6 июля и в тот же день вручен.

— Угу. — Мират Виленович тоже достал маленькую кожаную книжечку с золотым обрезом, сделал пометку. — Что ж, логическая цепочка очевидна. В отличие от меня, Ясь отнесся к приговору серьезно, поручил этой своей Жанне разобраться. Какие у них все-таки, по-вашему, отношения? Кто они: любовники или заказчик и исполнительница?

— Разве одно исключает другое?

— У серьезных людей безусловно. А судя по вашему рассказу, Жанна Богомолова или как там ее на самом деле — профессионал экстра-класса.

— Тогда заказчик и исполнительница. Она называла его «клиентом».

— Ясно. Жанна вышла на вашего странного посетителя, этого, как его...

— Шибякина.

— Да, Шибякина. Через него на вас, решив, что вы тоже имеете отношение к «мстителям». Да вы еще и укрепили ее в подозрениях, сначала слишком быстро установив личность Шибякина, а потом прислав в офис «Доброго доктора Айболита» факс с предостережением. Говорите, мне тоже прислали? Я не видел — был в Германии, а секретарша, должно быть, опять не придала значения. Но вернемся к Жанне. Она обязана была разобраться, что вы за фрукт. Ну, а когда разобралась, решила найти вам применение... — Мират Виленович невесело улыбнулся. — «Болевую точку» она вычислила безошибочно, отдаю должное профессионализму. Найти дочь, после стольких лет... Только для того, чтобы... — Он покашлял, справляясь с голосом, и сдержанно закончил. — Разумеется, ради спасения Миранды я отступился бы от «Ильича». Нет вопросов.

— От кого? — моргнул Николас. — От какого еще Ильича? Неужели...

— Да нет, Владимир Ильич тут ни при чем, — усмехнулся Куценко. — И идеология тоже. «Ильич» — это Ильичевский химкомбинат. Слышали про такой? Нет? Ну как же, это последний из гигантов советской фармацевтической индустрии, остававшийся неприватизированным. Там производят снотворное и некоторые психотропы, поэтому по закону производство должно было оставаться в ведении государства. Но недавно регламентация была пересмотрена, и продукцию «Ильича» вывели из категории сильнодействующих препаратов. Объявлен тендер на покупку контрольного пакета. Претендентов набралось с полдюжины, но серьезных только двое: Ясь и я. Вот вам и подоплека всего этого триллера с киднеппингом.

— То есть «Неуловимые мстители» здесь вообще ни при чем? — Фандорин растерянно перелистал записную книжку с именами приговоренных. — Но ведь кто-то убил этих... Зальцмана, Зятькова.

— Да, и теперь я отнесусь к этой угрозе самым серьезным образом. Но психи психами, а бизнес бизнесом. Господин Ястыков отнюдь не сумасшедший, можете мне поверить. Мой заклятый враг и распоследняя гнида — это да.

В устах сдержанного доктора эти слова были настолько неожиданны, что Николас дернулся.

— Этот человек всю жизнь стоял у меня поперек дороги, — тусклым от ярости голосом проговорил Куценко. — Никогда не забуду, как... Ладно, оставим детские травмы в прошлом. Лучше давайте о настоящем.

Поиграл желваками, как бы дожевывая остатки эмоций. Снова сделался сух, деловит.

— Вы не представляете, что значит эта сделка. Не только лично для меня. Для всей страны, уж простите за пафос. Понимаете, у нас практически отсутствует фармацевтичес-

161

кая промышленность. Во времена социалистической интеграции за производство лекарств отвечали Венгрия и Польша, что-то закупалось в Индии, в счет уплаты государственного долга. Оригинальных препаратов у нас не изготавливали вовсе, одни дженерики — ну, копии зарубежных лекарств. На разработку нового оригинального лекарственного средства нужно потратить лет десять исследований и сотню-другую миллионов долларов. Нашему государству это не под силу, частным производителям тем более. Если же мне удастся купить Ильичевский комбинат, наша фармацевтика вступит в новую эру. У меня есть инвестор, германский концерн с мировым именем, готовый вложить в модернизацию «Ильича» и разработку оригинальных препаратов четверть миллиарда. Представляете, что это будет? На отечественной производственной и научной базе, собственными силами мы начнем изготавливать новые лекарственные продукты, не имеющие аналогов, а стало быть, конкурентоспособные на мировом рынке! Впервые с незапамятных времен. Вы только вдумайтесь!

Николас попробовал вдуматься, но особенного впечатления эта перспектива на него не произвела. Какая разница, где произведены лекарства? Были бы хорошими да не слишком дорогими, и ладно. Патриотизм Мирата Виленовича безусловно вызывал уважение и сочувствие, но гораздо больше Фандорина сейчас волновала судьба семьи и, что уж геройствовать, своя собственная. Всё же из вежливости он спросил:

— А чем это не устраивает Ястыкова?

— У Яся другие планы, — мрачно сказал Куценко. — Чтоб было понятней, я вам коротенько расскажу, что это за персонаж. У нас в классе он был, как теперь сказали бы, неформальным лидером. Смазливый мальчик, спортивный, во всем заграничном — папа у Яся был выездной, а впоследствии и номенклатурный. Учился Ясь в медицинском, как и я. Не потому что хотел стать врачом, а потому что его папаша ведал импортом лекарств во Внешторге. Пристроил туда же и сынулю. Пока я просиживал над учебниками, ассистировал на операциях, торчал на ночных дежурствах, Ясь разъезжал по миру. Торговал отечественной гомеопатией, закупал лекарства. И по этой части завязал активнейшие, прямо-таки дружеские контакты с некоторыми колумбийскими компаниями. Соображаете, к чему я клоню?

— Наркотики?

— Естественно. Тут как раз Советский Союз развалился. Бардак, безнадзорность, самое время половить рыбку в мутной воде. И Ясь оказался отличным рыбаком. Пока бизнесом заправляли бандиты, вел себя тише воды ниже травы. Потом, когда одних бандитов перестреляли, а других пересажали, как-то само собой вышло, что Олег Станиславович из консультанта, посредника, полезного «пацана» превратился в самостоятельного авторитетного предпринимателя. Умеет за себя постоять, на хвост наступать не дает. Опять же с большущими связями, от Кремля до Медельина. Сеть круглосуточных драгсторов «Добрый Доктор Айболит» ему для чего понадобилась, знаете? Думаете, аспирином и газировкой торговать?

До сего момента именно так Николас и думал, но тон вопроса явно предполагал отрицательный ответ, и потому Фандорин покачал головой.

— Правильно. Какой доход от газировки? У Яся свой проект, существенно отличающийся от моего, но тоже завязанный на тендер по «Ильичу». На мощностях комбината он сможет развернуть массовое производство «суперрелаксана». Слыхали про такой чудо-препарат?

— Нет.

— А между тем о нем много пишут и говорят. Волшебное снадобье, изобретенное отечественными гомеопатами на основе древесных грибов. Незаменимое средство от неврозов, мигрени, депрессивных состояний, абстинентного синдрома. Разработано научно-исследовательским центром фирмы «ДДА». Средств на пиар Ясь не жалеет. На лоббирование тоже. «Суперрелаксан» блестяще прошел испытания, получил лицензию и рекомендован к безрецептурному применению. Средство и в самом деле уникальное: быстрого действия, без каких-либо побочных эффектов. Кроме одного... — Куценко сделал паузу. — Я потратил полтора миллиона на собственное исследование свойств «суперрелаксана». Обнаружилось, что у людей, склонных к медикаментозной зависимости, эти таблетки со временем создают стойкое привыкание.

— Это что, наркотик?

— Да. Медленно действующий, так что поначалу нет никаких тревожных симптомов, но мощный, очень мощный. По мере привыкания к «суперрелаксану» и увеличения дозировки круг интересов реципиента сужается, подавляется регенеративная способность, развивается апатия. Наладив массовое производство, Ясь собирается развернуть бешеную рекламную кампанию. В течение первого года таблетки будут очень дешевы. Со второго года, когда включится механизм привыкания, цены на «суперрелаксан» постепенно начнут расти. К тому времени и драгсторы как раз расползутся по всей России. Розовая мечта любого предпринимателя — замкнутый цикл от добычи сырья до розничной торговли. Мой старый дружок задумал всю страну на «колеса» подсадить. Такой вот у него бизнес-проект.

— Но почему вы не обнародуете результаты своих исследований? — воскликнул Фандорин. — Об этом же нужно кричать, бить в колокола!

Мират Виленович снисходительно улыбнулся:

— Свобода слова, Николай Александрович, это когда один кричит одно, другой противоположное, и кто громче орет, тому больше верят. Здесь мне за Ясем не угнаться — он начал орать много раньше и преуспел много больше. Нет, в колокол звонить я не буду. Я ведь не звонарь, а хирург. И решу эту проблему как привык — с помощью скальпеля. А вы мне поможете, потому что одна голова хорошо, а две лучше. Ведь поможете?

— Конечно! Если смогу...

— Ну вот и отлично. Работаем.

Куценко нажал кнопку интеркома.

— Игорек? Бери Ходкевича и живо ко мне. Тут одну задачку надо порешать.

И минуту спустя начался военный совет, но с участием не двух голов, а четырех. Кроме хозяина дома и Фандорина в совещании приняли участие Игорек, секретарь Мирата Виленовича, и Павел Лукьянович Ходкевич, управляющий усадьбой.

Ситуацию изложил сам Куценко — бесстрастно, кратко, будто в самом деле речь шла о шахматной задачке. По времени эта сводка была раз в шесть короче, чем многословное признание Николаса, а по информативности содержательней, потому что, когда в завершение Мират Виленович спросил: «Вопросы есть?», таковых у слушателей не оказалось, только управляющий почесал стриженную ежиком макушку и инцестуаль-но выругался.

— Вопросов нет, значит, исходные усло-вия понятны, — констатировал главноко-мандующий. — Тогда предложения. Игорек, ты что это рисуешь?

— Схему, Мират Виленович. Сейчас, по-дождите, пожалуйста, минуточку. Диспозиций без карты не бывает.

Человек-гора говорил мягким, рассудитель-ным голосом мальчика-отличника, плохо со-четавшимся с богатырской статью. Ах да, он ведь учился в Америке, вспомнил Николас и не удержался, спросил:

— Игорь, а какой университет вы закан-чивали?

— Уэст-Пойнт, — ответил секретарь, ста-рательно обводя какие-то детали рисунка красным фломастером. — Вот, прошу.

Все склонились над схемой, изображавшей усадьбу и ее окрестности.

— Предложение сводится к следующему. В четыре ноль ноль «мерседес» и два джипа вы-езжают из ворот. Пустые, с одними шоферами. Личный состав скрытно выдвигается сюда и сюда, в засаду. В пять тридцать господин Фан-дорин, согласно полученной инструкции, отклю-чает двенадцатый датчик, расположенный вот в этом секторе. Противник проникает через этот квадрат на территорию и попадает под перекре-стный огонь с позиций, обозначенных цифрами 3, 4 и 5. Не уйдет ни один, гарантирую.

Диспозиция выглядела впечатляюще, но оценка Мирата Виленовича была саркастической:

— Ты что, Игорек, штангу перекачал? Давай, устрой мне тут разгром немецко-фашистских захватчиков под Москвой. Плакал тогда мой тендер. Нет уж, господа хорошие, обойдемся без пальбы. А что ты скажешь, Лукьяныч?

Управляющий пососал висячий ус, хитро прищурился.

— А шо я вам ховорил, Мират Виленовитш? Кохда датшу обустраивали, помните? Вы мне: затшем нам туннель, шо за хлупости? А я вам: подумаешь, двести тышш, а мало ли шо? Пускай вже будет. Хто прав-то оказался, а? Нынтше туннельтшик в самый раз сгодится.

— Ну-ну, — поторопил его Куценко. — Ближе к делу.

Управляющий ткнул прокуренным пальцем в схему:

— Та вот. Девотшку отправим туннельтшиком к рэтшке. Вот тутотшки выйдет, к притшалу. Там у меня катеротшек, всегда на ходу. А вы с Ингой Сергеевной и хлопщамы ехайте себе в Москву, как ни в тшом не бывало. Пустые машины пускать нельзя, могут прыборами нотшного видения просветить. В пол-шестого те псы в дом залезут, а тут пустэнько. Птитшка улетела.

— Отличный план, — сразу сказал Мират Виленович. — Просто превосходный. Эвакуируем Миру катером. Потом в мой самолет и на Тенерифе. — Он обернулся к Фандорину. — Вы, Николай Александрович, с семьей тоже полетите. Позагорайте там, пока я разрулю ситуацию с Ясем. Он играет не по правилам, а за это придется отвечать. Потом сможете вернуться. Ты [это уже Игорьку] дашь в сопровождение Николаю Александровичу и Мире двух ребят, потолковей. Во-первых, пусть доставят Мирочку в аэропорт — там встретят. А во-вторых, пусть заберут семью Николая Александровича, там за квартирой может быть слежка.

Секретарь кивнул.

— Лукьяныч, тебе тут придется туго, — продолжил Куценко. — Мадам Богомолова обидится, что ее переиграли, может впасть в истерику. Поэтому никакого сопротивления, никакого героизма.

— А я шо, — развел руками Ходкевич. — Спросят — скажу: так, мол, и так. Как гости уехали, англытшанин побежал к хозяину в кабинет, заперлись они там тшего-то. Потом все забэгалы, поразъихалысь. Я завхоз, тшеловек маленький, за полотэнца ответшаю. Ну, дадут пару раз по ушам, а убывать не станут.

Главнокомандующий посмотрел на часы.

— Так. Сейчас без пяти три. Выезжаем в четыре, как собирались. Без суеты, без спешки. Пойду, поговорю с Мирочкой. Объясню, что и как.

В дверь кабинета дробно, одними ноготками, постучали. Не дожидаясь отклика, вошла улыбающаяся Инга Сергеевна — в джинсах, кардигане, волосы стянуты на затылке в конский хвост.

Увидев, как сосредоточенны и хмуры мужчины, хозяйка тоже переменилась в лице.

— Что такое, Мират? Случилось что-нибудь?

— Тебе всё расскажет Николай Александрович. Игорек, Лукьяныч, за дело. Ничего, милая, всё обойдется.

Он коротко поцеловал жену и пошел к выходу. На пороге повернулся к Фандорину:

— Говорите всё. У меня нет от Инги секретов.

А «цыпуля» на стороне, мысленно спросил Ника. Ладно, не мое дело. И вздохнул, но не по поводу супружеской неверности Мирата Виленовича, а в предчувствии тяжкой беседы с неминуемыми охами, вскриками и, наверное, даже слезами.

Слава богу, догадался в самом начале налить даме коньяку — вот когда бутылка-то пригодилась. И потом, как только замечал, что у Инги Сергеевны расширяются глаза или начинает дрожать подбородок, сразу же подливал еще. Госпожа Куценко послушно выпивала бурую влагу, на время успокаивалась. Так, при помощи коньяка, и добрались до конца триллера.

Николас и сам пару раз приложился, прямо из горлышка — сейчас было не до церемоний. Когда же в бутылке обнажилось донышко, Инга (отчество, как и дурацкое «сэр» в процессе беседы отпали самим собой), достала из стенного бара бутылку ирландского виски.

К тому моменту говорила уже она, а Ника слушал, не перебивал. Чувствовал, что женщине необходимо выговориться, да и рассказ, на первых порах не особенно увлекательный, постепенно набирал красочности и драматизма.

— Мират вам про бизнес объяснил, — начала Инга, глядя, как в бокале посверкивают янтарные искорки. — Только бизнес тут не всё... И не главное. То есть, с мужской точки зрения, возможно, и главное, но у нас, женщин, другие представления о том, что важно, а что нет. Я вам сейчас один секрет открою. Мы трое — Мират, Ястыков и я в одном классе учились. Да-да, лет мне уже ого-го сколько. [Здесь Фандорин, как и требовалось, изумился, хотя этот «секрет» ему уже был известен.] Ну, как говорится, за молодость и красоту. [Чокнулись, выпили.] Так что с детства друг друга знаем. С пятого, что ли, класса. Или с шестого. Яся родители из-за границы привезли. Всё у него было иностранное, с наклейками. Ластики, кроссовки, фломастеры там всякие — это же по тем временам редкость была. К тому же он был красавчик, уже тогда. А Мират был очкарик, зубрила. Щупленький, некрасивый заморыш. И кличка соответствующая — Куцый. По мне сох, но я дурочка была, как все девчонки. Мне нравились мальчики, похожие на Олега Видова или Николая Еременко. Чтоб высокие, плечистые. А Куцего я гоняла, потешалась над ним, и иногда довольно жестоко... Ясь тоже его шпынял. По-моему, иногда даже поколачивал — не со злобы, больше для развлечения. А через пару лет, как подросли, начались у нас в классе романтические приключения. Я влюбилась в Яся — просто по уши. Конечно, хотелось и девчонкам нос утереть, они все по нему сохли. В конце девятого класса, после школьного вечера (они тогда назывались «огоньки»), пригласил он меня домой. Родители его отсутствовали, уехали куда-то. Ясь завел «Джизус Крайст суперстар», я выпила ликёра, ну и, в общем, как говорили в советских фильмах, у нас *было*. За любовь? [Выпили за любовь.] Ну, было и было. Ничего ужасного, даже мило. Гормоны, влюбленность, то-сё. Только Ясю мало было девочку дефлорировать, ему еще похвастаться перед приятелями хотелось. И вот на следующий день (я сама этого не видела, после рассказали) стоит он на переменке, перед прихлебателями своими выставляется, а мимо Мират идет. Про то, что он мой давний, безнадежный воздыхатель, все знали. Ясь, сволочь, поворачивается к нему и как запоет:

«Косил Ясь конюшину, косил Ясь конюшину». И руками делает похабные движения. Что, не помните? Ах, да, вы же англичанин. Шлягер такой был советский, ансамбль «Песняры». А у меня же фамилия девичья Конюхова. Дружки Яся так и грохнули, а Мират, когда сообразил, о чем речь, кинулся на Яся с кулаками. Была жуткая драка. Мират, конечно, получил по первое число. Потом на разбирательстве у директора молчал, отказывался говорить, за что набросился на одноклассника. За хулиганство вылетел из школы — тут еще и Ясев папаша руку приложил. Доучивался Мират в вечёрке, днем работал санитаром в больнице. А поступил в тот же медицинский, куда Яся пристроил папа. Мират нарочно выбрал профессию врача, сам мне потом признавался. Хотел поквитаться. Мечтал, что станет звездой медицины, а ничтожество Ястыков будет ему халат подавать. Мират он знаете какой целеустремленный. Выпьем за него, хорошо? [Выпили за Мирата Виленовича.] В институте они, по-моему, уже не общались. Факультеты были разные, да и тусовки тоже: у одного «мажоры», у другого «зубрилы». Только зря Мират верил, что для медицинской карьеры достаточно только знаний и таланта. Ясь врачом становиться и не собирался, еще до поступления знал, что папа его пристроит в «Медимпорт». Но это ладно, про это вам наверняка Мират говорил. Давайте я вам лучше расскажу, как мы поженились... В девяностом, то есть после школы сколько прошло — лет восемнадцать, что ли? Нет, семнадцать. В общем, полжизни. А тогда казалось, вся жизнь уже позади. Встречаю Мирата — случайно, возле работы. То есть это я думала, что случайно, а встречу-то, конечно, он подстроил. Помнил меня все эти годы, любил. Ждал своего часа и решил, что пора, что дождался. У меня был жуткий период, просто кошмар. Только-только развелась со вторым мужем. Он такая мразь оказался! Поехал в командировку, в Америку (он гебешник был), и дал деру, выбрал свободу. Деньги из Народного банка все снял, умудрился даже втихаря московскую квартиру продать (я у матери была прописана). И всё, финиш. Я без мужа, без денег, без собственного дома, без нормальной работы. Раньше-то я думала, что красавица — это такая профессия, хлебом с икрой всегда обеспечит. А тут тридцать четыре года, вокруг полно красавиц помоложе и пошикарней, и какая там икра, на хлеб еле хватает. И вот встречаю Мирата. Его просто не узнать. Солидный, дорого одет, на «мерседесе». Это тогда еще редкость была, ведь девяностый год. Зашли в ресторан. Выпили, вспомнили школу. Я чувствую — не перегорело в нем. Так смотрит, так молчит! Женщины это сразу видят. Рассказал, что неженат, мол, некогда было, а взглянул, словно хотел сказать «и не на ком». Руку погладил — осторожненько так, будто боялся, что я свою отдерну. Я и подумала: почему нет? Человек столько лет меня любит! Большое ли дело, а ему потом будет что вспомнить. И поехала к нему. У него квартира была — что там бывшая мужнина на Кутузовском. Два этажа, наборный паркет, камин. Мне показалось, прямо дворец. Сели на диван, стали целоваться. Он весь дрожит от счастья, мне лестно. Вдруг, когда уже потянулся лифчик расстегивать, замер — смотрит в упор мне на шею. «Это, говорит, что у тебя? Давно?» А у меня вот здесь родинка была. Я удивилась. Говорю: «Лет десять уже, а что?» Он вдруг к лифчику интерес утратил, давай другие мои родинки разглядывать: под ухом, на виске. «Вот что, говорит, Инга. Едем-ка в клинику. Не нравится мне это». Представляете? Столько лет мечтал об этом моменте, а тут вдруг «едем в клинику»... Налейте-ка. До сих пор, как вспомню, мороз по коже... Короче, начался кошмар: анализы, УЗИ, рентгены. А времени нет, упущено время. Господи, сколько я пережила! Если б не Мират, наверно, рехнулась бы. Он все время был рядом, и не приставал, с нежностями не лез. Хотел меня сначала в Австрию отправить, на операцию. Деньжищи, по тем временам, сумасшедшие, собрал. А потом говорит: «Нет, не пущу. Спасти они тебя, может, и спасут, но всё лицо изуродуют. Здесь резать буду, сам. Сам же после и залатаю. У меня методика новая, революционная». Он тогда был хирургом широкого профиля, но уже готовился уйти в косметологию. Я ему, как Богу, верила. Больше, чем в каких-то там австрийцев... И правильно делала. Вытащил он меня — можно сказать, с того света. Лицо всё искромсал, лимфатические узлы удалил, яичники вырезал — это называется гормональная профилактика. Но спас. И всё время, пока я без лица жила — долгих пять месяцев — тоже был рядом. И любил — не меньше, чем когда я красавицей была. Если хотите знать, именно тогда у нас с ним отношения и начались. И уж безо всякого снисходительства с моей стороны, а с благодарностью, со страстью, с любовью. Вот когда я поняла, что такое настоящая любовь. За это я больше всего Мирату благодарна, еще сильней, чем за спасенную жизнь или за возвращенную красоту. Что там — возвращенную. Когда он на мне свою методу испробовал, я стала куда краше, чем в юности. Да вот, смотрите сами.

Инга взяла с письменного стола фотокарточку в рамке. Снимок был старый, черно-белый. Судя по белому фартуку, увеличенный с выпускной фотографии.

Не такая уж десятиклассница Конюхова была и красотка. Обычное девичье личико. Правда, не кукольное, как теперь, а живое.

За разглядыванием карточки Нику и застал хозяин.

— А, — сказал он. — Реминисценции?

Отобрал у Инги недопитый бокал.

— Всё, милая, всё. Больше не пей. И плакать не надо. — Наклонился, снял с ее лица губами слезу. — Пора ехать.

Она всхлипнула, поцеловала ему руку, а Фандорин с грустью подумал: какая сильная, долгая была любовь, но и она кончилась. Сначала любил он — год за годом, без надежды на взаимность. Теперь любит она, и тоже безответно. Очевидно, Куценко из того разряда людей, которые, добившись поставленной цели, теряют к ней интерес. Разве Мират Виленович виноват в том, что у него такое устройство? Внешне ведет себя безупречно, спасибо и на том.

— Николай Александрович, ваш саквояж уложен. Мира и охранники ждут в подвале. Спасибо вам.

Куценко пожал Фандорину руку — крепко, да еще сверху прикрыл другой рукой.

— Ну, с Богом.

Подземным ходом шли так: впереди охранник, потом Николас с девочкой, потом второй охранник. Туннель был бетонный, с тусклыми лампочками под потолком, ничего романтического. Незаменимая вещь для жилища олигарха, молодец Павел Лукьянович.

Мира переоделась в джинсовый комбинезон и куртку, повязала голову банданой и в этом наряде казалась совсем ребенком. Была она притихшая, напуганная, всё жалась к

Фандорину, так что пришлось обнять ее за худенькое плечо.

Так они прошли метров двести или, может, триста и оказались перед низенькой металлической дверью с рулеобразной ручкой.

Первый охранник повернул колесико, выглянул в темноту. Подождал, прислушался, махнул рукой: можно.

После электрического света, даже такого слабого, ночь показалась Николасу неправдоподобно черной — ни огонька вдали, ни звездочки в небе.

Пахло холодной водой, сухими травами, пылью.

— Фонарь включать не буду, — шепнул охранник. — Сейчас глаза привыкнут, спустимся к причалу. Дверь закройте, свет!

Щелкнул металл. Николас оглянулся и не увидел никакой двери — во мраке проглядывал только крутой склон, покрытый дерном. Выход из туннеля был закамуфлирован безупречно.

— Саня, спускайся пер... — начал говорить тот же охранник, но в темноте что-то чмокнуло, и он поперхнулся.

Голова его бешено дернулась назад, потянула за собой тело, и оно повалилось на прибрежный песок.

В ту же секунду чмокнуло еще раз, и второй телохранитель тоже упал.

Николас опустился на четвереньки, приподнял парню голову и воскликнул:

— Саша! Что с вами?

Но Саша был неподвижен, и изо рта у него, булькая, текла кровь — точь-в-точь, как тогда у капитана Волкова.

Мира отчаянно завизжала, но сразу же подавилась криком, потому что с двух сторон вспыхнули сильные фонари.

Остолбеневший Николас увидел в ярком электрическом свете женскую фигуру с длинной трубкой в руке.

— Молодцом, Ника, — раздался спокойный, насмешливый голос. — Всё исполнил, как надо. Девчонку на катер, да чтоб не шумела. Могут услышать. Этих двух суньте в туннель.

— Гад! — закричала Мира. — Сволочь! Преда...

Но крик перешел в мычание — ей заткнули рот, куда-то поволокли.

Жанна медленно приближалась. Черная трубка покачивалась в ее руке.

— Ах, как ты предсказуем, Никочка. Побежал душу облегчить? Какой я дала пас на ворота, а? А гол забил Лукьяныч, ему за это хорошие бабки заплачены.

Фандорин хотел подняться, чтобы принять смерть стоя, но передумал. Какая разница? Такому идиоту в самый раз подохнуть на четвереньках.

— Что зажмурился? — хохотнула Жанна. — Помирать собрался? Нет, рано. Вы мне, Николай Александрович, еще понадобитесь. Должок-то за вами остался. Самое интересное у нас начнется завтра. Или Куцый будет паинькой, или его дочурку унесут на кладбище.

Николас открыл глаза, не испытывая никакого облегчения оттого, что смерть откладывалась.

Всё пропало. Он проиграл всё, что только можно. И Миранду погубил, и своих, похоже, не спас. Уж Миранду-то наверняка... Будет Куценко паинькой или не будет — всё равно...

В одеревеневшей от шока и коньяка голове ворочались бессвязные, неповоротливые мысли. На кладбище. Завтра. Унесут. Как воина, четыре капитана.

И кто же я буду после этого? Или, вернее, что? Нет, серьезно, когда ее завтра унесут, что ж я буду?

Глава восемнадцатая

КОВАРСТВО И ЛЮБОВЬ

— Это мы завтра решим, — ответил Данила на жалобный Митин вопрос и прикрыл рукой глаза от низко летящего снега. — И как нам дальше быть, и как до Москвы добираться. А до завтра, уважаемый Дмитрий Алексеевич, еще дожить нужно. Ты почти что нагишом. Я, как видишь, тоже одет по-комнатному. Окрест только любавинские деревни.

180

Нас там вряд ли обогреют, скорее донесут в милицию. Не странно ли? Один безумец наделен властью над многими здравомыслящими людьми, и никто из них не осмелится ему перечить. Не так ли устроены и многие иные, гораздо более обширные царства? — Фондорин хотел произнести еще какую-то сентенцию, но ему в открытый рот попал целый комок пушистого снега, и он сплюнул. — Однако нужно уносить ноги, пока метель. Сейчас проскользнем лесом, потом выйдем на дорогу и направим стопы в сторону Клина. Если судьба нам улыбнется, заночуем в какой-нибудь деревеньке, пускай не столь благоустроенной, как Миронов рай, зато безопасной.

— Не дойти нам, — всхлипнул Митя, стуча зубами. — Замерзнем. Ни шубы, ни даже плаща...

Он был в камзоле, коротких панталонах, чулках. Пока сердце колотилось от страха, разгоняло кровь по жилам, холод не ощущался, зато теперь пробирало до самых костей. Данила тоже в парк выбежал налегке, даже без шапки.

— Падать духом мы не станем, — сказал он, вытирая с бровей снежинки. — Шубы обещать не могу, но плащ у тебя сейчас будет.

Он снял сюртук, надел на Митю — и вправду получился плащ, а то даже и шинель до самых пят.

— Плохо, что обувь у тебя непригодна для зимней натуры, — вздохнул Фондорин. — Хотя что ж, воспитаннику ее царского величества зазорно идти собственными ножками. Пожалуйте на коня, сударь мой. Он хоть и стар, да вынослив.

Взял Митю на руки, прижал к груди.

— Так и мне теплей. Ну, вперед! И с песней, как положено на марше. Слушай. Я спою «Гимн Злато-Розовому Кресту», хорошая песня.

Зашагал по снегу, распевая во всё горло, и только отплевывался, когда рот забивало снегом.

Вотще ярятся непогоды,
Вотще грозит нам воли враг.
Не променяем мы свободы
На корку хлеба и очаг.

Плыви безбрежным океаном,
Который самый ты и есть.
Блюди с усердьем непрестанным
Три слова: Ум, Добро и Честь.

Что глад, что хлад, ранящи стрелы
Тому, кто видит ясну цель.
Ничто пред Разумом пределы,
Челну ничто коварна мель!

Песня была хорошая, бодрая, с неисчислимым количеством куплетов. Митя сначала слушал, а потом перестал, потому что вдруг увидел перед собой бурливые воды с пенными гребешками, а вдали, на самом горизонте, белый парус. В небе сияло жаркое солнце — не желтое, а красное. Оно было как живое: мерно сокращалось и разжималось. Приглядевшись, он увидел, что при каждом разжатии оно выталкивает из себя горячие лучи, которые потом растекаются по всей небесной сфере. Да это не солнце, это же сердце, догадался Митя. А прислушавшись к биению необыкновенного светила, понял штуку еще более диковинную: не просто сердце, а его собственное, Митино сердце. Тут же сам себе объяснил: если внутри меня безбрежный океан, то чему же быть солнцем, как не сердцу? И успокоился по поводу сего феномена, стал на парус смотреть.

По океану, стало быть, плыла ладья. На палубе всего один человечек, вовсе маленький. Митя прищурился и увидел отважного мореплавателя совсем близко. Ба, так это же Митридат Карпов, собственной персоной! Какое у него испуганное лицо, как тревожно озирается он по сторонам! Не иначе потопнуть боится.

Дурачина, хотел крикнуть своему двойнику Митя. Чего страшишься? Как это возможно — в самом себе потопнуть? Ничего не бойся, гляди вокруг без страха!

Но маленький моряк не слышал. Его мучили жажда и голод, он изнывал от палящего зноя.

— Воды, — шептал он пересохшими губами. — Ох, жарко!

Здесь Митя очнулся. Увидел пустую дорогу, вихрящийся снег и совсем близко лицо Данилы. Тот прижался к Митиному лбу ледяной щекой.

— Э, сударь мой, да у тебя чело хоть трут зажигай. Господи-Разум, где ж тут жилье? Пустыня сибирская! А всего-то сотня верст до Москвы.

И ветер как завоет, как сыпанет холодной крупой по лицу!

Нет уж, лучше жара и море.

Митя снова закрыл глаза и в тот же миг почувствовал, как его обдувает горячий, соленый бриз. Опыт и чутье бывалого моряка подсказали: приближается ураган. Он оглянулся и затрепетал. С дальнего края неба, стремительно разрастаясь, неслось облако. Оно быстро меняло цвет и форму. И море сразу потемнело, лодку закачало из стороны в сторону.

Здесь должен быть остров, Митя твердо это знал. Привстал на цыпочки и увидел в отдалении желто-зеленую кочку, торчавшую над волнами.

Туда, скорей туда!

Он бросился к кормилу, навалился всем телом. И пошла гонка — кто скорей: туча или челн.

Бег наперегонки длился нескончаемо долго, так что уж и силы были на исходе.

Всего один раз кормщик оторвался от руля — чтоб глотнуть воды из глиняного кувшина.

Но влага оказалась не освежающей, а горькой, противной.

Митя даже заплакал от обиды и разочарования.

Вдруг увидел над собой Данилу — отощавшего, с серой щетиной на лице.

— Пей, — сказал Данила, — пей.

Но всё это не имело касательства до главного: успеет ли Митя достичь острова, прежде чем грянет буря.

Раздутый парус щелкал и хлопал, того и гляди лопнет, но пока держался. А ветер всё крепчал. Ни в одной книге Митя не читал, что бывает ветер такой силы. Чтобы гнуло к самой палубе, чтобы с головы сдуло всю растительность до последнего волоска!

Огромная волна подняла ладью. Прямо перед собой Митя увидел каменный зуб скалы. Ну всё, конец! Но волна вскинула суденышко еще выше, перенесла через риф и опустила в бухту.

Шторм мгновенно стих. То есть где-то вдали еще ухало и порыкивало, но здесь, в бухте, царило совершенное безмолвие. Желтый песок, белое небо, слепящее солнце. Яркое-преяркое, смотреть больно.

Митя прикрыл глаза рукой, отяжелевшей от борьбы со стихией.

Вот тебе на! Солнце-то квадратное!

Он похлопал глазами и увидел, что солнце светит через небольшое слюдяное оконце. Желтым оказался не песок, а сосновая стена свежей срубки, да и небо было никаким не небом. Беленый потолок, вот что это было.

Сам Митридат лежал на скамье, под пахучим тулупом, в маленькой светлой комнате. В углу был еще кто-то, оттуда доносилось сонное дыхание.

Митя скосил глаза, потому что поворачивать голову не хватило сил. Это там Фондорин спал, прямо на полу, привалившись спиной к стенке. Вид чудной: щеки и подбородок заросли седыми волосами, на голых плечах драная бабья кацавейка, на ногах вместо сапог лапти. Что за метаморфозы? И куда подевался чудесный остров?

Все-таки повернул голову и поморщился — так неприятно она зашуршала по жесткой соломенной подушке. Что за нелепица?

Дотронулся до макушки. Господи святый! Где волосы? Вместо них одна колючесть. Так, выходит, не приснилось про то, что волоса ветром сдуло?

— Данила-а! — позвал он, тоненько — сам разжалобился.

Фондорин дернулся, захлопал глазами.

— Очнулся! — воскликнул он. — А я знал! Кризис-то миновал! Всю ночь тебя трясло, только к утру отпустило. Ждал-ждал, пока глазки откроешь, да и пал жертвой Морфея. Ну-ка, ну-ка. — Поднялся, сел рядом. — Так, взгляд ясный, губы не обметаны. И лихорадки нет. Теперь на поправку пойдешь.

— Где мои волосы?

— Обриты. Медицинская наука утверждает, что при ослаблении телесного механизма через волосы сила уходит и жар сильнее, оттого больных стригут под корень. Опять же сам видишь, хоромы тут нецарские. Зачем паразитов приваживать?

— А почему вы так странно одеты? Неужто в лес возвращаетесь?

Данила запахнул на груди свою незавидную одежонку.

— Понимаешь, дружок, мой кошель в Солнцеграде остался. Мы ведь тут, на постоялом дворе, уж неделю проживаем. Что у меня было, продал. Часы работы славного Бреге пошли на покупку снадобий: медвежьего сала, липового воска, трав. За сапоги нас пустили в это скромное помещение. Сюртук и жилет обратились дровами, печку топить. Из прежнего гардероба у меня остались одни штаны.

— Как же мы теперь доберемся до Москвы? — задал Митя тот самый вопрос, с которого началась его болезнь.

— Денек-другой полежишь, на это достанет моих панталонов. А там пустим в бой резервы. — Он показал на стену, где на крючке висела нарядная Митина одежда. — Выменяем на какие-никакие тулупишки, валенки, тебе шапчонку либо пуховый платок, остаток же употребим на пропитание. Денька за четыре добредем, дорога не дальняя.

Не четыре дня до Москвы шли, а все шесть. Очень уж Митя был слаб. Пройдет версту-другую, и всё. Дальше Данила его на руках несет.

От такой задержки у путешественников вышло совершенное банкрутство. На последней ночевке, в селе Тушине, пришлось расплатиться за ночлег и щи Митиным тулупчиком.

Поэтому в Первопрестольную вступили греческим зверем кентавром, так что встречные пугались, а некоторые даже крестились: Митя сидел на Даниле верхом, продев руки в рукава большущего тулупа. Рукава болтались, полы едва прикрывали Фондорину чресла. Поначалу тулуп спереди был расстегнут, чтоб Даниле видеть дорогу, но потом пришлось запахнуться, потому что седоку дуло, и продвижение сильно замедлилось, ведь чудо-конь ступал вслепую. Если рытвина или ухаб, Митя предупреждал.

Хорошо путь до дома Павлинаникитишниного дяди, князя Давыда Петровича Долгорукого, был простой, не заблудишься: от Тверской заставы всё прямо, до Страстного монастыря, а там налево, вдоль бывшей Белогородской стены, где Сенная площадь.

Долго ли, коротко ли, но дошли-таки. Встали перед чугунной, ажурного литья решеткой. Вот он, дом с ионийскими колоннами, с дремлющим каменным львом над лестницей. Где-то там Павлина — чай пьет или, может, музицирует. Только близок локоть, а не укусишь.

Сунулись в ворота — какой там. Приворотный служитель на оборванцев замахал руками, ничего слушать не хочет.

Фондорин спрашивает:

— Дома ли ее сиятельство Павлина Аникитишна?

А тот ругается, говорить не желает.

Митридат ему:

— Скажите Павлине Аникитишне, это Митя с Данилой Ларионычем. Она рада будет.

— Ага, — гогочет проклятый. — То-то гости дорогие. Кофе-какавы вам поднесет. А ну кыш отседова! Стойте, где все стоят, дожидайтеся!

А в сторонке таких голодранцев целая кучка. Жмутся друг к дружке, притоптывают от холода. Один крикнул:

— Что, съели? Есть же наглые. В ворота поперлись!

Другой пожалел:

— Сюда идите. Барыня скоро выедут. Она добрая, каждому подаст.

Усмехнулся Фондорин, горько так.

— Видишь, друг мой, не больно-то нас здесь ожидают. Женщины — создания нежные, но краткопамятные. Чем ранее ты это усвоишь, тем менее будешь страдать в зрелые лета. Идем прочь.

— Нет, Данила, подождем! — взмолился Митя. — Может, она и правда скоро выедет!

— И подаст нам милостыню? — едко спросил Фондорин.

Однако не ушел — встал в сторонке, сложив руки на груди. Драный тулуп предоставил в полное Митино владение. Так и стоял гордо, прикрыться половинкой овчины не желал.

А полчаса спустя ворота отворились и на улицу выехала обитая медвежьим мехом карета с двумя форейторами, по-английски.

Нищие к ней так и кинулись.

Экипаж остановился, приоткрылось окошко, и тонкая рука в перчатке стала подавать каждому по монетке, никого не обошла.

— Что ж, — вздохнул Данила. — По крайней мере, у нее жалостливое сердце.

— Пойдем же, пойдем! — тянул его за собой Митридат.

Фу, какой упрямый!

Сбросил тяжелый тулуп, подбежал к экипажу, но от волнения не мог произнести ни слова — так стиснуло дыхание.

— Ну, кто там такой боязливый? — донесся знакомый чудесный голос, а в следующее мгновение из окошка выглянула и сама Хавронская.

— Ах! — вскричала она, увидев Митю.

— Вот, прибыли, — глухим голосом сказал подошедший Данила, положив Мите руки на плечи. — Я свое обещание исполнил. Однако, ежели вам...

Звонкий крик заглушил его слова:

— Нашлись! Матушка-Богородица, нашлись!

Графиня порывисто толкнула дверцу, та распахнулась, да так стремительно, что сшибла обоих бродяг в сугроб.

Павлина, прекрасная как сказочная фея — в собольей шубке, из-под которой посверкивало воздушно-серебристое платье, в атласных туфельках — выпрыгнула из кареты, кинулась целовать Митю, потом повисла на шее у онемевшего Данилы.

— Уж не чаяла! — восклицала она, одновременно плача и смеясь. — Молилась, все коленки истерла! Сжалилась Заступница! Живы! Оба!

Тут же, безо всякого перехода, впала в ярость — заругалась на привратника:

— Анбесиль! Кошон! Почему они здесь, на холоде? Я же тысячу раз говорила!

Челядинец рухнул на колени:

— Вашсиясь! Вы говорили, дворянин в дормезе! С ангельским дитятей! А эти, сами изволите видеть, рванье рваньем!

— Ох, выдрать бы тебя! — замахнулась на него Павлина и тут же забыла о мизерабле, заохала на Митю.

— Худенький какой! А грязный-то, ужас!

— В дороге с нами приключилась небольшая... — начал объяснять Фондорин, но графиня не стала слушать.

— После, после расскажете. Эй, Филип! — крикнула она кучеру. — К Мавре Гавриловне на суаре не поеду, распрягай. Вас, Данила Ларионович, отведут в дядину гардеробную. Подберите себе платье на первое время и ступайте в баню. От вас козлом пахнет. Ужас, во что вы превратились! Я тебя, мой кутенька, сама помою, никому не отдам. Да, сладенький? Да, лялечка? Плохо тебе было без мамы Паши?

Про кутеньку и прочее она, конечно, уже не Даниле сказала, а Мите.

Он, хоть и был сильно счастлив, но внутренне пригорюнился: снова сюсюкать.

Однако пролепетал со всей искренностью:

— Плёхо, мама Пася, отень плёхо.

Вытирая голого Митю полотенцем, Павлина всё охала:

— Одни ребрышки! Цыпленочек ощипанный! А волосики он тебе зачем обстриг, изверг? Такие были славные, мяконькие, а теперь не длинней котячьей шерстки. Ну и сам, конечно, тоже хорош — седой, худой, страшный. Сколь быстро вы, мужчины, опускаетесь в отсутствие женщин! Хорош стал Данила Ларионович, нечего сказать, хуже, чем в лесу был. Увидишь — напугаешься. А ведь видный кавалер.

В ожидании Митиного прибытия она накупила для него целый сундук всякой одежды — жаль только по большей части обидной, младенческой. Взяла в руки батистовую рубашечку с кружевами, да так и застыла — задумалась о чем-то. Лицо у Павлины сделалось тревожное, печальное.

Митя терпеливо ждал, покрываясь гусиной кожей. Руки держал впереди, ковшиком — прикрывал стыдное место, но как бы невзначай. Для нее он, конечно, дитя малое, но ведь про себя-то знал, что, слава Богу, не младенец, а зрелый муж умом и рыцарь нравом.

— Нехорошо, — вздохнула графиня. — Дура я дура. Столько готовилась! Воображала, как он прибудет, как заведу с ним ученый разговор. Три книжки прочла — одну из гиштории, одну про насекомых тварей и одну про общественное благо. Чего не поняла — наизусть выучила. А сама как баба деревенская — на шею кинулась. Да целовать стала! Один раз прямо в губы! Ох, стыд какой! Он человек высоких нравственных понятий. Поди, наслышан о придворных бесстыдствах. Что он про меня подумал? Ясно, что: легкодоступная, навязчивая либертинка. Теперь презирать станет. Или, того хуже, начнет скабрезничать, как с безнравственной особой. Ах, Митюша, дружочек, все вы, мужчины — кобели, даже самые лучшие из вас. Вы, конечно, не виноваты, так вас Господь устроил. И ты, когда вырастешь, будешь бедным девушкам глупости шептать, смущать их сердечки. Будешь? Признавайся!

Она принялась его щекотать. Митя немножко поойкал, похихикал и говорит:

— Лубашечку. Митюсе холёдно.

Зазяб нагишом стоять, как она не понимает!

— Ой, бедненький! В пупырышках весь! Задери рученьки.

Делать нечего — поднял. Сам залился краской.

А она и не смотрит, то есть смотрит, но в сторону. И опять замерла.

— Надобно вот что. Возьму с ним тон посуше, поцеремонней. Он и увидит, что ошибся, что я не доступная какая-нибудь. Правильно, золотце?

Ну что с ней будешь делать, если она русских слов не понимает!

Митя захныкал.

Потом сидели в салоне, с сервированным кофеем, ждали Данилу. Митя, собой нарядный, чистенький, на правах малютки кушал уже третье пирожное. Павлина, переодевшаяся во всё розовое, ни к чему не притрагивалась.

— Не зря ли я платье сменила? — спросила она во второй раз. — Говорят, розовый мне к лицу, но не ярко ли? Ведь вечер скоро.

— Класавица, — уверил ее Митридат, и нисколечко не соврал.

Вошел Фондорин, узрел Хавронскую — и застыл. Тут она сразу успокоилась, поняла по его лицу, что хороша. Церемонно указала на самое дальнее от себя кресло:

— Садитесь, сударь. Там вам будет удобнее. Ну вот, теперь вы вновь стали похожи на почтенного человека.

Данилу и в самом деле было не узнать. Он мало что помылся, побрился, начесал тупей, но еще и оделся щеголем: черный с серебряным шитьем камзол, шелковые кюлоты, палевые чулки.

— Ничего скромнее в гардеробе мне обнаружить не удалось, — со смущенной улыбкой сказал он. — Должно быть, ваш дядюшка записной франт.

Сел не туда, куда приглашали, а рядом с Павлиной и сразу взял ее за руку. Видно, не заметил перемены в поведении графини.

— Милая Павлина Аникитишна! Вот теперь, вернувшись в ряды цивилизованного человечества, я могу приветствовать вас со всей душевной горячностью, не страшась внушить вам отвращение грязью и смрадом. Прежде всего позвольте облобызать вашу славную ручку!

Хавронская бросила на Митю взгляд, исполненный отчаяния: вот видишь, я была права!

Руку выдернула, убрала за спину.

— Я нахожу обыкновение целовать даме руку глупым и непристойным, — строго молвила она. — А вам вертопрашество тем более не к лицу и не по летам.

Он сконфуженно пробормотал:

— Да-да, я и сам считаю, что целование рук...

— Как вы находите Москву? — со сдержанной улыбкой осведомилась Павлина. — Много ли сей Вавилон переменился за время вашего отсутствия? По мне, Москва более похожа даже не на Вавилон, а на некое чудище вроде Гоббсова Левиафана. Вы читали?

— Да, — медленно ответил Фондорин, растерянно моргая. — Но я, признаться, не сторонник Гоббсовых аллегорий.

Павлина, кажется, настроившаяся пересказывать прочитанное, от этих слов смешалась. В беседе случилась пауза.

— А... а где ваш дядя? — спросил Данила минуты через две.

— Я чаю, в клобе. Скоро должен быть. Давыд Петрович первый московский острослов, с ним нам будет веселей.

Данила поморщился. Снова наступило молчание.

— Ах, я не предложила вам кофею! — встрепенулась графиня. — Вот, прошу.

Наливая, сочла нужным пояснить:

— Это сейчас всюду так принято — чтоб хозяйка сама гостям чай и кофей разливала, на англинский манер. Потому и слуг нет. Я нахожу эту игру в интимность не совсем приличной, но что поделаешь? Таков свет.

Фондорин вяло кивнул, поднес ко рту чашку и тут же отставил.

Помолчали еще. Часы на камине тикали всё медленней, всё громче.

— Вы не пьете, — сказала поникшая Павлина. — Верно, кофей остыл! Я сейчас распоряжусь...

И быстро вышла. Митя заметил, как в краешке ее глаза блеснула слеза.

— Старый я дурень! — воскликнул Фондорин, едва графиня скрылась за дверью. — Разлетелся! «Позвольте облобызать вашу славную ручку». Тьфу! Поделом она мне: не к лицу и, главное, не по летам! Кто я для нее — смешной старик? А не суйся с суконным рылом в калашный ряд! И заметь, друг мой, как она сразу после того стала холодна. Догадалась! Обо всем догадалась! О, у женщин на это особый нюх. Стыдно, как стыдно! Решено: буду вести себя с нею, как того требует разница в возрасте, состоянии и положении.

— Уверяю вас, вы ошибаетесь, — попробовал утешить его Митя. — Павлина Аникитишна расстроена, потому что ей кажется, будто вы презираете ее неученость, умных разговоров вести не желаете, почитаете ее пригодной лишь для фривольного обращения, а при невозможности оного томитесь скукой.

Данила только рукой махнул:

— Что ты можешь понимать в женщинах, шестилетнее дитя!

— Почти что семилетнее, — поправил Митя, но Фондорин не расслышал.

— О, Дмитрий, поверь старому, битому жизнью псу. Ты тщетно пытаешься найти в поведении женщин рациональность. Ее там нет и не может быть. Они устроены совершенно на иной, нежели мы, мужчины... Кхе, кхе.

Он закашлялся, не договорив, потому что в салон вернулась Павлина.

— Я распорядилась сварить кофей заново, — промолвила она с деланной улыбкой. — Надеюсь, вы без меня не скучали?

— Не беспокойтесь, нисколько, — сухо ответил Данила. — Благодарю, но я вечером кофей не пью. В мои годы это чересчур рискованно в смысле желудочной дигестии. — Он поднялся. — Давеча, когда меня вели в гардеробную, я проходил через библиотеку. Могу ли я в ожидании его сиятельства побыть там, посмотреть книги? Уверен, что вам без меня будет веселее.

— Хорошо, — сказала Хавронская несчастным голосом. — Когда приедет дядя, я пошлю за вами.

Фондорин вышел, а она залилась слезами.

— Неужто и ты, кисонька, будешь таким жестоким с бедными женщинами? — всхлипывала графиня. — Конечно, что я ему —

кукла безмозглая. Если лобызать не даюсь, то нечего на меня и время тратить. Разве я ему пара? Он умный, блестящий, он герой. По всей Европе дамам головы кружил. А я? Только и годна, что в метрески к Платону Зурову!

Митя попытался разуверить рыдающую Павлину в ее заблуждении, но на скудном младенческом наречии сделать это было затруднительно, да она и не слушала.

Увы, столь долго жданная встреча обратилась форменным дезастром.

Слава Богу, вскоре явился хозяин дома, московский губернатор князь Давыд Петрович Долгорукой. Вошел, прихрамывая и стуча по полу тростью — шумный, дородный, с карими навыкате глазами и точно такими же ямочками, как у племянницы. Локти малинового фрака у его сиятельства были перепачканы белым — верно, играл в карты на мелок или, может, бился на бильярде. От румяных уст, которые ласково дотронулись до Митиного лба, пахло вином и шоколадом.

Лакей немедленно привел Фондорина, и состоялось знакомство.

В присутствии родственника Павлина Аникитишна держалась менее скованно.

— Вот, дядя, мой спаситель, о котором я вам столько рассказывала, — объявила она и улыбнулась Даниле робкой, приязненной улыбкой, от которой тот вспыхнул.

— Стало быть и мой спаситель, и мой! — вскричал Долгорукой, бросаясь жать Фондорину руку. — Ибо Пашенька мне дороже родной дочери, каковой у меня, впрочем, не имеется.

Он мягко, приятно хохотнул, стукнул в ладоши, чтобы подавали закуски и вина, а дальше всё покатилось само собой — легко, весело, безо всякой неловкости.

Как опытный светский человек, Давыд Петрович, должно быть, уловил в атмосфере некую натянутость, и, чтобы релаксировать гостя, застрекотал без умолку о московских новостях. Речь его была остроумна, жива, занимательна.

— Нынче мы всё воды пьем и моционом увлекаемся, — говорил он, сардонически поджимая углы рта. — Слыхали ль вы о водяном заведении доктора Лодера? Нет? А между тем в Петербурге о нашем поветрии осведомлены. Третьего дня прибыли на инспекцию сам лейб-медик Круиз и адмирал Козопуло, а сие означает августейшее внимание. Правда, инспекторы переругались меж собой, не сошлись во мнениях.

— Что за водяное заведение? — заинтересовался Данила. — От каких болезней?

— А от всяких. Герр Лодер раскопал на Воробьевых горах магический минеральный источник, вода из которого, по его уверению, творит чудеса. Особенно ежели сопровождается трехчасовой прогулкой по проложенной для этой цели аллее. Старцам сия метода возвращает аппетит к радостям жизни, дамам — молодость и красоту. От подагры, правда, не спасает. Я выпил ведра два и отхромал по треклятой дорожке Бог весть сколько часов, но, как видите, по-прежнему ковыляю с палкой. Простонародье глазеет, как баре безо всякого смысла шпацируют по аллее взад и вперед, потешается. Даже новые словечки появились: «лодеря гонять» и «лодерничать». Каково?

Фондорин улыбнулся, но без веселости.

— Я вижу, Москва сильно переменилась. Когда я покидал ее два года назад, все сидели по домам и собираться кучно избегали.

— Да, да, — покивал князь. Губы сжались, лоб нахмурился, и оказалось, что Давыд Петрович умеет быть серьезным. — Я понимаю, о чем вы. И ваше дело помню. Сочувствую и негодую. Однако разве я мог помешать Озоровскому? Что я — всего лишь гражданский губернатор. А он — главнокомандующий, генерал-аншеф, от самого Маслова имел поддержку. Такова моя доля — служить под началом человека низкой души, гонителя просвещения и благородства. Увы, милейший Данила Ларионович, злато-розовых кустов в московском вертограде вы более не узрите. Теперь ум и прекраснодушие не в моде, все пекутся лишь о телесности. Если и остались ревнители общественного блага, то, наученные вашим примером, хранят безмолвие и действуют тихо, без огласки. Огласка — вещь опасная.

— Это доподлинно так, — сказал Фондорин. — Однако, если уж мы заговорили об огласке, позволено ли мне будет осведомиться, что́ вы как ближайший родственник и покровитель Павлины Аникитишны намерены предпринять в отношении князя Зурова? Он нанес ее сиятельству и всему вашему семейству тяжкое оскорбление. Похищение, усугубленное убийствами — преступление наитягчайшее.

Давыд Петрович вздохнул, потер переносицу.

— Разумеется, я думал об этом. Павлина свидетель, в каком я был возмущении, когда она всё мне рассказала. Сгоряча сел писать всеподданнейшую жалобу государыне. А утром, на ясную голову, перечел и порвал. Почему, спросите вы? А потому что верных доказательств нет. Какие-то разбойники в лесу напали на карету, убили слуг. В одном из злодеев Павлина узнала зуровского адъютанта. Так что с того? Адъютант отопрется, а иных свидетелей нет. Если, конечно, не считать, сего чудесного карапуза. — Долгорукой улыбнулся и сделал Мите козу. — Да хоть бы и были свидетели. Кому поверит царица — обожаемому Платоше или им? Конечно, подозрение против Фаворита у нее останется. А от неуверенности и подозрительности ее величество обыкновенно впадают в гнев. На кого он обрушится? На тех, кто осмелился огорчить богоподобную монархиню. То есть на саму же Павлину, а также... А также на ее родню, — вполголоса закончил губернатор.

Наступила тишина, прерываемая лишь потрескиванием дров в камине.

— Что ж, по крайней мере откровенно. — Фондорин поднялся. — Ежели бы я имел счастье находиться на вашем месте и обладал правом попечительствовать чести Павлины Аникитишны, я поступил бы иначе. Но, как говорится, бодливой корове... — Он поклонился разом и хозяину, и его племяннице. — Мое обещание выполнено. Дмитрия я к вам доставил. Позвольте мне откланяться. Одежду я верну вашему сиятельству, как только обзаведусь собственной. Желаю вам, сударыня, всяческого благополучия. Могу ли я на прощанье перемолвиться несколькими словами с мальчиком?

Хавронская порывисто встала и протянула к Даниле руки, но что она хотела ему сказать, осталось неизвестным, потому что в эту минуту в салон вошел лакей и громко объявил:

— К ее сиятельству действительный статский советник Метастазио, прибывший из Петербурга. Просят принять.

Павлина рухнула обратно в кресло. Кровь отлила от ее лица, и розовое платье уже не так шло ей, как прежде.

Долгорукой, наоборот, привстал. Фондорин же замахал на лакея руками, но и он от потрясения не мог вымолвить ни слова.

Если явление Фаворитова секретаря повергло в такую растерянность взрослых, что уж говорить о Митридате? Он сполз с кресла на пол и сжался в комочек.

Лакей попятился от Данилиных взмахов.

— Сказать, что ее сиятельство не принимают? Боязно. Очень уж важный господин.

— Как можно? — встрепенулся Давыд Петрович. — Проси пожаловать.

Митя опрометью кинулся к двери, но на пороге обернулся и был устыжен.

Фондорин и Долгукой, оба с одинаково нахмуренными лбами, стояли по сторонам от Павлины Аникитишны, готовые защищать ее от злодейства.

Хорош рыцарь Митридат!

И воротился в салон, хоть не самым геройским манером. Забился за угол камина, где тень погуще, да еще отгородился экраном.

Господи Боже мой, на Тя уповах, спаси мя от всех гонящих мя и избави мя!

Слова молитвы замерли на устах. В комнату, ступая важно и властно, вошел главный Митин зложелатель.

Он держался совсем не так, как в Зимнем дворце, да и выглядел иначе.

Там-то Еремей Умбертович всё улыбался, ходил скользящей походкой, одевался скромно, безо всякой пышности.

А ныне на его груди, перетянутой муаровой лентой, сияла бриллиантовая звезда. Подбородок итальянца был задран кверху, каблуки громко стукали по паркету, и любезной улыбкой себя он не утруждал.

Оглядев салон (на каминном экране, благодарение Господу, своим черным взглядом не задержался), Метастазио сказал:

— Да здесь целое общество. Мое почтение, графиня. Вас, князь, я знаю. А кто этот господин?

— Данила Ларионович Фондорин, мой друг, — ответила Хавронская как можно суше, и голос нисколько не дрожал.

Зуровский секретарь резко обернулся к Фондорину и попытался испепелить его своим медузьим взором — прямо молниями ожег. Наслышан, стало быть, от Пикина. Но Данила ничего, ужасный взгляд вынес, своего не отвел. Постояв так с полминуты, Метастазио столь же резко отвернулся от неустрашимого противника и перестал обращать на него внимание.

На церемонии с губернатором времени тратить не стал. Сразу обратился к Павлине Аникитишне:

— Мадам, я явился к вам по поручению Весьма Значительного Лица (впрочем, отлично вам известного) и хотел бы побеседовать приватно, с глазу на глаз.

— Я имею к дяде и Даниле Ларионовичу полный конфиянс, — ледяным тоном молвила графиня. — Ежели упомянутое вами лицо хочет молить меня о прощении, то напрасно. Передайте, что...

— Кому нужно ваше прощение? — перебил ее Метастазио. — Я прибыл не за тем. Бросьте представлять Орлеанскую Девственницу. Ваше упрямство сводит Весьма Значительное Лицо с ума, а это создает опасность важнейшим государственным интересам. Я потому говорю это прямо при вас, — полуобернулся он к Долгорукому, — что строптивость племянницы вам первому окажет дурную услугу. Вот, князь, случай либо вознестись на самый верх, либо лишиться всего.

Губернатор вспыхнул от наглости угрозы, но словесно не возмутился, лишь закусил губу.

— Графиня, как только Весьма Значительному Лицу донесли, где вы находитесь, он хотел немедленно мчаться сюда. Сие было бы истинной трагедией для всех персон, имеющих касательство к этой истории. Насилу я отговорил его, пообещав, что доставлю вас сам. Я ехал без остановок, спал в экипаже, отчего у меня произошла жестокая мигрень и констипация в кишках. Я чертовски зол и не желаю выслушивать никаких женских глупостей. Собирайтесь и едем!

Он шагнул к Хавронской и потянулся взять ее за руку, но путь ему преградил Фондорин.

— Я лекарь, — сказал он скрипучим от ярости голосом, — и знаю отличное средство, которое навсегда вас избавит от констипации и мигрени. Убирайтесь, пока я не приступил к лечению. Павлина Аникитишна никуда не поедет!

Метастазио спокойно смотрел в глаза графине, не удостоив Фондорина даже взглядом.

— Подумайте хорошенько. Этого человека не слушайте, он всё равно что мертвец, про него уже всё решено. От вас зависит ваша собственная судьба и счастье ваших близких. Ну же, — нетерпеливо прикрикнул он, — полно ломаться! Я жду ответа.

— Вы слышали его из уст господина Фондорина, — произнесла Павлина с улыбкой и взяла Данилу под руку.

Итальянец ничуть не стушевался — кажется, именно этого и ждал.

— Что ж, князь, — обратился он к Долгорукому, — тогда у меня дело до вас. Государственное и посторонних ушей не терпящее. Мы побеседуем здесь или вы сопроводите меня в иное место?

Давыд Петрович настороженно посмотрел на Метастазио и нехотя поднялся, опираясь на палку.

— Если разговор официальный, прошу в кабинет.

— Нет-нет! — Павлина тоже встала. — Оставайтесь. До кабинета нужно пройти дюжину комнат, а я знаю, что ваша подагра, милый дядюшка, не располагает к долгим прогулкам. Данила Ларионович, не проводите ли вы меня в библиотеку?

— Буду счастлив.

Фондорин бросил грозный взгляд на петербуржца и повел графиню прочь.

Митя с радостью последовал бы за ними, но был вынужден остаться в своем жарком укрытии.

Итальянец подождал, пока за дверью стихнут шаги, и сел рядом с князем.

— Сударь, — заговорил он быстро, напористо. — Ваша племянница красива, но глупа. Не будем тратить время на пустяки. Поговорим лучше о будущем империи, как подобает людям государственным. Известно ли вам, что ее величество слаба здоровьем и не сегодня-завтра умрет?

— Как? — вздрогнул Долгорукой. — Неужто дела так плохи? Адмирал Козопуло давеча в узком кругу рассказывал, что лишь своими стараниями поддерживает в государыне жизненную силу, однако я не принял его болтовню всерьез. Неужто...?

— Да. Ее дни сочтены. Великая эпоха близится к концу. Что последует дальше — вот в чем вопрос. Каким станет новое царствование? Эрой света и справедливости или торжеством безумия? Платону Александровичу известны ваши просвещенные взгляды, и в вашем ответе я не сомневаюсь.

— Да, конечно, я за свет и справедливость, — подтвердил губернатор, — однако не могли бы вы выразить свою мысль яснее?

Секретарь кивнул:

— Извольте. Кто: Внук или Наследник? Яснее и короче, по-моему, некуда.

— Право, не знаю, — тихо молвил Давыд Петрович. — Мы, московские, далеки от большого света, питаемся все больше слухами и мнениями петербуржских друзей...

— Внук, — отрезал Метастазио. — Только он. Наследник вздорен, капризен. Наконец, просто не в своем уме!

— Но разве возможно, чтобы вопреки прямому порядку наследования...

Секретарь снова перебил:

— Если в момент кончины великой императрицы Платон Александрович все еще будет в силе, то очень возможно и даже неизбежно. Беда в том, что светлейший помешался из-за вашей племянницы и дурит. Он болен от страсти. Если немедленно не получит требуемого лекарства, то погубит и себя, и будущее России. Так помогите же ему получить эту малость! — Метастазио наклонился и схватил князя за локоть. — Вы можете это сделать! Я прихожу в бешенство, когда начинаю думать, от каких пустяков зависят судьбы великой державы! А также и наши с вами судьбы.

— *Наши*? — переспросил губернатор с особенным выражением.

— Да! Вы, верно, думаете, что я забочусь только о своей участи? Разумеется, я себе не враг. И если воцарится злейший недруг моего покровителя, судьба моя будет печальна. Но и вам несдобровать. Ваши контры с Озоровским известны. Он заодно с Прохором Масловым, а Маслов один из всего двора оказывает Наследнику знаки внимания. Начальник Секретной экспедиции поставил на Гатчинца, сомнений в том нет! Поверьте хорошо осведомленному человеку: Озоровский мечтает от вас избавиться, шлет о вас губительнейшие реляции, и если вы до сих пор еще держитесь на своей должности, то лишь благодаря расположению к вам Платона Александровича. При победе партии Наследника вас ждет немедленная отставка и опала.

Давыд Петрович расслабил галстух, словно ему вдруг сделалось душно.

— Я... я должен посоветоваться со своими друзьями...

— Лучше станьте *нашим* другом, и тогда Москва будет принадлежать вам. Город нуждается в твердой, но просвещенной руке. Так что?

Давыд Петрович молчал.

Не устоит, перекинется, боялся Митридат.

У него за спиной, в камине, громко стрельнуло, и Митя непроизвольно дернулся.

Ох!

Экран качнулся, грохнулся на пол, и взорам обернувшихся политиков предстал малый отрок с выпученными от ужаса глазами.

— Impossibile! — пробормотал Метастазио. — Откуда он здесь?

Стало быть, про Данилу побежденный Пикин ему рассказал, а про Митридата нет. Получается, что капитан-поручик не вовсе пропащий?

— Это Митюша, воспитанник племянницы, — успокоил петербуржца хозяин. — Он совсем еще дитя, не тревожьтесь. Затеялся в прятки играть. Ступай, душа моя, побегай в ином месте. Видишь, мы с этим господином...

Итальянец проворно вскочил, двинулся к Мите.

— А-а!!!

Захлебнувшись криком, рыцарь Митридат припустил вдоль стены, пулей вылетел за дверь.

Сам не помнил, как пробежал длинной анфиладой. Ворвался в библиотеку с воплем:

— Данила! Он меня видел!

Фондорин и Павлина, сидевшие на канапе бок о бок, оглянулись.

— Кто? — рассеянно спросил Данила, и вид у него был такой, будто он не сразу узнал своего юного друга.

— Метастазио! Он хотел меня схватить! Он такой, он не отступится! И князь Давыд Петровича оплел, интриган! Mon Dieu, je suis perdu![1]

Графиня пронзительно завизжала, испуганно глядя на Митридата.

---

[1] Боже, я погиб! (*фр.*)

Он хотел приблизиться к ней, но она заверещала еще пуще, замахала руками.

— Минуту, друг мой! — сказал ему Данила. — Это истерика. Ваше неожиданное красноречие напугало Павлину Аникитишну. Сейчас, сейчас. Есть одно средство...

Он звонко шлепнул графиню по щеке, и она тут же смолкла, ошеломленно глядя уже не на Митю, а на обидчика. Ее ротик задрожал, но прежде, чем из него исторгся новый вопль, Данила наклонился и поцеловал — сначала ушибленное место, а затем и губы, лишив их возможности производить дальнейший шум.

Средство, действительно, оказалось удачным. Рука графини немного пометалась в воздухе, потом опустилась Даниле на плечо и осталась там.

— Ну вот, — сказал он, высвобождаясь (причем не без усилия, потому что к первой ручке, обхватившей его за плечи, присоединилась вторая). — А теперь, Павлина Аникитишна, я всё вам объясню.

И объяснил — доходчиво и недлинно: и про необычайные Митридатовы способности, и про его деликатность, понудившую образованного отрока прикидываться младенцем. Рассказал и о Митином петербуржском взлете, и о вынужденном бегстве. Не стал лишь касаться истории с ядом, сказав только:

— По случайности Дмитрий стал очевидцем одной каверзы, затеянной Фаворитовым секретарем. Подробностей, ma chère amie, вам лучше не ведать, ибо в подобных делах осведомленность бывает губительной. Вам довольно знать, что Метастазио намерен во что бы то ни стало истребить опасного свидетеля. И Дмитрий прав: этот господин ни перед чем не остановится. Судя по тому, что он назвал меня мертвецом, — Данила невесело усмехнулся, — на меня у славного итальянца тоже имеются виды. Если так, то защитить мальчика будет некому. Нужно бежать из Москвы, другого выхода я не вижу.

— Да, едем в Утешительное, к папеньке! — воскликнул Митя. — Это всего двадцать пять верст!

И сам понял, что сморозил детскость. Что может папенька против всемогущего Фаворита?

Павлина закрыла лицо ладонями, посидела так некое время. Митя думал, плачет. Но когда она отняла руки, глаза были сухими.

— Видно, делать нечего, — сказала она тихо, словно себе самой. — Иначе никак... — Тряхнула завитыми локонами и дальше говорила печально, но спокойно, даже уверенно. — Не поминайте злым словом, Данила Ларионович. И плохо не думайте. Изопью чашу до донышка. Видно, такая судьба. Но и цену назначу. Чтоб ни волос не упал — ни с вашей головы, ни с Митюшиной.

Фондорин как закричит:

— Мне такого выручательства не надобно! Да я лучше жизни лишусь!

— А заодно и ребенка погубите, да не простого, а вон какого? — покачала головой она, и Данила осекся. — Ах, сердечный мой друг, я чаяла по-иному, да не захотел Господь... Только не думайте, что я распутная.

— Вы святая, — прошептал Фондорин.

По его лицу текли слезы, и он их не вытирал.

— Нет, я не святая, — вроде как даже обиделась Павлина. — И я вам это намерена доказать, сей же час. Чего теперь жеманничать? Не для него же беречься...

Она не договорила, взглянула на Митю.

— Митюшенька, кутенька... — Смутилась, поправилась. — Дмитрий, дружочек, оставь нас, пожалуйста, с Данилой Ларионовичем. Нам нужно поговорить.

Ага, оставь. А куда идти-то? Назад, к Еремею Умбертовичу? Только о себе думают!

Митя вышел из библиотеки, притворил дверь.

Лакей гасил свечи в стенных канделябрах, оставлял гореть по одной. Потом вышел в соседнюю комнату, дверь затворил. Такое, видно, в доме было заведение — к ночи двери в анфиладе прикрывать. Должно быть, из-за ночных сквозняков, предположил Митя.

Пристроился к лакею, переходил за ним из залы в залу. При живом человеке всё покойней.

В столовой, где сходились поперечные анфилады, повстречали другого лакея, который о визите Метастазио объявлял.

— Что тот господин? — боязливо спросил Митя. — Всё в салоне?

— Уехали, — ответил служитель.

Как гора с плеч свалилась!

Дальше пошел уже без опаски. Надо было на Давыда Петровича посмотреть — что он?

Князь сидел в салоне один, пристально смотрел на огонь.

Свечи на столе были загашены, но зато под потолком сияла огромная люстра — свечей, пожалуй, на сто, и от этого в комнате сделалось светло, нестрашно.

— А-а, ты, — рассеянно взглянул на мальчика Долгорукой. — Напугался чужого? Он с тобой только поздороваться хотел, он не злой вовсе. Расспрашивал про тебя, понравился ты ему. Ну иди сюда, иди.

Взял Митю за плечи, ласково улыбнулся.

— Как Павлиночка тебя любит, будто родного сыночка. И то, вон ты какой славный. А хочешь в большом-пребольшом доме жить, много больше моего? У тебя там всё будет: и игрушки, какие пожелаешь, и настоящие лошадки. А захочешь — даже живой слон. Знаешь, что такое слон? Здоровущая такая свинья, с карету вышиной, вот с такими ушами, с длиннющим пятаком. — Он смешно оттопырил уши, потом потянул себя за нос. — Как затрубит: у-у-у! Хочешь такого?

— Да, я видел слона, его по Миллионной улице водили, — сказал Митя обыкновенными словами, без младенчества. Чего теперь таиться?

Но князь перемены в речи отрока не заметил — был сосредоточен на другом.

— Ну вот и умник, всё знаешь. Ежели тебя Павлиночка спросит (а она может, потому что у женщин это бывает, о важном у дитяти спрашивать): «Скажи, Митюша, менять мне свою жизнь иль нет?» Или, к примеру: «Ехать мне к одному человеку или не ехать?» Ты ей обязательно ответь: менять, мол, и ехать. Обещаешь?

«Зря распинаетесь, сударь. Без вас уже решилось», — хотел сказать ему на это Митридат, но не стал. Пусть не радуется раньше времени.

— Обещай, будь золотой мальчик. — Князь погладил его по стриженой голове. — Э, братец. Гляди: макушку мелом запачкал. Дай потру.

Полез в карман за платком, а Митя ему:

— Не трудитесь, ваше сиятельство. Это не мел, а седина, изъян природной пигментации.

Нарочно выразился позаковыристей, чтоб у Давыда Петровича отвисла челюсть.

Ждал эффекта, но все же не столь сильного. Челюсть у Долгорукого не только отвисла, но еще и задрожала. Мало того — губернатор вскочил с кресла и попятился, да еще залепетал околесицу:

— Нет! Невозможно! Нет! Почему именно я? Я не смогу... Но долг...

Пожалуй, изумление было чрезмерным.

Митя уставился на остолбеневшего князя и вдруг почувствовал, как по коже пробегает ознобная жуть.

Этот особенный взгляд, исполненный ужаса и отвращения, он уже видел, причем дважды: в новгородской гостинице и в Солнцеграде.

Неужто снова чадоблуд или безумец?

Сейчас как накинется, как станет душить!

Митя отпрянул к двери.

— Постой! — захромал за ним губернатор, пытаясь изобразить умильную улыбку. — Погоди, я должен тебе что-то показать...

«Ничего, я отсюда посмотрю», — хотел ответить Митя, но стоило ему открыть рот, как Долгорукой замахал руками:

— Молчи! Молчи! Не стану слушать! Не велено!

И уже больше не прикидывался добреньким, занес для удара трость.

Толкнув приоткрытую дверь, Митя шмыгнул в соседнее помещение и быстро перебежал к следующей двери, отчаянно крича:

— Данила! Дани-ила-а!

Высоченная, в полторы сажени, дверь была хоть и не запертой, но плотно закрытой. Он повис на ручке всем телом, только тогда тяжелая створка подалась.

Пока сражался с сими вратами, Давыд Петрович, припадая на подагрическую ногу, подобрался совсем близко. Чуть-чуть не поспел ухватить за воротник.

В следующей комнате повторилось то же самое: сначала Митя оторвался от преследователя, потом замешкался, открывая дверь, и едва не был настигнут.

Не переставая звать Данилу, злосчастный беглец забирался все дальше по нескончаемой анфиладе, уже потеряв счет комнатам и дверям. А потом, уже знал он, будет вот что: очередная комната окажется слишком маленькой, и хромой успеет догнать свою жертву.

— Стой же ты! — шипел Давыд Петрович, охая от боли и по временам пробуя скакать на одной ноге. — Куда?

В оружейной, где на пестрых коврах висели кривые сабли и ятаганы, попалась живая душа — лакей, надраивавший мелом круглый пупырчатый щит.

— Спасите! — бросился к нему Митя. — Убивают!

Но тут в проеме возник хозяин. Он цыкнул, и слугу как ветром сдуло. Больше Мите никто из челяди не встречался. Попрятались, что ли?

Где же Данила? Ужель не слышит зова?

Кричать больше не было мочи, дыхания хватало лишь на рывок через пустое пространство, чтоб потом повиснуть на рукояти, моля Господа только об одном: пусть следующее помещение окажется не слишком тесным.

Однако погибель таилась не там, где он ждал.

Пробежав отрадно большой залой (видел ее прежде, но сейчас разглядывать было некогда), Митя стал открывать дверь и не сразу понял, что не откроется — заперта не то на ключ, не то на засов. А когда понял, на маневр времени уже не оставалось: гонитель был совсем близко, и в руках у него теперь была не трость, а огромный турецкий кинжал — не иначе со стены снял.

В отчаянии Митя заколотил в предательскую дверь кулачками. Да что толку?

Сзади, совсем близко, послышалось бормотание:

— Господи, укрепи, дай силы. Всё, всё...

Только и оставалось, что зажмуриться.

Лязгнуло железо задвижки, дверь распахнулась.

На пороге стоял Данила: в рубашке, панталоны расстегнуты, одна нога разута. Спал! Друга жизни лишают, а он почивать улегся!

Из-за Данилиной спины донесся шорох, будто пробежал кто-то легкий и тоже необутый, но Мите было не до загадок.

— Опять! — только и смог выдохнуть он, обхватывая своего вечного спасителя за пояс.

— Что вы себе позволяете, князь? — воскликнул Фондорин. — Зачем вы гоняетесь за мальчиком с оружием? Пусти-ка, Дмитрий.

Митя пал на четвереньки, проворно отполз в сторону. А вдруг Долгорукой начнет Данилу рубить?

Но нет, на Фондорина смертоубийственный пыл князя не распространялся. Давыд Петрович опустил ятаган, другой рукой схватился за сердце — видно, убегался.

— Опять? — повторил Данила. — Ты сказал «опять»? Вот оно что! Тут не безумие, я ошибался!

Он подскочил к губернатору, вырвал кинжал и отшвырнул подальше, потом ухватил Долгорукого за отвороты и тряхнул так сильно, что у того на воротник с волос посыпалась пудра.

— Вы получили письмо от Любавина! — прорычал Фондорин страшным голосом. — Чем вам обоим помешал ребенок? Это Метастазио, да? Отвечай, не то я проломлю тебе череп!

Схватил со столика узкогорлый бронзовый кувшин и занес над макушкой князя.

— При чем здесь Метастазио? — прохрипел тот. — И какой еще Любавин? Не знаю я никакого Любавина!

— Лжешь, негодяй! Я помню, ты состоял с ним в одной и той же ложе, «Полнощной Звезде»!

— В «Звезде» состояло пол-Москвы, всех не упомнишь! — Губернатор не сводил глаз с бронзы, зловеще посверкивавшей у него над головой. — А, вы про Мирона Любавина, отставного бригадира? Да, был такой. Но, клянусь, он мне не писал...

Мите послышалось, что коротенькое слово «он» Давыд Петрович произнес как бы с ударением. Кажется, отметил это и Фондорин.

— *Он* не писал? А кто писал? И что?

Когда ответа не последовало, Данила стукнул князя сосудом по лбу — не со всей силы, но достаточно, чтобы раздался не лишенный приятности звон.

— Ну!

— Вы с ума сошли! У меня будет шишка! Я... я не имею права вам говорить... Вы ведь тоже были братом и, как мне говорили, высокой степени посвящения. Вы знаете об обетах.

— Каких еще обетах!? Масонов в России более нет! Все ложи распущены!

Князь стиснул губы, замотал головой.

— Я более ничего не скажу. Можете меня убить.

— И убью! Молитесь!

В отличие от Пикина, Давыд Петрович молиться не отказался, но произнесенная им молитва была странной, Мите такую слышать не доводилось.

— «Всеблагой Истребитель Сатаны, я в Тебе, Ты во мне. Аминь», — прошептал князь, закрыв глаза.

— Что-что? — удивленно переспросил Данила. — Но ведь это формула сатанофагов!

Долгорукой встрепенулся:

— Вы... знаете?!

— Да, мне предлагали стать братом Ордена Сатанофагов, и я даже получил первый градус послушника-оруженосца, но...

— Ах так! Это меняет дело! — Долгорукой повернул на пальце перстень и показал Даниле. — Если вы оруженосец, то должны мне повиноваться. Видите знак четвертого градуса?

Фондорин отпустил князев фрак и бросил кувшин.

— Вы не дослушали. Я так и не стал членом Ордена, и на то было две причины. Во-первых, в ту пору мне было не до общественного блага — я искал пропавшего сына. А во-вторых, я убедился, что ваша линия масонства неправедная, обманная. Я не верю, что людей можно облагодетельствовать насильно, против их воли.

— Не обманная, а истинная! — горячо возразил Давыд Петрович. — Это все прочие ордена и ложи — пена, морок, светская забава. Мы же существуем для того, чтоб, не щадя собственного живота, истреблять Зло! Как вы с вашим умом и ученостью этого не понимаете? Мы, сатаноборцы, — взрослые, а все прочие — дети. Долг взрослого наставлять ребенка, пускай даже по неразвитости ума тот и противится наущению!

— Видел я, как вы только что пытались наставить ребенка. Так кто прислал вам письмо? Брат старшего градуса?

Князь молчал, очевидно, не зная, отвечать ли. Похоже, Данилина осведомленность о таинственном Ордене поколебала его непреклонность.

— Нет. Об этом... существе, — сказал он наконец, опасливо взглянув на Митю, — была депеша из более высокой инстанции.

— От Орденского Капитула?

— Еще высшей, — негромко произнес губернатор, с каждым мгновением делаясь все уверенней. — *Самой* высокой.

— Неужели Дмитрий навлек на себя гнев Великого Мага? — Фондорин тоже посмотрел на Митю — без опаски, а скорее с любопытством. — Но чем?

— Не знаю. Однако я получил послание от Великого Мага. — Давыд Петрович торжественно поднял палец. — Со Знаком Усекновения! Мог ли я ослушаться? Я брат Авраамова градуса, я третий обет давал!

— Что это — третий обет?

— Вы не знали? Ах да, вы ведь не поднялись выше первого градуса, а это еще не настоящее членство. У нас старшинство считается по обетам повиновения. Чем строже и самоотверженней послушание, тем выше градус. Младшие рыцари, братья Иова Многострадального, дают простейший обет: исполняй наказ старших без ропота. Третий градус, Иисусовы братья, дают клятву, ежели понадобится, взойти на крест. Те же, кто, подобно мне, удостоен четвертого градуса, ручаются во имя Добра умертвить и собственного сына, подобно библейскому Аврааму. Пятый градус именуется Фаустовым, и в чем состоит его обет, мне неизвестно.

— Об этом нетрудно догадаться, — пожал плечами Фондорин. — Готовность по приказу старшего поступиться собственной душой. Обычно беззаветная борьба во имя Добра заканчивается именно этим. Кто же у вас Великий Маг?

Князь рассмеялся, будто Данила произнес не вполне приличную, но довольно смешную шутку.

— Мне известно лишь, что прежний Великий Маг в позапрошлом году умер, назначив себе преемника. Кто он таков, знает лишь один человек — сам преемник. Ведь члены Капитула видят Великого Мага всего один раз, на церемонии посвящения, причем он не снимает маски. Потом они лишь получают от него наказы и послания. У меня как Авраамова брата в подчинении три рыцаря третьего градуса, имена которых вам знать незачем. Надо мною же поставлен Фаустов брат, которого я вам тем более не назову. Письмо Великого Мага пришло ко мне от него, по эстафете.

Данила снова схватил губернатора — на сей раз за локоть.

— Рассказывайте, что было в письме! Нет, лучше покажите.

— Не верите? — горько усмехнулся Долгорукой. — Не воображаете ли вы, что я сам, по собственному произволу, вздумал гоняться с булатом в руке за мальчишкой? С моей-то подагрой! Хорошо, следуйте за мной. Письмо в кабинете. Но одно условие. — Он покосился на Митю. — *Этот* должен быть всё время рядом, не отпускайте его.

— Да уж не отпущу, — пообещал Фондорин, взял Митридата за руку и тихонько пожал: не бойся.

А Митя уже не боялся. С Данилой чего бояться? Только вот голова шла кругом. Какие еще сатанофаги? Какой Маг? Что им нужно от семилетнего человека?

Снова шли чередой пустых комнат. И Долгорукой, и Фондорин прихрамывали — первый из-за подагры, второй по причине половинной обутости.

Князь искоса взглянул на Данилины ноги.

— Вы уже собирались ложиться? Но почему в библиотеке? Разве не хороша отведенная вам комната?

— Не о том говорите! — грозно прикрикнул на него Фондорин. — Я должен видеть доказательство, что вы не лжете!

В кабинете губернатор открыл потайной шкафчик, спрятанный за портретом государыни, вынул шкатулку, из шкатулки узкий пакет. Поцеловал его, передал Даниле.

— Вот, читайте сами.

Фондорин развернул письмо, пробежал глазами. По его лицу пробежала брезгливая судорога.

225

— Ага, кажется, я знаю, кто у вас Маг. Послушай-ка, Дмитрий, сию любопытную эпистолу. «*От Отца и Великого Мага Членам Капитула, а равно с ними Фаустовым и Авраамовым братьям, обретающимся в столицах и на дороге меж оными, в Новгородском и Тверском наместничествах. Дело, коему мы служим, в смертной опасности. Неисчерпаемы козни Сатаны. Ныне отправил он, чтобы погубить нас, своего порученца, который обличьем малый отрок, сутью же бес. Опознать его так: ростом он аршин и три вершка, лицо круглое, волос коришнев, глаза карие, а особливо приметен Люциферов знак на голове — седой круг в полтора вершка, и говорит он не как малые дети говорят, а по-ученому. Повелеваю отыскать сего бесовского карлу, который следует из Санкт-Петербурга в Москву, и, едва завидев, сразу истребить. Речей его не слушать, ибо они полны лжи и соблазна. Раздавить без малейшего промедления, отнюдь не сомневаясь, как ядовитую гадину. Братьям градусов ниже Авраамова, не принесшим высоких обетов, тож приказать искать бесенка, однако же чтоб ничего противу него не предпринимали, а того наипаче не вступали с ним в разговор, лишь сообщили старшему над собой рыцарю. Тот же должен уничтожить вражонка сам, своею рукой*». Внизу двойной крест, он же Знак Усекновения — печать Великого Мага, мне про нее рассказывали. Ну, что ты на это скажешь, Дмитрий?

— Неужели...? — ахнул Митридат.

— Похоже на то. Ловок наш черноглазый приятель, а? И в самом деле маг, циркист. Ему б на ярмарке фокусы показывать!

У Мити внутри всё похолодело. Это же Метастазио, неугомонный итальянец! Мало ему власти, какой обладает Фаворитов наперсник, он еще, выходит, Великий Маг тайного ордена!

— Но князь-то, князь хорош! — покачал головой Фондорин. — А Мирон Любавин? Ведь просвещенные люди! Какие посланцы Сатаны, какие бесенята? Опомнитесь, ваше сиятельство! Не при Игнациусе Лойоле живем, осьмнадцатый век на исходе!

— Какие посланцы Сатаны? — Давыд Петрович сделал вид, будто удивлен нелепостью вопроса. — А кто ж, по-вашему, пол-Европы кровью залил? По чьему наущению на родине Просвещения головы, как капустные кочаны, с плахи летят? Это он, Враг Человеческий, его происки! Чует, что его время близко. Я в Бога не верю, а в Диавола верю, потому что вижу дела его ежечасно, Божьих же не узреваю вовсе. Кругом зло, стяжательство, неправда, попирание слабого сильным. Где ж тут Бог? Нет, сударь мой, мы, люди, принуждены воевать с Сатаной одни-одинешеньки, никакая высшая сила нам не поможет. А Сатана хитер, изобретателен, многолик. Пугачев кто был, не его посланец? А граф Калиостро? Иль недавние Марат с Робеспьером? Сатаноборцы тщатся возвести фортецию гармонии и благонравия, а Нечистый подводит апроши, закладывает мины. Дьявол — он не с копытами и не с рогами. То обернется сладкоречивым мыслителем, то прекрасной девицей, то почтенным старцем. Иной же из человеков однажды проснется поутру и обнаружит Сатану в зеркале, глядя на собственное отражение. Потому что Сатана и внутри нас! Так стоит ли удивляться, что он избрал для своих нужд плоть ребенка? Куда как хитро — кто станет опасаться невинного дитяти?

— Да зачем? Для какой такой надобности? — воздел руки Данила. — Что за добровольное ослепление!

— Не знаю, — отрезал Долгорукой. — Мне довольно того, что это ведомо достойнейшему и мудрейшему из нас, Великому Магу. А слепец, сударь мой, вы. Чертенок вас околдовал, как еще прежде околдовал Павлину. Да очнитесь вы! Не удерживайте меня, а лучше помогите раздавить этого василиска! Посмотрите, какие у него глаза! Разве у детей бывают такие глаза?

Он указал дрожащим перстом на Митино лицо.

Данила посмотрел, вздохнул.

— Да, глаза для семилетнего мальчика необычные. Чересчур печальные, потому что в свои малые годы Дмитрий уже видел много злого и мерзкого... Хороша у вас выйдет крепость гармонии и справедливости, если на строительный раствор вы употребляете кровь детей. Подумайте об этом на досуге.

Он выпустил князев локоть и отступил назад.

— Я не трону вас, хоть вы и заслуживаете кары. Благодарите вашу племянницу. Но я требую, чтобы вы немедленно доложили по вашей эстафете: искомый отрок найден, посему охоту на него следует сей же час прекратить.

— Невозможно! Несчастный, вы не понимаете...

— Молчите! — возвысил голос Фондорин. — Да, я знаю, что в вашем Ордене приказам не перечат. Но знаю я также и то, что в самом скором времени вашему Магу за Дмитрия заплатят выкуп... — Он закашлялся и глухо продолжил. — Бесценный выкуп. Приговор будет отменен. Даю вам в том слово Данилы Фондорина.

Князь прищурился.

— Я вижу, сударь, вам известно нечто, чего не знаю я. И поскольку по вам видно, что вы человек чести, я должен вам верить. Однако же, если вы ошибаетесь?

— Найти Дмитрия будет нетрудно. Я нынче же отвезу его в родительское имение — село Утешительное, Звенигородского уезда. Мы более ни на минуту не останемся в вашем доме.

— Нет-нет! — воскликнул губернатор. — Отлично понимаю, что после случившегося вам неприятно пребывать со мною под одной крышей, но умоляю, останьтесь хотя бы до утра. Куда вы поедете на ночь глядя? Я сам уеду, прямо сейчас. Моя подмосковная всего в часе езды от заставы. В том, что вы говорите о строительном растворе и крови ребенка, мне видится некая глобальная идея, над которой стоит задуматься.

И Давыд Петрович, понурившись, захромал к двери.

— Вот-вот, задумайтесь, — крикнул ему вслед Данила. — А когда придете к единственно возможному выводу, я вам открою тайну Великого Мага. То-то ахнете!

Потом обернулся к Мите и покаянно приложил руку к груди.

— Я безмерно виноват перед тобой, мой бедный друг! Ты едва не лишился жизни из-за моей нерасторопности. Теперь я припоминаю, что слышал доносившиеся издали крики, но не дал себе труда озаботиться их происхождением, ибо пребывал не на земле, а на небе.

— Как это на небе? — заинтересовался Митридат, но тут же догадался. — А, в аллегорическом смысле. Верно, задумались над какой-нибудь возвышенной материей и воспарили мыслями в заоблачные сферы?

— Вот именно, в заоблачные, — прошептал Фондорин, глядя поверх собеседника. —

Куда не чаял, что простым смертным есть доступ! Краткий миг самозабвенья! — Он содрогнулся. — А расплата за него могла быть ужасной. Ты чуть не погиб! Вот лишнее подтверждение максимы, гласящей: Разум не для счастливых, Счастие не для разумных. Можешь ли ты простить меня, маленький страдалец?

От этих слов Мите сделалось себя очень жалко. Он всхлипнул.

— Я кричал, кричал, голос сорвал, а вас нет и нет. Думал, конец... Все против меня, да? Я им бесеныш, дьявольское семя, да? Что я им сделал? То душить, то в прорубь, то ятаганом! Ы-ы-ы!

И зарыдал в голос, обхватив Фондорина руками. Тот переполошился, принялся гладить мученика по голове, бормоча извинения, а Митя уже разжалобил себя до судороги, до икоты.

— А-а, масоны проклятые! — выкрикивал он бессвязно. — Понаехали! Будто нам своих злодеев мало!

Рука, гладившая его по макушке, остановилась.

— Про масонов ты неправ. Не уподобляйся невеждам, которые считают сие добродетельное движение дьявольским заговором.

— Кто же они, если не заговорщики? — спросил Митридат сквозь слезы. — Всё секретничают, от людей прячутся.

— Если они и заговорщики, то не по своей воле, а оттого, что в мире пока еще правит Злоглупость, а сторонники Доброразумности немногочисленны и принуждены действовать тайно. Вернемся в библиотеку, дружок, там осталась моя одежда. А по дороге я расскажу тебе о масонах. Только, прошу, не рыдай больше, это разрывает мне сердце.

Данила взял Митю за руку и повел через комнаты в обратную сторону.

— Беда не в масонах, а в том, что есть истинные масоны и ложные. Ведь кто такие вольные каменщики? Это добрые и разумные люди, которые в начале нашего просвещенного столетия задались высокой целью перестроить общественное здание. В нынешнем своем виде сия постройка являет собою не то тюрьму, не то свинарник. Масоны же мечтают возвести прекрасный и благородный храм, где будут править братская любовь и милосердие. Истинные братья-каменщики — те, кто понимает, что храм нужно прежде построить в своей душе, и только после этого он может принять вид вещественности. Но, разумеется, сыскалось немало ретивцев и суемцев, которые устроили собственные объединения по примеру масонских, преследуя совсем иные цели.

— Какие? — гнусаво спросил Митя, вытирая рукавом мокрые щеки.

— Власть, — коротко ответил Фондорин. — Барон Рейхель, достойнейший из русских каменщиков, говорил: «Всякое масонство, имеющее политические виды, есть ложное». Яснее не скажешь.

Они вошли в библиотеку, которая выглядела так, будто там недавно дрались или дебоширили. На полу валялись предметы одежды, в том числе неожиданные, вроде красной ленты или шелкового чулка. Пюпитр для чтения упал, книги рассыпались. Канапе отъехало от стены и покосилось, оттопырив подломившуюся ножку. Митя вопросительно взглянул на Фондорина, но тот беспорядка то ли не заметил, то ли счел недостойным внимания. Ленту и чулок сунул в карман, обул второй башмак, поднял с глобуса жилет, с кресла камзол, всё это время продолжая рассказывать.

— «Полнощная Звезда», куда входили Мирон Любавин и хозяин сего дома, почиталась ложей серьезной, туда дураков и бездельников не принимали. По слухам, к «Звезде» принадлежал и сам Наследник. А поскольку его высочество числился при дворе в прокаженных, слишком явные честолюбцы держались от «полунощников» подальше. Дальнейшего хода событий я не знаю, поскольку сделался лесным отшельником, однако угадать их нетрудно. — Данила стал завязывать галстух, но без зеркала у него не выходило — узел то получался кривой, то вовсе расползался. — Полагаю, что твой ненавистник и главный враг состоял в «Полнощной Звезде» на одной из высших должностей, дававших доступ к полному членскому списку: был мастером, приором или генеральным визитатором. Одновременно он являлся и братом Ордена Сатанофагов, наитаинственнейшего из всех. Когда прежний Великий Маг решил назначить своим преемником Метастазио (а сие аттестует покойника не слишком лестным образом), дальновидный итальянец стал привлекать в сатаноборцы самых дельных из числа «полунощников», тем более что в ту пору ложа как раз должна была прекратить свое существование. Сатаноборцы же, придерживавшиеся особой конспиративности и потому широкому кругу масонов неизвестные, самораспускаться не стали — наоборот, пополнили свои ряды за счет людей, подобных Долгорукому и Любавину.

— Я все же не понимаю, что такое эти сатанофаги?

— Из всех ложных масонов они — самые ложные, потому что проповедуют беспощадность в войне с Дьяволом и его приспешниками.

— Разве это плохо? — удивился Митя.

— Чего ж хорошего, если не давать пощады? Где нет милосердия и бьют наотмашь, без разбору, там Дьяволу раздолье. Не успеет беспощадный борец со Злом опомниться, а уж оно на его сторону переметнулось и знай подгоняет: бей, бей, не жалей. Изучая историю, я пришел к печальному открытию: стоит добрым, честным, бескорыстным людям объединиться и начать войну во имя хорошего дела, как вскоре главнокомандующим у них непременно оказывается наихудший из злодеев. Такая уж это штука — война, хорошего от нее не жди. — Фондорин сдернул галстух, бросил на пол — решил остаться с открытым воротом. — Это ладно. Для меня другое загадка. Отчего многие умники так любят лишать себя свободы, добровольно подчиняясь силе, которую почитают за высшую? Воздвигнет этакий Мирон Любавин себе божка, сам же уверует в его непогрешимость и ради великой цели готов, «отнюдь не сомневаясь», бросить под лед сына своего старинного приятеля. А резон и оправдание сего чудовищного зверства — невесть кем писанная бумажка с Знаком Усекновения. — Данила покачал головой. — Страшная это штука — великая цель.

— Знак Усекновения? Какое странное название.

Фондорин вынул из кармана алую ленту и чулок. Поколебавшись, положил чулок на стул, ленту же, зачем-то прижав к лицу и потянув воздух носом, оставил себе.

— Мой давний знакомец (тот самый, что заманивал меня в сатаноборцы) объяснял так. Дьявол может проникнуть в каждого человека, даже самого добродетельного. Один лишь Великий Маг защищен от скверны, для чего высшие члены Ордена подвергают его старинному обряду, аллегоризирующему отсечение Люциферовых мет. Взгляни на печать.

Он полез было за письмом, но вдруг стукнул себя по лбу.

— Эврика! Я вот что сделаю, для верности, чтоб не одному князю Долгорукому доверяться. Напишу и другим сатаноборцам, кого знаю. Мол, Великий Маг обознался, о чем вскорости сообщит особым посланием, так что поумерьте пыл. А то, не дай Разум, еще какой-нибудь радетель беспощадного Добра на тебя накинется.

— А я волосы напудрю, никто меня и не опознает, — храбро сказал Митя. — Ведь в те разы меня как определили? В гостинице у меня шапка упала. В любавинском поместье баня подвела. А тут я князю голову прямо под самый нос сунул.

— И всё же напишу. Тому, кто меня принимал в оруженосцы, первому. Он наверняка у них брат высокого градуса, ибо человек толковый и достойный. Потом Мирону напишу. Кто же еще-то?

— Коллежский советник из Новгорода, которого вы лишили чувствительности, — напомнил Митридат.

— Нет, — вздохнул Данила. — Тому господину я писать, пожалуй, не стану. Он на меня, наверное, обижен. Я поставил ему неверный диагнозис и предписал лечение не от той болезни, от какой следовало. В медицине такое, увы, случается.

Митя мстительно сказал:

— Ничего, будет знать, как детей за горло хватать. Я на него еще матушке-императрице...

— Постой! — поднял руку Фондорин. — Что это?

Из-за двери донесся быстро приближающийся стук сапог.

Послышался голос:

— Здесь они, в библиотеке. Я голоса слышал.

Створки распахнулись, и на пороге возник офицер в красном кафтане, в нахлобученной на самые глаза треуголке. Из-за его плеча выглядывал напуганный лакей, сзади стояли двое с алебардами.

— Тверской штатной команды капитан Собакин, — объявил красномундирный, поглядел на Митю и протянул голосом, не сулившим ничего отрадного. — А-га!

С решительным видом двинулся к сжавшемуся Митридату, положил ему руку на плечо.

— По приказу господина губернатора велено сего малолетка из его сиятельства дома взять и доставить согласно предписанию.

— Как это «взять»? — Данила притянул Митю к себе. — Почему? Не позволю!

Капитан смерил Фондорина взглядом, нехорошо улыбнулся.

— Сей недоросль — вор. Украл из кабинета его сиятельства некий ценный предмет, о чем князю доподлинно известно. А про вас, сударь, я предупрежден. Будете чинить препятствие закону, велю связать.

Офицер кивнул на стражников, очевидно, прихваченных именно на случай Данилиного буйства.

— Я ничего не крал! — крикнул Митя.

— Не моего ума дело. На то есть суд. Коли не крал — отпустят.

— Капитан, вы ведь добрый, разумный гражданин и наверняка имеете немалый опыт борьбы с пороками, — переменил тон Данила. — Взгляните на это дитя. Ему всего шесть лет. Если бы оно и взяло что-то чужое, то не по преступному умыслу, а лишь по невинному любопытству. Где это видано, чтобы арестовывали младенцев?

Митя понял, что Фондорин по своему обычаю пытается пробудить в полицейском доброе начало.

Увы — капитан увещеваний слушать не стал.

— Не моего ума дело, — повторил он. — У меня приказ, и я его исполню. Посторонитесь! И учтите, сударь: кто чинит сопротивление слугам закона, сам становится преступником. Эй вы, уберите в сторону этого человека!

— Я замечаю, — обратился Данила к своему малолетнему другу, — что в России Науку почитают больше, чем Доброе Слово.

Уже зная, что последует далее, Митридат втянул голову в плечи.

Англинскую науку Фондорин применил с разбором. Нижним чинам отмерил учености понемножку — стукнул в ухо того и другого, с правой руки и с левой. Быстро и несильно, но оба сели на пол, пороняв свои алебарды. На офицера же науки не пожалел: заехал ему в лоб от души, со звоном. Оттого капитан оказался на полу не в сидячей, а в лежачей позиции, глаза закрыл и руки раскинул в стороны.

— Я свершил насилие над слугами закона, — грустно молвил Данила. — Того самого закона, к уважению которого всегда призывал. Капитан справедливо предупреждал меня — ныне я преступник перед обществом и отвечу за свое деяние.

Стражники смотрели на него снизу вверх со страхом. Зашибленные уши (у одного правое, у другого левое) сделались багровыми и оттопырились.

— Не трепещите, честные служаки, — обратился к ним оскорбитель закона. — Я предамся в ваши руки и выполню долг гражданина, но прежде того я обязан выполнить долг человека. Вы ведь согласны со мною, что сей последний долг выше первого?

— Так точно, ваше благородие! — гаркнул один из полицейских.

Второй же просто закивал, но многократно и весьма усердно.

— Вот, видишь, Дмитрий, — просветлел лицом Фондорин. — При посредстве Науки и Доброе Слово до умов доходит лучше.

— Только не до ума капитана Собакина, — показал Митя на бесчувственное тело.

— О нем не беспокойся. Я всего лишь произвел в его краниуме небольшое сотрясение, отчего умягчится мозговая субстанция. Упрямцу это будет только на пользу, ибо мозг его недовольно гуттаперчев. Друзья мои, положите своего начальника в кресло. Я сделаю ему два маленьких надреза под ушами, чтоб в голове, упаси Разум, не застоялась кровь. Да не пугайтесь вы! Я лекарь и знаю, что говорю.

Оказав помощь раненому, Данила положил руки на плечи полицейским — самым благожелательным образом, но оба тотчас снова затряслись.

— Скажите, братцы, вы сюда пришли пешком?

— Никак нет, ваше благородие! На санях приехали!

— Вот и превосходно. У меня к вам сердечная просьба. Прежде чем вы меня арестуете, давайте доставим этого ребенка к родителям. Могу ли я рассчитывать на ваше добропонимание?

Ответ был утвердительным, да таким скорым и пылким, что Фондорин чуть не прослезился.

— Едем же! — воскликнул он. — Не будем терять времени, ведь уже восьмой час, а дорога неблизкая. Что, ребята, хороши ль в полиции лошади?

— У нас в Тверской части лучшие на всю Москву!

В передней Данила потребовал для Мити какую-нибудь из княжьих шуб, покороче, себе же взял плащ полицейского офицера, сказав, что не желает ничем более одалживаться у бесчестного хозяина. Лакеи, уже осведомленные о печальной участи капитана Собакина, выполняли фондоринские указания безо всяких прекословий.

— А попрощаться с Павлиной? — тихо спросил Митя.

Данила затряс головой:

— Нет, не нужно! После того, что меж нами случилось... И зная о том, что ее ожидает... Нет, нет... Сердце хрупкий механизм. Если подвергать его попеременному воздействию огненного жара и ледяного холода, оно может лопнуть. Прочь, прочь отсюда!

И, взяв Митю за руку, выбежал из дверей. Полицейские послушно топали сзади.

Когда подъехали к Драгомиловской заставе, где горели фонари и блестели штыки гарнизонных солдат, Данила сказал стражникам, сидевшим бок о бок на облучке:

— Друзья мои, я не желаю вам зла, но если вы вздумаете кликнуть своих товарищей, я поступлю с вами, как с вашим начальником, и даже суровей.

— Мы ничего, ваше благородие, — ответили те, — мы смирненько.

За Кунцовым от теплой шубы и быстрой, укатистой езды Митридата заклонило в сон. Перед затуманившимся взором уже поплыли смутные химеры, но Данила вдруг толкнул спутника.

— Я вновь провинился перед тобой! — застонал он. — О, проклятый себялюбец! Я думал только о себе и своих терзаньях, про тебя же забыл! Я не дал тебе с нею попрощаться! Можешь ли ты простить меня? Конечно, не можешь! Эй, стойте! Мы поворачиваем назад!

Насилу Митя его укротил.

Потом Митридата растолкали в белом поле, под черным небом, невесть где. Показалось, минутку всего и дремал, а Данила говорит:

— Снегири проехали. Дальше без тебя никак. Говори, туземный житель, куда поворачивать.

А это уже, оказывается, Крестовая развилка, где одна дорога на Звенигород, а другая на Троицу, откуда до Утешительного всего полторы версты. Считай, почти дома. Ничего себе минутка — часа два проспал.

Брови у Фондорина были в белых иголках, а от лошадей валил пар. Но тройка и вправду была добрая, непохоже, чтоб сильно пристала.

— Вон туда, — показал Митридат.

Неужели он сейчас окажется дома? И конец всем страхам, испытаниям, напастям!

Сна сразу ни в одном глазу. Митя привстал на коленки и стал упрашивать солдата, что правил:

— Ах, пожалуйста, пожалуйста, быстрей!

И лошади застучали копытами быстро-быстро, но еще быстрей колотилось Митино сердце.

Сколько сейчас — часов десять, одиннадцать?

В Утешительном, конечно, давно спят. Ничего, пробудятся. Что шуму-то будет, криков, кутерьмы! Маменька навряд ли выйдет — у ней на лице и глазах положены ночные компрессы для свежести. А нянька Малаша вскочит беспременно, и прочие слуги, и Эмбрион сонную рожу высунет. Но больше всех, конечно, обрадуется папенька. Истомился, наверное, вдали от петербуржского сияния, истосковался. Выбежит в халате, с бумажными папильотками на волосах, будет воздевать руки, плакать и смеяться, сыпать вопросами. Ах, как всё это чудесно!

От радостных мыслей Митя слушал Фондорина вполуха, а тот всё говорил, говорил: опять каялся в своих винах, уверял, что теперь страшиться нечего.

— Ни о чем не тревожься, дружок. Ради твоего спасения Павлина Аникитишна уплатит цену, дражайшую из всех, какие только может уплатить достойная женщина...

Голос Данилы дрогнул, сбился на неразборчивое бормотание:

— Молчи, глупое, не стони.

Кому это он? Митя мельком взглянул на своего товарища, увидел, что глаза у того блестят от слез, но тут тройка вылетела из лесу на простор, впереди показалась усадьба, и — о чудо из чудес! — окна ее сияли огнями.

— Не спят! — закричал Митя. — Ждут! Это папенька почувствовал! Родительским сердцем!

Выскочил из саней, когда те еще катились, еще не встали перед крыльцом.

На звон бубенцов выглянул кто-то в белой перепоясанной рубахе (кухонный мужик Архип, что ли?), разглядел Митю, заохал, хлопнул себя по бокам, побежал обратно в дом.

И всё вышло еще лучше, чем мечталось по дороге.

Папенька выбежал в переднюю не в халате, а в наимоднейшем, купленном в Петербурге сюртуке. Весь завитой, напомаженный, не выразить, до чего красивый. И маменька не спала — была в лучшем своем платье, разрумянившаяся и оживленная. Погладила сына по голове, поцеловала в лоб. Братец, правда, не появился, ну да невелика утрата.

Алексей Воинович вел себя в точности, как ему полагалось: и воздевал руки, и благодарил Господа, явили себя и слезы.

— Нашелся! — восклицал он. — Мой ангел! Мой благодетель! О, счастливейший из дней!

И еще много всякого такого. Маменька послушала немного, поумилялась и ушла в гостиную. Фондорин терпеливо кутался в красный плащ, ждал, пока ослабнет фонтан ро-

244

дительской любви. Полицейские переминались с ноги на ногу, отогревались после холода.

Дождавшись паузы в папенькиных декламациях, Митя потянул к себе Данилу.

— Вот, батюшка, кого вы должны благодарить за то, что видите меня. Это мой...

Но папенька уже вновь набрал в грудь воздуха и дальше слушать не стал:

— Благодарю тебя, добрый полициант! Ты вернул мне сына, а вместе с ним и самое жизнь! Подставляй ладони!

Фондорин удивленно вытянул вперед свои большие руки, и Алексей Воинович стал доставать из кармана пригоршни червонцев. Сам приговаривал:

— На, держи! Ничего для тебя не жалко!

Пришлось Даниле сложить ладони ковшом, чтоб золото не просыпалось на пол. Хотел он что-то сказать, но папеньку разве переговоришь?

Митя смотрел и только диву давался: откуда такое богатство?

— Счастье, счастье! — повторял Алексей Воинович, всхлипывая. — Знаешь ли ты, мой добрый сын, что за тобой прислала матушка-императрица? Скучает по тебе, не понимает, чем обидела, отчего ты сбежал. Но не гневается, нисколько не гневается! Ты спроси, кого она прислала! Не курьера, даже не флигель-адъютанта! Самого господина Маслова! Тайного советника! Вот какая о тебе забота! А всё потому, что ты — не просто мальчик, ты любимый воспитанник ее величества, государственная особа! Ах, пойду к Прохору Ивановичу, обрадую! Мы только-только отужинали и распрощались на ночь. Он, верно, еще не ложился. А хоть бы и лег!

И папенька бросился в комнаты.

Так вот почему здесь не спят, понял Митя. По причине явления высокого столичного гостя.

И стало у него на душе лестно, приятно. Сыщется ли в России другой мальчик, из-за которого погонят за шестьсот верст начальника Секретной экспедиции? Не сыщете, даже не пытайтесь.

— Ваше благородие, — жалобно сказал один из стражников. — Дозвольте по нужде отлучиться, мóчи нет.

Данила махнул рукой — не до тебя, мол, и тот не посмел тронуться с места.

— Пойдемте, Данила Ларионович, — позвал Митя. — Я скажу, чтоб вас разместили в папенькином кабинете. Там энциклопедия и удобный диван.

Фондорин воскликнул:

— Благородное сердце! Ты еще думаешь о моем удобстве после того, как я чуть не погубил тебя и не дал тебе проститься с наилучшей из женщин! Увы, друг мой, я не смогу воспользоваться твоим гостеприимством. Я прибил слугу закона и должен понести заслуженную кару. Ведь я обещал это нашим честным спутникам. Мое место — в темнице.

— Да мне довольно сказать слово Прохору Ивановичу, и полиция сразу от вас отступится! Великое ли дело — хожалых прибить?

Митя уж хотел бежать к Маслову, но Данила удержал его.

— Нет, — сказал он твердо. — От этого зловонного пса мне никаких потачек не нужно. Он повинен в пагубе моих добрых друзей. Из-за него я лишился сына. Лучше мне не встречаться с этим упырем, иначе я могу совершить новое, куда более тяжкое преступление. Я удаляюсь. Теперь я за тебя совершенно покоен. С этаким сопроводителем тебе страшиться нечего, а твое будущее спокойствие обеспечит Павлина Аникитишна. На, верни твоему отцу деньги.

Он протянул Мите пригоршню золотых, но тот спрятал руки за спину.

— Если он так легко дал, значит, у него много. Наверное, Прохор Иванович от царицы привез. А у вас нет ничего, вам пригодится. Считайте, что это от меня, в долг.

Растроганно улыбаясь, Фондорин ссыпал червонцы в карман:

— Ну вот, ты меня еще и благодетельствуешь. Кабы ты только простил мои невольные перед тобой вины и сказал, что не держишь на меня сердца, я был бы совершенно успокоен...

— Если Павлина наилучшая из женщин, то вы, Данила Ларионович, самый лучший из мужчин, — убежденно сказал Митя. — Не хотите Маслову, так я государыне про вас скажу. Недолго вам быть в темнице, уж можете мне верить.

Фондорин наклонился, шепнул ему на ухо:
— Кому ж на свете верить, если не тебе? На, пусть это останется тебе на память.

Сунул Мите за отворот камзольчика какую-то бумагу, повернулся к полицейским:
— Он простил меня! Теперь я в вашей власти!

Глава девятнадцатая
ПРЕКРАСНЫЙ НОВЫЙ МИР

Власть Николаса Фандорина над собственными действиями, над своей жизнью и даже смертью кончилась. В самом прямом, буквальном смысле.

Первое, что сделал магистр, когда его наконец оставили одного, — попытался положить конец своему постыдному, губительному для окружающих существованию. С него сняли наручники, повязку с глаз, и он увидел, что находится в небольшой, скудно обставленной комнате. Николаса заинтересовало в этом помещении только одно — светло-серый квадрат окна. Бросился к нему, как к лучшему другу.

Какое счастье! Высокий этаж. Очень высокий.

Вид на новостройки, вдали трубы теплоэлектростанции, тусклые рассветные сумерки.

Какой-то спальный район. Черт с ним. Главное, что далеко до земли, а ускорение падения составляет 981 сантиметр за секунду в квадрате.

«Умереть, уснуть и видеть сны, быть может», бормотал отчаявшийся Николас, высматривая шпингалет.

Не высмотрел.

Окно было глухое, не открывающееся.

Он злобно ударил кулаком по стеклу, и оно не задребезжало, даже не дрогнуло. Тогда-то Фандорин и понял, что его власти над собственной экзистенцией настал совершенный и безусловный конец.

Сел на кровать, закрыл ладонями лицо. Хотелось зарыдать, но не получалось — разучился плакать за годы взрослой жизни.

Где Мира? Перед тем, как завязали глаза, он видел, как ее сажают в другую машину. Может быть, девочка здесь, где-нибудь в соседней комнате?

Он вскочил, постучал в одну стену, в другую. Никакого ответа. Ее там нет? Или не хочет общаться с предателем?

В течение следующего получаса Николас существовал примерно в таком режиме: посидит на кровати, мыча от ненависти и отвращения к себе; потом кинется стучать в одну стену, в другую; снова возвращается к кровати.

Была еще запертая дверь, но к ней он не подходил. Когда понадобится, сама откроется.

Так оно и произошло.

Дверь открылась. В проеме стоял старый знакомый, которого Николас окрестил Утконосом. Рожа, как всегда, тупая, бесстрастная. Не произнес ни слова, только рукой поманил — зовут, мол.

Из комнаты Фандорин попал в квадратную прихожую, быстро огляделся.

Стандартная трехкомнатная квартирка. Перед одной из закрытых дверей, в кресле, сидит другой знакомец, Макс. Николасу кивнул и даже слегка улыбнулся, причем, кажется, без издевки. Должно быть, в той комнате Мира. Стук слышала, отвечать не пожелала. Неудивительно...

Утконос подтолкнул пленника в другую сторону.

Через холл, мимо ванной и туалета, он шел по коридору к светящейся за матовым стеклом кухне. Оттуда донесся мужской голос, потом засмеялась женщина.

Заказчик и исполнительница праздновали успех операции. Угощения, правда, не было, только бутылка арманьяка и один стакан, перед Ястыковым. Жанна помахивала сложенной вдвое тысячерублевкой. Что-то маловато для гонорара за такую виртуозную работу, мрачно подумал Фандорин.

— А вот и наш герой! — приветствовала его Жанна. — Садитесь, Николай Александрович. Будьте, как дома.

И так ей понравилась эта незамысловатая шутка, что триумфаторша вся зашлась от хохота. Достала из кармана круглую серебряную коробочку, сыпанула на купюру розового порошка, поводила по нему пальцем. Потом, запрокинув голову, вдохнула.

— Полегче, лапуля, полегче, — улыбаясь, сказал Олег Станиславович. — Я знаю, ты девочка крепкая, но уж больно частишь.

— Я свою норму знаю, — ответила Жанна, изображая алкаша, у которого заплетается язык, а глаза норовят сфокусироваться на кончике носа. И снова впала в приступ веселья.

— Не торчите, как произведение скульптора Церетели. Сядьте, — приказал Ястыков. — Потолкуем о деле. Жанночка свою работу практически закончила, и самым блестящим образом, а вот нам с вами, Фандорин, расслабляться пока рано. Что вам про меня известно?

— Что вы гад и обманщик, — угрюмо ответил Ника, чувствуя, что достиг состояния, когда сдерживающий механизм страха и самосохранения уже не работает и хочется только одного: чтобы всё побыстрее закончилось.

— А, вы про этого придурка. Кстати, Жанночка, ты мне так и не выяснила, где он научился взрывному делу. Что если у него все-таки был сообщник?

Она уверенно ответила:

— Не было. Я проверила все контакты, все знакомства. Совершенно отчетливый псих-одиночка. Что касается взрывчатки, то в 86-м он делал серию репортажей о наших саперах в Афганистане. Тогда и мог нахвататься, больше негде. Дело-то, между нами говоря, нехитрое — прилепить пластида, да на кнопочку нажать. Расслабься, Олежек, не тревожь свою хорошенькую головку.

Подождав, пока накокаиненная женщина-вамп отхихикается, Ястыков продолжил:

— Ну, псих так псих. Но благодаря ему Жанна вышла на вас. Вы, Фандорин, помогли мне получить стратегическое преимущество. Остальное — вопрос техники. Однако и здесь важно не напортачить. — Он вдруг подмигнул Николасу и заговорщически шепнул. — Знаете, почему вы до сих пор живы?

— Нет, — ответил Фандорин, нисколько не удивившись смене тона. — Почему?

Ястыков отхлебнул из стакана, пополоскал рот, проглотил. Глаза у него блестели почти так же ярко, как у Жанны. Похоже, стратег успел порядком набраться.

— Потому что еще не исчерпали свою полезность. — Он со значением поднял палец. — Завтра, то есть уже сегодня, состоятся переговоры. Тема, как вы понимаете, деликатная, поэтому прямой контакт исключается. Понадобится посредник, и вы на эту роль идеально подходите. Куцый вам доверяет, а мы... мы держим вас за причинное место. Ведь причина вашего с нами сотрудничества — отцовское чувство, так?

— Каламбур, — прыснула Жанна. — Чем породил, тем и угодил — в мышеловку. Про Эрастика с Ангелиночкой-то помните? А, баронет вы наш прекрасный?

Николас вздрогнул. Окружающий мир сдернул с глаз магистра милосердную пелену безразличия, обнажив ситуацию во всей ее садистской наготе. Да-да, ведь кроме страха за свою жизнь существует страх куда более острый — за тех, кого любишь. Как он мог про это забыть, подлый эгоист?

— Вижу, помните, — удовлетворенно кивнул Ястыков. — Итак, на сцене сойдутся два Благородных Отца. Что такое перед этаким вулканом родительской любви какой-то жалкий химкомбинат? Ведь Куцый, я полагаю, объяснил вам, из-за чего я затеял всю эту мелодраму?

— Да. Вы хотите наладить производство «суперрелаксана». Подсадить всю Россию на наркотик.

— Это Куцый вам так разъяснил? Что я, антихрист, задумал всю Россию закумарить? — Олег Станиславович покачал головой. — Ну Куцый! Ему бы в Голливуде страшилки снимать. Нет, Фандорин, мне не нужна вся Россия, хватит нескольких миллионов уродов, которые будут кушать мои таблеточки и таскать мне свои рублики, причем совершенно легальным образом. Елки-палки, да половина косметических фирм тем же занимается: подсадят бабу на какой-нибудь крем от морщин, а потом без этого крема несчастная дура уже жить не сможет — сразу вся харя обвиснет.

Обвинение в антироссийских помыслах вывело аптекаря из себя, он всё никак не мог успокоиться.

— А сам Куцый? Держит чуть не всех наших гранд-дам на коротком поводке, как жучек! Они обязаны к нему раз в год за очередной дозой красоты бегать. Придумано гениально, снимаю шляпу. Это ж надо такой лоббистский механизм изобрести! Через своих клиенток он может и от их мужей чего хочет добиться. Круче депутатской неприкосновенности! Как же, ведь если с Миратом Виленовичем не дай Бог что случится, у нас в стране придется глянцевые журналы запретить — половина записных красавиц превратится в страхолюдных жаб. А Куцему всё мало. «Ильич» мой! — Ястыков ударил ладонью по столу. — Я всё устроил, всё подготовил, приватизацию пробил. Сколько сил, сколько времени потратил, не говоря уж о деньгах. А тут этот, на готовенькое!

Всякий человек, если его хорошенько послушать и встать на его точку зрения, оказывается по-своему прав, подумал Николас. И, чтобы отогнать проклятую интеллигентскую объективность, спросил:

— Правда ли, что длительное употребление «суперрелаксана» сказывается на репродуктивной способности?

Веселой Жанне вопрос показался смешным, зато Олег Станиславович отнесся к нему серьезно.

— Да, и это мне больше всего нравится. Каждый человек сам выбирает, что ему делать со своей жизнью. У нас свободная страна. Жанночка вон тоже «розовым фламинго» увлекается, но для нее это вроде чашки кофе. Слишком высокая интенсивность нервной энергии, сумасшедший уровень адреналина, кокс выполняет функцию модератора. А «суперрелаксан» будут жрать уроды, которым нравится хрюкать, валяясь в навозе. Зачем нам с вами, Николай Александрович, репродукция уродов? Будь моя воля, я бы бесплатно в дешевую водку, в бормотуху всякую своего препарата подмешивал, чтоб дебилов не плодить. — Ястыков покровительственно похлопал Николаса по руке. — Вот вы образованный, думающий человек, так? Скажите мне, разве все беды человечества происходят не оттого, что нас, людей, на свете слишком много? Соответственно девальвируется цена одной отдельно взятой личности. На что похожа Тверская в разгар дня? Какая-то банка с кильками пряного посола. Если бы нас было в тысячу раз меньше, не было бы ни преступности, ни убийств, ни социальных пороков. И уважали бы друг друга в тысячу раз больше. А если бы еще перестали размножаться слабые, глупые, никчемные (а именно такие и становятся наркоманами), весь наш биологический вид достиг бы невероятной степени развития. Этот новый мир был бы прекрасен, не то что сейчас. Ты что, Жаннуля, улыбаешься? Разве я не прав?

— Прав, Шопенгауэр, прав. — Она привстала, потянулась к нему через стол. — Дай поцелую, спаситель человечества.

Олег Станиславович с деланным испугом отпрянул.

— Попрошу без сексуального харассмента, мисс Богомолова! У нас чисто деловые отношения.

Должно быть, при этих словах на лице Николаса появилось некоторое удивление, потому что Ястыков счел нужным пояснить:

— Вы что же, думали, у нас с Жанной союз любящих сердец? Нет, Николай Александрович. Во-первых, отношения заказчика с подрядчиком должны быть платоническими, это азбука. А во-вторых, я побоялся бы ложиться с этой опасной особью в одну постель. Мне жить не надоело. Еще увлечется и придушит. Или заспит, как деревенская баба младенца.

Жанна улыбнулась:

— А еще хвастался, что сексуальный террорист. — Закурила сигару, мечтательно потянулась. — Ах, мальчики, вы не представляете, какой кайф трахаться с объектом заказа.

256

— С кем? — не понял Николас.

— С тем, кого тебе заказали. Это мой самый любимый трюк. Чтоб кончить одновременно — и самой, и его. Невероятный экстаз! Знаете, почему я сделала себе документы на фамилию Богомолова? Потому что самка богомола, потрахавшись с самцом, немедленно откусывает ему башку. Ам! — щелкнула она зубами перед носом Фандорина.

Тот от неожиданности чуть не упал с табуретки. Под дружный хохот заказчика и подрядчицы вспомнил сцену неудачного соблазнения в «Холестерине» и содрогнулся.

Ястыков, всё еще смеясь, поцеловал Жанне руку.

— Вы даже не представляете, каким страшным оружием являются эти тонкие ручки и наманикюренные пальчики. Покажи ему, киска.

Снисходительно улыбнувшись, Жанна взяла стакан, чуть сдавила большим пальцем и мизинцем. Стекло хрустнуло, посыпалось на стол.

— В моей профессии быть женщиной удобно. — Она выпустила облачко дыма, стряхнула пепел в обломок стакана. — Вот тогда, на шоссе, разве вы, Николай Александрович, подошли бы к джипу, если б за рулем не сидела баба? Вся такая женственная, беспомощная, а? От моих дураков вы не раз убегали, а со мной этот номер не прошел. Я вам сделала сначала кис-кис, а потом цап-царап.

257

Никогда еще Фандорин не встречал женщины, хотя бы отдаленно похожей на Жанну. Смотреть на нее, слушать ее было одновременно и страшно, и интересно.

— Послушайте, почему вы… такая? — спросил он. — Ну, не знаю… Такая безжалостная, такая *нечеловеческая*.

Неуклюжее слово вырвалось само собой, и Николас испугался, что Жанна обидится. Но нет — она, кажется, была даже польщена. Спросила:

— Хотите знать, в чем мой моторчик?

— Что? — удивился он.

— В каждом человеке есть моторчик, который руководит всеми поступками. Я этот моторчик сразу вижу. Например, у Олежека он называется «злость». Ты, золотце, живешь и все время злишься на тех, кто вокруг тебя. В яслях отнимал у других детей игрушки — не потому что тебе были нужны эти совочки или машинки, а от злости. Теперь вот отнимаешь контрольные пакеты акций. А у вас, Николай Александрович, моторчик называется «умеренность». Вам хочется всегда и во всем соблюдать чувство меры, приличность, правила и тому подобное. Я же отношусь к породе человеков, моторчик которых — любопытство. Чаще всего такими рождаются мальчики, но попадаются и девочки. В детстве мы отрываем крылышки у бабочек или выкалываем глаза пойманному мышонку — не из садизма, а из любопытства. Хотим посмотреть, что будет. Потом, когда вырастаем, наше любопытство распространяется на самые разные предметы. Из нас получаются великие ученые, первооткрыватели. Или, вроде меня, специалисты по любопытным ситуациям, наилюбопытнейшая из которых смерть. Ведь правда же, смерть — самое интересное событие в жизни каждого? — Жанна перевела оживленный взгляд с одного мужчины на другого. Оба помалкивали, только Ястыков с улыбкой, а Фандорин без. — Сколько раз я это видела, и всё мало. Чем дальше, тем любопытней. Сначала поражалась тому, что никогда не угадаешь, как кто будет умирать. Бывает, крутейший мужик, прямо Рэмбо, а в последний момент расхнычется, как ребенок. Или, наоборот: затюханный, почти бесполый заморыш вдруг возьмет и улыбнется так спокойно, красиво — залюбуешься. Теперь-то я научилась угадывать, и то, бывает, ошибаюсь. Но в вас, — она оценивающе посмотрела на Николаса, — я уверена. Умрете молодцом, готова поставить десять тысяч.

— Идет! — сразу же откликнулся Олег Станиславович. — Принято: десять тысяч баксов.

Ника, хоть и подозревал, что это не шутка, испугался несильно. И так было ясно, что живым он не выпутается. Детей бы спасти.

А Жанна всё изучала его прищуренным взглядом гурмана.

— Просить ни о чем не будет, — спрогнозировала она. — Плакать тем более. Вообще не произнесет ни слова, сочтет ниже своего достоинства. Глаза закроет или посмотрит в небо. В общем, красиво умрет. И за это, Николай Александрович, я вас потом поцелую. Я всегда так делаю, когда человек красиво умирает.

Вот тут, представив себе этот посмертный поцелуй, он испугался до судороги. И злобно подумал: плакали твои десять тысяч — нарочно буду орать благим матом.

— Ладно, киска, хватит, — сказал Ястыков. — А то перестараешься. Человек уже проникся, осознал. Ведь прониклись, Николай Александрович?

— Проникся, — ответил Фандорин, и ему самому понравилось, как сухо, иронично это прозвучало.

— А по-моему, не очень. — Жанна потушила сигару прямо о клеенку — противно запахло химией. — Давай, котик, еще пари на его татарочку заключим.

Николас Фандорин в жизни (во всяком случае, с ясельного возраста) не бил женщину и даже не предполагал, что способен на такое, а тут с утробным, совершенно нецивилизованным рычанием потянулся, чтоб схватить подрядчицу за плечи и вытрясти ее черную душу. Но Жанна легко, словно играючи стукнула его ребром ладони по запястью, и правая рука сразу онемела, безвольно опустилась, так что пришлось схватиться за нее левой.

Олег Станиславович поморщился

— Всё-всё, иди, отдохни. Мы с Николаем Александровичем поговорим тет-а-тет.

— Как-нибудь после додеремся, ладно?

Профессионалка послала Николасу воздушный поцелуй, заказчику просто кивнула и вышла из кухни.

Мужчины проводили ее взглядом. Потом Ястыков сказал:

— Не берите в голову, Николай Александрович. Если исполните свою работу чисто, ничего с вашей семьей не случится.

А со мной? — чуть было не смалодушествовал Фандорин, но удержался. Ответ был и так ясен. Разве они оставят в живых такого свидетеля?

Поэтому ограничился кивком.

Ястыков отлично понял смысл паузы.

— Приятно иметь дело с выдержанным человеком. Излагаю суть проблемы. Сразу же по завершении операции мы связались с Куценко, объяснили ему расклад. Он, естественно, потребовал разговора с дочерью. Хочет убедиться, что она цела. Нормальная родительская реакция. Но штука в том, что девчонка заупрямилась. Ей суют трубку — сжала губы, и ни звука. Когда Куцый понял, что телефонного разговора с дочерью не будет, у него даже голос задрожал. Последний раз я слышал, как у него дрожит голос, в пятом классе, когда я его на переменке промокашкой кормил. Если Мират вообразит, что девчонку угрохали, начнется третья мировая война. Он хоть и шахматист, но от воспаления отцовских чувств может утратить адекватность... Скажу честно, я был за то, чтобы хорошенько надрать паршивке уши, но Жанна отсоветовала. Говорит, что девчонка крепкий орешек и что лучше прибегнуть к вашей помощи.

Олег Станиславович повертел бриллиантовый перстень на мизинце, рассеянно полюбовался игрой света.

— Сказала, поболтаем с ним немножко, постращаем. Станет как шелковый. Но я, знаете ли, тоже психолог, и вижу, что с вами нужно начистоту, по-честному. Как говорится, у вас товар, у нас купец. Убедите вашу воспитанницу поговорить с папашей. Что именно она будет нести — не важно. Главное, чтобы он услышал ее голос.

Фандорин хмуро сказал.

— Она думает, что я ее предал. Не захочет со мной говорить.

— А это уж не моя проблема. Или у вас есть товар, или нет. Если нет, придется платить собственной плотью. Знаете, как у Шекспира.

Разговор с Мирандой был тягостным. Собственно, разговором это назвать было нельзя, потому что говорил один Фандорин, а его ученица сидела на кровати, подобрав ноги, и смотрела в стену. Николасу был виден ее профиль: сверкающий ненавистью глаз, закушенная губа. Рука Миры сжимала тонкую щиколотку. Один раз девочка отняла руку, чтобы почесать локоть, и Николас увидел на щиколотке белую полосу — так бешено стискивала она пальцы.

Он ужасно волновался. Сам понимал, что несет путаную галиматью, поверить в которую совершенно невозможно. И Мира, разумеется, не верила. А скорее всего, даже не слушала. Просто смотрела в стену и всё.

— Я виноват перед тобой... Перед всеми вами. Я идиот, клюнул на приманку... Но я тебя не предавал, честное слово, — пробормотал он совсем уж жалким тоном. — Поговори с отцом, прошу тебя. Если ты откажешься, они тебя убьют. У них не будет другого выхода...

В ответ Мира шмыгнула носом, но, похоже, не от сдерживаемых слез, а от ярости.

Упавшим голосом, уже ни на что не надеясь, Николас сказал:

— Неужто какой-то там химкомбинат стоит дороже жизни? Обычная сделка. У твоего отца будут и другие, не менее важные. Не понимаю...

Не оборачиваясь, она процедила:

— Где уж тебе.

Он встрепенулся. Слава богу, заговорила! И быстрей, быстрей, пока она снова не спряталась в свою раковину:

— Да что тут понимать? Твоему отцу нужны барыши, Ястыкову тоже. Конечно, Мират Виленович несколько разборчивей в средствах, но тоже не ангел. Ты ведь не маленькая. И не слепая. Твой отец предприниматель, который делает деньги, и большие деньги. А в наших джунглях делать большие деньги без острых клыков, да еще заботясь о чистоте рук, совершенно невозможно.

— Не в деньгах дело, — отрезала Мира.

— А в чем же тогда?

— Своему нож в спину не втыкают. Так Роберт Ашотович говорил. Папа ждал, надеялся, а теперь из-за меня всё псу под хвост? Да я лучше сдохну!

Она снова зашмыгала носом, но теперь уж точно от слез — рукавом вытерла щеку, потом еще и еще.

Николас подошел, сел рядом, протянул свой платок.

— Ты для него во сто крат важнее всех комбинатов, — сказал он тихо. — Что ему все деньги на свете, если он тебя потеряет?

Она закрыла лицо руками. Плечики сотрясались от рыданий, и Николасу захотелось их обнять, погладить девочку по голове, прижать к груди.

Не стал — побоялся, что оттолкнет.

— Ты так говоришь, потому что о своих детях заботишься! — всхлипывая, выкрикнула Мира. — А на папу тебе наплевать! Только соври, что это не так!

Она впервые повернулась к нему. Блестящие от слез глаза обожгли Фандорина неистовым пламенем, и он смешался, опустил голову.

— Ну то-то. — Миранда высморкалась. — Ладно, не трясись. Скажи этим козлам: поговорю.

Телефонный разговор состоялся в третьей комнате, такого же нежилого вида, как две остальные, но побольше размером и с телевизором. У стен — диваны, на них разложены портативные рации, еще какая-то аппаратура непонятного назначения, два короткоствольных автомата со складными ручками. Ясно — помещение для охраны.

У стола, на котором посверкивал огонечками замысловатого вида аппарат, стояла Жанна, прослушивала что-то через наушники. Выходит, не отдыхала, хотя из кухни была отправлена в комнату именно за этим. Да нет, сообразил Фандорин. Это у нее с Ястыковым с самого начала было уговорено: злой следователь исполняет свою арию и уходит, оставив запуганного арестанта со следователем разумным и понимающим.

— Смотри, Ника, если эта будет молчать, расплачиваешься ты, — предупредила Жанна, а на Миру даже не взглянула.

Николас оценил точность этого психологического приема.

— Поехали.

Ястыков надел вторые наушники, и Жанна быстро набрала номер. На пульте задергались зеленые и красные индикаторы — должно быть, подавление локализации звонка, подумал Николас.

— Господин Куценко? — Тембр у Жанны изменился. Стал металлическим, неживым, как у офисного автоответчика. — С вами будет говорить дочь.

Сунула трубку Мире не глядя, словно нисколько не сомневалась в ее покорности.

Та взяла, набрала воздуху и дрожащим голосом пролепетала:

— Папа, это я... Прости меня. Я так тебя подвела...

Поскольку Николасу наушников не выдали, он слышал лишь половину диалога и почти ничего в нем не понимал, тем более что говорил в основном Куценко, Мира же односложно отвечала.

— Нет, — сказала она вначале. — Всё нормально.

Потом, мельком взглянув на Нику и секунду поколебавшись:

— Он в порядке.

Фандорин надеялся, что правильно истолковал значение этой фразы — подозрение в предательстве с него снято.

— Да. И он, и она, — сказала затем Мира, покосившись на Ястыкова с Жанной. И после этого уже ничего не говорила, потому что к беседе подключился Олег Станиславович.

— А ты думал? — хмыкнул он. — Конечно, слушаем. Ну что, Куцый? Как будем работать?

Долгая пауза.

— Нет, не пойдет, — заявил Ястыков. — Давай лучше...

Не договорил. Очевидно, Мират Виленович его перебил.

Жанна отобрала у Миры трубку — девочка свою роль уже отыграла.

— Зачем так громоздко? — снова возразил Олег Станиславович. — Я на это согласиться не могу...

А сам подмигнул Жанне и показал ей большой палец. Похоже, возражал не всерьез — всё шло по плану.

— Разъединился, — улыбнулся Ястыков, снимая наушники. — Ух, какой крутой и непреклонный. Отлично, Жаннуля, ты опять угадала.

— Гадают на кофейной гуще, а это называется прецизионный расчет, — назидательно ответила та. — Ну вот, Ника. Как и предполагалось, благородный отец потребовал, чтобы посредником был ты. Тянутся к тебе люди, доверяют. Будешь исполнять арию «Фигаро здесь, Фигаро там». Оплата согласно договоренности.

— Сколько вы ему платите? — быстро спросила Миранда. — А ну говорите, не то

больше к телефону не подойду. Сами слышали папино условие: чтоб я звонила каждые
два часа.

Задетый презрительностью ее тона, Николас не смог себе отказать в горьком удоволь-
ствии, попросил:

— Расскажите, Олег Станиславович, какой
гонорар мне причитается.

Хотел устыдить Миру, а вместо этого встре-
вожил Ястыкова. Быстро переглянувшись с
Жанной, предприниматель сказал:

— Николай Александрович, мы же договорились. Если вас эти условия не устраива-
ют, я готов дополнительно выплатить компен-
сацию вашей семье. Но оставить вас в живых я не могу. Лучше назовите сумму, и,
можете быть уверены, я ее выплачу. Я человек слова.

Отличная мысль пришла в голову Фандорину. Рано или поздно Алтын выяснит, кто
убил ее мужа, она такая. А докопавшись до
истины, непременно захочет расквитаться.
Представления о морали у нее не христиан-
ские, врагам она прощать не умеет, и за вы-
рванное око выцарапает два. Честно говоря,
в данный момент он не мог осуждать ее за
кровожадность нрава. Интересно, сколько
стоят услуги хорошего киллера, который взял
бы заказ на этого кота Базилио с его лисой
Алисой?

Пятьдесят тысяч?
Сто?

Направление, которое приняли мысли магистра истории, объяснялось, конечно же, только расстройством нервов и эмоциональной истощенностью, но это сейчас Фандорину было всё равно. Он улыбнулся и сказал:

— Сто тысяч долларов. Переведите прямо сейчас. Банковский адрес у меня в записной книжке...

— Нет! — крикнула Миранда.

Не истерически и не жалобно, а властно — так, что все к ней обернулись.

— Он останется жив. Иначе вместо комбината вам будет хрен с кисточкой, ясно?

Если бы девочка говорила дальше, размахивала руками, визжала, ее, наверное, стали бы запугивать, но она больше не произнесла ни слова. Набычилась, выпятила вперед подбородок, и стало ясно, что нужно или убивать ее на месте, или соглашаться.

Жанна разглядывала Миру с интересом.

— В сущности, — протянула специалистка по любопытным ситуациям, — что он такого уж особенного знает? Ну, меня видел. Так не он один. Это ерунда. За мной гоняться все равно что за ветром в поле.

— Мне это не нравится, — качнул головой Ястыков. — Против моих правил. Он смотрел, слушал. Был лишний трёп. Нет-нет.

И тут Мира выкинула номер. Схватила со стола канцелярские ножницы, что было мочи оттянула свой розовый язычок и замычала —

269

нечленораздельно, но смысл мессиджа был очевиден: сейчас отрежу.

Ястыков посмотрел-посмотрел на эту эффектную картину, поморщился.

— Ну вот что, Николай Александрович, — сказал он весомо и мрачно. — Если ваши дети станут себя плохо вести и вам захочется от них избавиться, просто расскажите кому-нибудь, всё равно кому, о том, что вы здесь видели и слышали. Я немедленно об этом узнаю и пойму ваш намек. Окей?

До сего момента Фандорин крепился, старался держаться мужчиной, а теперь побледнел, задрожал. Возвращение к жизни, на которой ты уже поставил крест, — процесс не менее мучительный, чем расставание с ней. Воспитанница Краснокоммунарского детдома только что совершила невозможное — добилась помилования для осужденного смертника. И как просто! Несколько коротких фраз, смехотворная выходка с ножницами, и ты спасен.

Во всяком случае, приговор отменен хотя бы на словах.

Ровно в полдень Фандорин поднялся на второй этаж «Кофе Тун», что на Пушкинской площади. Поискал взглядом Мирата Виленовича, не нашел.

За четырьмя дальними столиками сидели крепкие молодые люди в костюмах и галсту-

ках, перед каждым нетронутая чашка эспрессо. Один приподнялся, помахал рукой. Николас приблизился, узнал: охранники из Утешительного. Тот, что подозвал его жестом,
молча показал на пятый столик, расположенный между остальными. Ника кивнул, сел.
Второй стул пока был пуст. Господин Куценко
еще не прибыл.

Минуты три ничего не происходило, только подошла официантка и спросила:

— Вы вместе? Тоже эспрессо?

Он рассеянно кивнул, разглядывая охранников. Четверо не отрываясь смотрели вниз,
на первый этаж, остальные внимательно наблюдали за соседними столиками.

В три минуты первого охранники, следив-
шие за первым этажом, синхронно сунули
правую руку под мышку.

Фандорин посмотрел вниз и увидел, что в
стеклянную дверь входит Куценко. Он был
в смокинге и белом галстуке — пальто, должно быть, оставил в машине.

Впереди предпринимателя шел Игорек, сзади двое телохранителей.

Брезгливо морщась на громкую музыку,
Мират Виленович поднялся по лестнице. Охранники остались стоять посередине пролета,
откуда просматривались подходы к кофейне,
секретарь устроился в сторонке, за пустым
столом, так что беседа двух отцов происхо-
дила тет-а-тет.

Обменялись рукопожатием. Помолчали.

Поймав взгляд, брошенный Фандориным на смокинг, Куценко угрюмо сказал:

— Я прямо из «Националя», с завтрака в честь немецкого партнера. Надо ведь делать вид, что ничего не произошло.

Хотела подойти официантка, подать Никин эспрессо, телохранители ее к столику не подпустили. Один взял чашку, поставил ее сам и тут же сел на свое место.

— Какая работа насмарку. — Мират Виленович смотрел на дымящийся кофе. Говорил медленно, словно через силу. — Гебхардт в шоке. Он принял ответственное решение, готов вложить в проект огромные деньги и не понимает, с чего это вдруг я стал вилять. А объяснить нельзя... Ох, Ясь, Ясь. — Куценко передернулся. — У вас когда-нибудь был враг? Настоящий, на всю жизнь. Который снился бы вам с детства почти каждую ночь?

— Бог миловал.

— Ну, тогда вы меня не поймете. Ладно, извините. Это к делу не относится... Во-первых: как они обращаются с Мирой?

— Нормально. Нас держат в разных комнатах, но перегородки там тонкие, современные. Я бы услышал, если что.

— Что за место?

— Мне в машине завязывают глаза и надевают наручники. Многоэтажный дом, где-то на окраине. Точнее не скажу.

Куценко кивнул, будто именно такого ответа и ждал.

— Хорошо. Теперь условия. Чего конкретно он хочет?

— Заседание по тендеру на покупку Ильичевского химкомбината начинается завтра в десять. Насколько я понял, будет нечто вроде аукциона. Стартовая цена назначена...

Николас наморщил лоб, боясь перепутать цифры.

— 80 миллионов, — подсказал Куценко. — Для Яся верхняя планка — 95 миллионов. Это всё, что он смог мобилизовать. Я с помощью «Гроссбауэра» его легко забил бы. Что нужно Ясю? Чтобы я не явился?

— Нет. Вы один из ключевых соискателей. Если не придете, аукцион могут перенести на другой день. Чиновники из Госкомимущества побоятся, что их потом заподозрят в нечистой игре. Поэтому Ястыков хочет, чтобы вы пришли и приняли участие в торгах. Довели цену до 85 миллионов и потом отступили. Как только тендер завершится, Ястыков позвонит, чтобы нас с Мирой отпустили.

Мират Виленович скрипнул зубами.

— Хочет взять такой куш за 85 лимонов? Губа не дура. «Ильич» тянет самое меньшее на сто двадцать. Мне бы только сдержаться, когда я его завтра увижу... Теперь о главном. Как по-вашему, он выполнит обещание или всё равно ее убьет?

Предприниматель старался говорить бесстрастно, но в конце фразы голос все-таки сорвался.

— Зачем? — потрясенно воскликнул Николас. — Если он своего добился!

— Вы опять не понимаете. Это не только бизнес, это личное. Ясь мечтает меня растоптать, и теперь у него есть такая возможность. Он не просто срывает куш. Он губит мою репутацию перед главным партнером. А сладостнее всего ему будет, если он разобьет мне сердце...

Куценко снова запнулся.

Николаса поразил мелодраматический оборот речи, совершенно неожиданный в устах столь респектабельного господина. Жанна говорила про моторчик, который движет каждым человеком. Каким же топливом питается неистовый двигатель этого Наполеона от медицинской индустрии? Что если Мират Виленович всю жизнь, с пятого класса, несется наперегонки с мальчиком-мажором? А тот всё кормит и кормит его грязной промокашкой...

— Отправляйтесь в «Пушкин», — прервал психоаналитические размышления Фандорина владелец «Мелузины». — Мне нужны твердые гарантии, что Мира останется жива.

Подземным переходом, мимо ларьков, мимо газетных и цветочных киосков, посредник шел на противоположную сторону площади, где в ресторане «Пушкин» расположился штаб второй из конфликтующих сторон.

Ястыков и его охрана заняли весь третий этаж. Перед каждым из десятка телохранителей белело по нетронутому капучино, сам же Олег Станиславович и Жанна с аппетитом завтракали устрицами и фуа-гра.

А ведь, пожалуй, Куценко прав, подумал Николас, оглядывая бонтонный интерьер. Контраст между дешевым кафе и шикарной ресторацией неслучаен — Ясь празднует победу со смаком, даже в этом хочет продемонстрировать свое превосходство.

— Ну? — Жанна вытерла салфеткой лоснящиеся от гусиной печенки губы. — Как прошло родительское собрание?

— Ему нужны гарантии, — сказал Фандорин.

И снова полутемный зальчик «Кофе Тун». Сиротливо дымящаяся чашечка кофе перед Миратом Виленовичем, громкая музыка, напряженные лица телохранителей.

— Извините, но он просил передать слово в слово. — Николас опустил глаза и тихо повторил послание Ястыкова. — «Никаких гарантий, Куцый. Подрыгайся».

У Мирата Виленовича чуть дрогнул угол губы.

— Я вам говорил. Он ее убьет...

— А по-моему, это как раз признак неплохой. Я, пока шел сюда, всё думал... Мне кажется, что я начинаю понимать его психологию. Судя по этой грубости, да и по разным

275

другим признакам, Ястыкову нравится вас унижать. А из этого следует, что он получит гораздо большее удовлетворение, если не убьет Миру, а вернет — или, с его точки зрения, *швырнет* — вам ее обратно. По его представлениям, это и будет демонстрацией абсолютного превосходства.

Лицо Куценко просветлело.

— Да-да, это очень на него похоже. Я помню, как в шестом классе папа на день рождения подарил мне японский фонарик. Это была настоящая роскошь. Вы не представляете, сколько для меня значила эта блестящая штуковина с разноцветными кнопочками. Впервые в жизни у меня появилось что-то, чему завидовали другие. Я взял фонарик в школу и полдня был самым главным человеком в классе. Кому-то давал подержать это сокровище, некоторым избранным позволял зажечь лампочку и покрутить цветные фильтры. А после третьего урока фонарик отобрал Ясь. Я канючил-канючил, но он только смеялся. В конце концов, наигравшись, вернул, но сначала расколол стекло — просто так, из подлости. И еще сказал: «На, Куцый, теперь можно».

— Ну вот видите, — обрадовался Николас. — Вернул же!

— А что если... — Мират Виленович понизил голос. — Если он и с Мирой поступит, как с тем фонариком? Вы... вы понимаете, что я имею в виду?

Глядя в искаженное мукой лицо предпринимателя, Фандорин почувствовал, как по коже пробегает озноб. Вспомнилось, как Ястыков смотрел на высунутый язычок Миранды: глаза зажглись странным блеском, мясистая нижняя губа плотоядно выпятилась. Как Жанна его назвала — «сексуальный террорист»?

Но развивать эту нехорошую тему не следовало, пора было перевести разговор в конструктивное русло. Именно так профессионал по добрым советам и поступил:

— Я бы посоветовал вам выдвинуть следующие условия. Ровно в десять утра, когда начнется аукцион, нас с Мирой должны выпустить из квартиры. Пускай нас сопровождают охранники — до той минуты, пока вопрос о комбинате не разрешится. Тогда охрана нас отпускает совсем. По-моему, это компромисс, который устроит обе стороны. Ведь если вы Ястыкова обманули, его люди могут застрелить на месте нас обоих. Это дело одной секунды.

— А если он обманет? Я уступлю комбинат, а вас всё равно убьют?

— Не думаю, — гордясь собственным хладнокровием, ответил Ника. — Одно дело, если Ястыков разъярен и жаждет мести. И совсем другое, если он получил то, чего хотел. Убивать нас среди бела дня, на глазах у прохожих — риск. Не станет он рисковать такой сделкой, только чтоб сделать вам больно. Я видел этого человека, разговаривал с ним и составил о нем определенное представление. Безусловно мерзавец. Но прагматического склада. Подличать во вред себе не станет.

— Согласен. — Куценко нервным жестом сдернул очки, потер переносицу. — Предложение отличное, Ястыкову нечего будет возразить. Я буду с вами на постоянной мобильной связи, а Ястыков — на связи со своими гориллами. Ну, то есть сам я с вами говорить не смогу, на контакте будет Игорек. Как только аукцион закончится и вас с Мирочкой отпустят, немедленно отправляйтесь... ну, скажем, на ближайшую станцию метро и ждите, пока за вами приедут.

— А если нас не захотят отпустить, поднимем крик на весь квартал. Уж можете мне поверить — шито-крыто у них не получится.

— В ту же самую секунду, как это произойдет, я прямо там, в Госкомимуществе, схвачу Яся за горло и сделаю вот так.

Куценко взял с блюдца чашку, сдавил ее своими тонкими пальцами, и фарфор лопнул. Горячий кофе полился по запястью Мирата Виленовича, по белому манжету, но на лице доктора не дрогнул ни единый мускул.

Конечно, в исполнении женщины трюк с раздавленной ёмкостью смотрелся гораздо эффектней, да и стакан толще, чем фарфоровая чашка, и всё же Николас был впечатлен демонстрацией брутальности и самим сходством ситуаций. Все хищники похожи друг на друга, пронеслось в голове у магистра. Вне зависимости от породы и размера, инструментарий у них один и тот же: клыки, когти, стальные мышцы.

Вытирая руку салфеткой, Куценко сказал:

— Я не благодарю вас, потому что словами моих чувств все равно не выразить. Вы и так понимаете, вы тоже отец...

Он повернулся к секретарю, подал ему какой-то знак.

Игорек подошел, подал пластиковую сумочку.

Николас изумленно захлопал глазами. Это еще что такое? Подарок в знак благодарности?

Конфузясь, Мират Виленович попросил:

— Вот, передайте, пожалуйста, Мирочке. Это ее любимая пижама. И еще шоколад «Вдохновение». Для нее это главное лакомство, еще с детдомовских времен...

И отцы разом, как по команде, нахмурились, чтоб не дай Бог не прослезиться.

В «Пушкине» уже кушали десерт: Ястыков — миланез с апельсиновым кремом, Жанна — антреме из тропических фруктов.

Новое явление парламентера было встречено дружным, заливистым смехом.

Вытирая слезы, Олег Станиславович выдавил из себя:

— Ой, не могу... «Что если он с Мирой поступит, как с фонариком?» У... у... умора!

А идея хороша! Как мне самому в голову не пришло! Сдуть пыльцу невинности! А всё Ку... Куцему спасибо!

Остолбенев, Фандорин смотрел на веселящуюся парочку, и его ошарашенный вид вызвал новый приступ истерического хохота.

— Три раза! — Жанна, давясь, показала три пальца. — На те же грабли! Ничему не научился!

Она приподнялась со стула, сунула Николасу руку в нагрудный карман пиджака — того самого, из магазина «Патрик Хеллман» — и вынула какой-то маленький шарик.

Микрофон!

Всё это время они подслушивали!

В самом деле, он неисправимый идиот: ни история с Гленом, ни история с капитаном Волковым не научили его элементарной осторожности.

Сделав невозмутимое лицо (а что еще оставалось?), Ника холодно сказал:

— Делаю вывод, что условия, выдвинутые господином Куценко, вам известны.

— Известны-известны. — Жанна показала ему большой палец. — Классные условия. Ты, Ника, показал себя молодцом.

Олег Станиславович кивнул.

— Да. Подите, скажите Куцему, что всё нормально. А про пыльцу невинности это я пошутил. Цыплячья грудка и сиротские хрящики мадемуазель Миранды меня нисколько не привлекают. Вперед! Фигаро здесь — Фигаро там. А мы пока ударим по дижестивчику. Верно, золотко?

Он думал, что ночью не сомкнет глаз. Прилег на кровать больше для порядка. Закинул руку за голову, стал представлять себе, как всё завтра произойдет. Что если в Ястыкове подлость окажется сильнее прагматизма?

Зажмурился, представил.

Два приглушенных щелчка. Высокий мужчина и худенькая девушка ни с того ни с сего падают на асфальт. К ним подходят, наклоняются, не могут понять, в чем дело. А тем временем двое или трое парней как ни в чем не бывало уходят прочь, растворяются в толпе...

Просто поразительно, что с такими видениями Фандорин все-таки уснул. Единственным объяснением могла быть усталость. Как-никак вторая бессонная ночь подряд.

На рассвете он проснулся оттого, что скрипнула дверь и по полу прошелестели невесомые шаги.

Спросонья сказал себе: это Алтын вставала в туалет. Собирался упасть обратно в сон, и вдруг вспомнил, где он. Рванулся с подушки.

У приоткрытой двери стояла Мира. Она была в розовой пижаме с жирафами — очень похожей на ту, в которой спала четырехлетняя Геля.

— Тс-с-с, — приложила палец к губам ночная гостья.

Прикрыла дверь, бесшумно пробежала по паркету и села на кровать.

— Ты что? — прошептал он. — Как ты вышла из комнаты?

— Стояла у двери, слушала. Ждала, пока этот в сортир уйдет или еще куда. Вот, дождалась.

— Но в кухне же еще один! Мог услышать.

Мира усмехнулась, ее глаза блеснули мерцающими огоньками.

— Как же, услышит он. Я умею ходить вообще без звука. Мы ночью всегда из палаты в палату шастали. Смотри, смотри, что я нашла! В пижаме было.

Он наклонился к маленькому бумажному квадратику. Напрягая глаза, прочел: «Не бойся, доченька. Папа тебя спасет».

— Видал? — возбужденно спросила она. — Я всю ночь не спала, хотела тебе показать! Подвинься, я замерзла.

Залезла к нему под одеяло, прижалась ледяными ногами.

Спокойно, приказал себе запаниковавший Николас. Это невинная детдомовская привычка. Осторожно, чтоб не обидеть, отодвинулся, но Мира немедленно придвинулась вновь.

— Ты такой теплый! И длинный, как удав из «Тридцать восемь попугаев». — Она прыснула. Оперлась на локоть, мечтательно сказала. — Он вообще застенчивый. Вроде как стесняется меня. А тут «доченька». Никогда так меня не называл. Значит, не сердится.

Николас уже взял себя в руки, запретил организму поддаваться ненужным реакциям. Ну и что с того, что девушка положила тебе руку на плечо, а коленку пристроила на бедра? Пусть будет стыдно тому, кто плохо об этом подумает.

— Что ж ему на тебя сердиться? — сказал Фандорин. Хотел погладить девочку по трогательно белеющей в полумраке головке, но не стал · — немного подержал руку в воздухе и осторожно опустил. — Разве ты в чем-нибудь перед ним виновата? Ничего, завтра всё кончится. Нас отпустят, мы доберемся до метро, и за нами приедет твой папа.

— В метро? Ой, я там еще ни разу не была. Говорят, жутко красиво. Знаешь, меня же всё на машине возят, с темными стеклами. Только что глаза не завязывают, как эти.

Мира заерзала, устраиваясь поудобней, и Николас почувствовал, что проклятый организм, раб первобытности, начинает выходить из-под контроля.

— Ты лежи, грейся, — пробормотал магистр, выбираясь из кровати. — А я все-таки попытаюсь сориентироваться, в какой части Москвы мы находимся.

У окна перевел дух. Стал всматриваться в белую от свежевыпавшего снега улицу, в дома, где уже загорались огни — восьмой час, скоро начало рабочего дня.

Подошла закутанная в одеяло Мира, встала рядом. Ее затылок белел на уровне Никиного локтя.

— Вон, смотри, какой домина. Раз, два, три, десять, шестнадцать, целых двадцать два этажа! И еще вон четыре трубы. Ты же москвич. Может, узнаешь?

— Нет, в Москве таких мест много.

— Гляди, гляди! — Она встала на батарею и обхватила его за шею — теперь их щеки были на одном уровне. — Вон на небе светлая полоска!

— Ну и что?

— Как «что»! Еще учитель! Откуда солнце-то восходит?

А ведь действительно! Восток справа, примерно под углом сорок пять градусов. И там, кажется, кольцевая дорога, дома кончаются. Значит, какой это край Москвы? Юго-восток? Нет, северо-восток.

Глава двадцатая

ОПАСНЫЕ СВЯЗИ

— Северо-запад — вот в какой стороне света сияет солнце нашей империи, что бы там ни утверждала географическая наука. Именно туда, к балтийским водам, мы с господином конногвардейским вахмистром завтра по-

утру и устремимся — обогреться лучами милости матушки-государыни. Я, конечно, не «херувимчик» и не «жемчужинка», как называет вашего сынка ее царское величество, но, глядишь, и мне на радостях какая-никакая награда достанется. — Прохор Иванович смиренно улыбнулся. — Кр
есточек ли, звездочка, а дороже бы всего ласковое от матушки слово.

— Это вне всякого сомнения так! — горячо поддержал его Алексей Воинович. — Благосклонное слово монарха — наилучшее вознаграждение для благородного человека. Драгоценнейшая реликвия нашего семейства — собственноручно начертанное высочайшее выражение признательности Митридату. «Вечно признательна. Екатерина». Вот оно, я хранил его до твоего возвращения. — Папенька благоговейно вынул из шкапчика пропись с царицыным росчерком, подал сыну.

Митя повертел бумажку, сунул в карман. На стенку, что ли, повесить?

— Но и вещественные знаки августейшей милости тоже отрадны, — продолжил папенька. — Душевно прошу передать мою нижайшую признательность ее величеству за присланные с вашим превосходительством червонцы. Не деньги дороги — августейшее внимание.

— Передам, передам. — Тайный советник благодушно кивнул, почесывая голову под черным париком. — И вашу просьбу о дозволении состоять при сыне тоже передам. Отчего бы нет? Где это видано — родителей с детьми разлучать. Ничего, недолго князь Платону над человеческой природой и христианскими установлениями глумиться. Уж можете мне верить. Имею на сей счет самые верные сведения.

— Ужель? — обрадовался папенька и переглянулся с маменькой. — Ах, душа моя, то-то было бы счастье!

Та ответила лучезарной улыбкой, подлила гостю чаю.

— А вот наш старшенький, — сказала она. — Поклонись, Эндимиоша, господину тайному советнику. И брату тоже поклонись.

Папенькин камердинер Жорж как раз ввел в гостиную Эмбриона — разбудили-таки ради Митиного возвращения.

Старший братец был причесан, наряжен во все лучшее, руки держал по швам.

— Проси Митю, чтоб не забывал тебя, не оставлял своим попечением, — велела ему маменька. — От него теперь будет зависеть твое счастье.

Эмбрион так и сделал. Поклонился чуть не в пояс, назвал «Дмитрием Алексеевичем» и на «вы». Митя прислушался к своему сердцу — не шевельнется ли братское чувство. Не шевельнулось.

Маслов зевнул, перекрестил рот.

— Охохонюшки. Однако время к полуночи. Спасибо, голубушка Аглая Дмитриевна, за чай. Очень у вас вишневое варенье хорошо. Пойду бока отлеживать. Уснуть не надеюсь — старческая бессонница. Так, поворочаюсь, помну перину. Дозволит Господь — подремлю часок. А завтра раненько сядем с Митюшей в мои саночки, стегну лошадок и стрелой в Питер.

— Сами стегнете? — удивился Митя.

Вспомнил заодно и некое иное стегание, слегка покраснел. Будет об том казусе разговор в дороге иль нет?

— Сам, лапушка, сам. Люблю троечкой править, да чтоб с колокольцами, да с посвистом. Я ведь не немец какой, русский человек, и из самых простых. Батька мой лавчонку седельную держал, я же вот в тайные советники вышел. Но корней своих не стыжусь. И, как иные парвенюшники, пышностью худородства не прикрываю. Попросту люблю ездить, без холуев. Отлично прокатимся, Митрий, вот увидишь. Тебе понравится.

Нет, Мите это совсем не понравилось.

— Что, и охраны у вас нет? — насторожился он.

Прохор Иванович засмеялся:

— Зачем охраннику охрана? Не бойся, со мною никто тебя не тронет.

— А разбойники? — спросил Митя, думая вовсе не про разбойников — про Великого Мага и его рыцарей. — По лесам-то пошаливают.

Не испугался тайный советник разбойников. Сказал:

— Ничего. Бог не выдаст, свинья не съест.

Вот какой легкомысленный.

С тем и разошлись по спальням. В гостиной только папенька с маменькой остались — чтоб помечтать вдвоем о будущем счастье.

Мите было не до сна. Оказавшись один, он разволновался еще пуще.

Вдвоем с Масловым до Петербурга ехать? Как бы не так! Если б с Данилой, то нестрашно, а этот облезлый разве защитит, если что? Сколько их там, Авраамовых и Фаустовых братьев, меж Москвой и Петербургом? Это когда еще до них весть дойдет, чтоб «бесеныша» не трогали.

Нужно тайному советнику про Орден Сатаноборцев рассказать. Ну конечно! Раз он такой враг масонства, ему и карты в руки. Гонялся за хорошими масонами, теперь пускай погоняет плохих. Опять же личность Великого Мага ему будет куда как интересна.

В спальню Митю отвели папенькин Жорж (он же Егорша) и Малаша. Пока вели, ругались, кому маленького барина раздевать, однако он отправил обоих, сказал: сам.

Успел только кафтан снять, тут мысли и накатили — сначала тревожные, потом дельные.

К Прохор Иванычу, немедля!

Стал обратно натягивать кафтан — на пол из-за обшлага выпал бумажный прямоугольник.

Что это? Государынина реликвия? Нет, та в кармане.

Ах да, это Данила сунул. На память.

Письмо от Великого Мага, вот что это было такое. Очень даже кстати — пусть Маслов не думает, что ребячьи фантазии.

Митя развернул бумагу, чтобы прочитать еще раз, уже собственными глазами. Но еще прежде того взглянул на красневшую понизу печать. Вот он, значит, какой — Знак Усекновения. На первый взгляд цветок с лепестками, вроде ромашки. А если приглядеться, никакая это не ромашка, а два креста с утолщенными, округлыми концами: обычный крест и косой, андреевский. Выходит, Великому Магу дьяволовы меты такими вот знаками прижигают. Чудно́!

Хотел было читать, но снова посмотрел на печать. Где-то он уже видел этот красный цветок. На каком-то странном, неподобающем для цветка месте.

И было Митридату видение: белое гузно с сине-красными полосами от плетки, и на копчике — игривая ромашка.

Ах!

Кафтан сам собой выскользнул из рук на пол. Митя же почувствовал, как подгибаются колени, и еле-еле, на полусогнутых ногах, добрался до стула. Рухнул.

289

О, Пресветлый Разум!

Не от содомского разврата у тайного советника Маслова на приватном месте наколот знак, ошибся кнутобоец Мартын. И понятно теперь, отчего Прохор Иванович последним из придворных, вопреки моде, в парике ходит. Что есть Люциферовы меты? Известно: рога и хвост. Их-то и «отсекают» Великому Магу. Где-то на темени или на макушке, под волосами, должны быть у Маслова еще два таких знака — от усекновения рогов.

Но как же так? Выходит, Великий Маг — не Метастазио?

И Митю главный сатанофаг хочет истребить не из-за подслушанного на дворцовой печи разговора?

Тогда за что?

Чем не угодил царский воспитанник начальнику Секретной экспедиции?

Очень просто, ответил сам себе Митридат. В этой самой ромашке причина и состоит. Он увидел то, чего никому видеть не положено. Должно быть, тайный советник решил: мальчишка образован и смышлен не по годам... Нет, это слишком лестно. Не в Митиной смышлености дело. Испугался Маслов, что отрок станет болтать, какое украшение у государственного человека на заднице. Кто о Знаке Усекновения слыхом не слыхивал, посмеется да забудет, но если слух о пикантной причуде секретного начальника дойдет до человека сведущего, тут Маслову и конец.

Легко ли: охранитель августейшей безопасности — глава тайного ордена. Гонитель вольных каменщиков сам — наисекретнейший из масонов! Не сносить тогда Прохору Ивановичу головы.

Никогда еще Митина мысль не работала так резво, даже в момент произведения математических исчислений.

Как хитер Маслов, как предусмотрителен! Все ложи разогнал, а свой орден укрепил. Собирая по поручению императрицы сведения о тайных обществах, должно быть, заранее присматривался, кто из фигурантов может быть ему полезен.

Полезен для чего?

Ясно, для чего. Ведь Фондорин сказал, чего хотят ложные масоны — власти.

Митя зачесал в затылке. Что-то тут не складывалось.

Разве может какой-то Прохор Иваныч, сын лавочника, получить власть над Российской империей?

Может.

Если будет не сам на троне сидеть, а посадит куклу и станет дергать за ниточки.

Кукла уже имеется, зовут ее Наследник. Тот ведь, кажется, и в «Полнощной Звезде» состоял, откуда Великий Маг себе новых рекрутов набрал? Государыня велела из масонов уйти — сын не ослушался, ушел. В другие масоны, против прежних наисокровеннейшие.

Теперь понятно, почему итальянец сказал, что Маслов на Наследника ставит. На кого ж ему еще ставить?

Вот она, власть — абсолютная, ведь сатанофаги повинуются своему предводителю слепо, без рассуждений!

Наследник может занимать в Ордене сколь угодно высокое положение — Фаустова брата, даже члена Капитула, это ничего не меняет. Всё равно приказ неведомого Мага для его высочества — Слово Божье. Что велит Маг, то Наследник и сделает — во имя Справедливости и Добра.

Если Наследник наденет корону, то непременно возьмет себе советчиком господина Маслова — единственного придворного, кто относится к опальному принцу с почтением. И тогда новый царь окажется в двойных тенетах.

Предположим, получает он от Великого Мага депешу с совершенно немыслимым, противоречащим разумности предписанием. Ну, скажем, послать русскую армию на штурм Альпийских гор или на завоевание Индии. Тут при каком угодно обете послушания засомневаешься. Вызовет государь своего верного советника Маслова. Спросит его: что ты об этом думаешь? А тот в ответ: превосходная идея, ваше величество! И еще обоснования представит.

Бывает ли кукловодство совершенней?

Так вот почему Маслов так спешит свалить Фаворита! Дело не в самом Зурове, а в воцарении августейшего Внука. Если сие произойдет, всем прожектам Великого Мага конец!

Но... но ведь рано или поздно это всё равно случится. На что может рассчитывать Маслов? Екатерина презирает своего сына и ни за что не передаст ему скипетр. Вот если бы она умерла скоропостижно, не успев обнародовать завещание — тогда другое дело.

И стало Мите жалко бедную толстую старуху. Самые близкие люди желают ей смерти, только партия Внука медленной, а партия Сына быстрой.

Первая из партий, предводительствуемая коварным Еремеем Умбертовичем, чуть было своего не добилась. Помешали провидение, рыцарь Митридат и покойница Аделаида Ивановна.

Как она, сердечная, упала, даже тявкнуть не успела! Невинная жертва людских страстей.

Ой!

И Митины мысли понеслись еще проворней.

А почему это, собственно, левретка закорчилась сразу же после того, как лизнула винную лужицу? Итальянцев яд ведь был медленный! Аделаида Ивановна должна была успеть и натявкаться, и наскулиться вволю! Вот она, странность, которую учуял Данила, когда услышал рассказ о неудачном отравлении.

Что же это получается? Богоподобная Фелица, буде выпила бы настойку, тоже испустила бы дух в корчах и нечленораздельности? Хорош у секретаря вышел бы заговор, в результате коего вместо Внука на престоле оказался бы Наследник! То-то Маслову был бы подарок!

Иль это никакой не подарок?

Не очень-то Прохор Иванович удивился, когда Митя ему про подслушанный разговор рассказал. Скорей обрадовался, что свидетель есть и что теперь можно будет капитан-поручика Пикина прижать. Уж не знал ли вездесущий секретный начальник о комплоте? У него всюду шпионы, а в зуровских апартаментах и подавно.

Что если он провернул вот какую штуку, совершенно в своем духе? Вместо одной подмены произошло две: Пикин поменял флакон с настойкой на другой, с отравой, а Маслов, зная о том, на место пикинской склянки подсунул свою — тоже с ядом, но только не медленным, а быстрым и, главное, производящим паралич языка? Страдалица Аделаида Ивановна пала на бок, глаза ее закатились, пасть разинулась, но не исторгла ни звука! По-медицински это называется паралич голосного механизма. И у государыни было бы то же самое.

Далеко, очень далеко забрался Митя в своих догадках и предположениях, но больно уж точно всё сходилось.

Разве не странно повел себя Маслов, когда левретка издыхала, а все суетились вокруг перепуганной царицы? И ему бы там быть, охранителю августейшей персоны. А он вместо этого бросился к Мите и спросил: случайно ли тот разбил бутыль или знал про отраву? Что-то чересчур проницательно!

Если б императрица тогда выпила яд, у Маслова всё прошло бы как по маслу. (Тут Митя поневоле улыбнулся: какой чудесный каламбур, жалко Данилы нет, тот бы оценил.) Партия Внука в замешательстве, поскольку ждала от флакона иного действия — не паралича речи, а медленного угасания. В Гатчину же от начальника Секретной экспедиции понесся бы гонец с письмом. Мол, ваше высочество, царствовать подано. Поспешите в столицу со своими пудреными батальонами! Такие услуги не забываются.

Стоит ли после этого удивляться, что Митридат Карпов для Великого Мага сущий Сатана? Сначала испортил превосходно подготовленный план, а потом еще и раскрыл главную масловскую тайну. Как такого не истребить? Никакой цены не пожалеешь. Лишь бы не мешкая, «отнюдь не сомневаясь» и «наипаче всего не вступая с ним в разговор» — а то, не приведи Господь, еще сболтнет про ромашку кому не следует!

Ишь как переполошился — лично на розыски приехал. Наверняка сам вызвался. И понятно, почему один. Очень уж дело тонкое, деликатное, не терпящее свидетелей. Можно не сомневаться, что маленький спутник Прохора Ивановича до Петербурга не доедет. Непременно случится с ним какая-нибудь дорожная неприятность — либо из возка выпадет и шею свернет, либо отравится на постоялом дворе чем-нибудь несвежим. Обычное дело. Как говорится, все под Богом ходим.

Бедный Фондорин! Как он ошибся, считая, что доставил своего друга в безопасное место! Несчастная Павлина! Ее жертва будет напрасной.

А более всего следовало пожалеть себя. Не зря сулила Малаша своему питомцу короткий век.

Было время, когда маленькому Мите его спаленка представлялась самым надежным убежищем на свете, а сейчас он сидел и дрожал, боясь заглянуть в углы, где сгустились темные, страшные тени. Единственная свечка на столике горела тускло, ровно, будто над покойником.

А что если Маслов и отъезда ждать не станет, подумалось вдруг Митридату. Зачем ему на себя подозрение навлекать? Доверили ответственному человеку ребенка, а он не уберег. Государыня рассердится, она и так своего охранителя не очень-то жалует.

Другое дело, если неудачливый малютка скоропостижно преставится, еще находясь под отчей крышей. Тут уж к Прохору Ивановичу какие упреки?

И надо же так случиться, что, едва Мите пришла в голову эта мысль, ужаснейшая из всех, как дверь тихонечко пискнула и стала понемножку открываться.

Задвижку надо было закрыть! Не додумался!

В щель просунулася голова, в потемках не разглядеть, чья. Но сверху и по бокам сей предмет был черный, обвислый: парик с буклями.

Он!

Увидев, что мальчик еще не ложился, Маслов скрытничать перестал. Открыл створку до конца, вошел.

— Не спится? — ласково спросил он. — А мне, старику, и подавно. Всё думы, соображения разные. Сядем рядком, потолкуем ладком?

Дверь прикрыл и, заслонив ее спиной, задвинул щеколду — этот скрытный маневр был выдан тихим полязгиванием.

Может, какой-нибудь другой мальчик, проворней рассудком или отважней, придумал бы что-нибудь иное, а Митя поступил просто, как велело естество: завизжал что было мочи. Без слов, но очень громко.

Примерно так:

— И-и-и-и-и-и!!!

И так:

— У-у-у-у-у-у-у-у-у!!!!

И еще так:

— Папенька-а-а-а-а-а!!!

Прохор Иванович свою мопсову челюсть отвесил, а сказать ничего не сказал. Да если б и попытался, вряд ли бы вышло, при таком-то шуме.

Прибежали, заколотили в дверь.

Митя как голоса услышал, сразу нечленораздельно вопить перестал, перешел на осмысленное:

— Я здесь! Сюда!

Куда Маслову деваться? Открыл задвижку, посторонился.

А в спальню кинулись и Жорж, и Малаша, и папенька с маменькой, и еще там был кто-то, не разглядеть.

— Что... что такое? — вскричал Алексей Воинович. — Что с тобой, сын мой? Приснилось что-ниб...

Тут он увидел Митиного ночного гостя и осекся.

— Ва... ваше превосхо... Что случилось?

Тайный советник, судя по недоуменно разведенным рукам, собирался врать, но Митя его опередил.

Бросился к папеньке.

— Я с ним не поеду! Он — Маг!

— Ну, конечно, приснилось, — улыбнулся папенька. — Какой маг? Это же...

— Великий! Из тайного ордена! Он убить меня хочет!

И стал объяснять, но, поскольку очень волновался, слишком частил — папенька лишь глазами хлопал, а в толк взять не мог.

Зато Маслов понял.

— Вон! — махнул он слугам. — Не вашего ума дело! Да смотрите мне, не подслушивать — в каторге сгною.

И снова дверь на засов закрыл, только теперь уже безо всякой тайности.

— Глядите, глядите! — закричал Митя родителям. — Он больше и не прячется! Скажите, чтоб парик снял! У него там под волосами знаки! Он заговорщик!

— Не шуми так! — Маменька закрыла уши. — Это несносно! У меня завтра будет мигрень!

Открыла дверь и вышла — вот как. А Маслов, злодей, опять щеколдой — вжик.

Вся надежда теперь была на папеньку.

— Что ты такое говоришь, душа моя? — растерянно пробормотал он. — Какие знаки? И почему ты называешь Прохора Ивановича заговорщиком? Как можно?

Ну как ему объяснить, чтоб понял, чтоб поверил? Да еще в присутствии этого!

— Вот, читайте! — воскликнул Митя и подал отцу письмо Великого Мага.

Алексей Воинович склонился над свечкой, стал читать.

А Прохор Иванович со вздохом сказал:

— Не зря я за тобой, дружок, гонялся. Не в меру востер. Был бы умом потусклее, можно было бы оставить среди живущих, а так увы. Невозможно.

Папенька от таких слов письмо выронил. Вряд ли успел дочитать и тем более вникнуть.

— Что вы говорите, ваше превосходительство?! Ведь это сын мой!

Выражение лица Прохора Ивановича удивительным образом переменилось: взгляд заблистал спокойно и властно, лоб разгладился и даже вислые собачьи брыли теперь казались не смешными, а исполненными воли и величия.

— Твой сын смертельно заболел, — сказал Великий Маг отставному секунд-ротмистру суровым, непререкаемым тоном. — Жить ему осталось всего ничего. Он при смерти, разве ты не видишь? Спасти его ты не в силах, можешь лишь сам заразиться неизлечимой хворью. Если не отойдешь в сторону — ты тоже не жилец.

Алексей Воинович ужаснейше побледнел.

— Но... я ничего не понял! Какой-то маг, какие-то знаки... Ваше превосходительство, умоляю! Чем я... чем мы вас прогневали?

— Ты глуп, Карпов, и в этом твое счастье. Сядь. — Маслов слегка толкнул папеньку в грудь, и тот попятился, сел на кровать. — Только поэтому я могу оставить тебе жизнь. Да не просто оставлю, а вознесу тебя на высоты, какие тебе не снились. Знаю, предел твоих мечтаний — услаждать похоть полудохлой старухи. Я же могу дать тебе неизмеримо больше. Мне нужен доверенный помощник. Безымянность во многих смыслах полезна, но по временам крайне неудобна. Обычным слугам не всё доверишь — так можно себя и выдать...

— Я... я всё равно не понимаю... — пролепетал Алексей Воинович.

— То-то и хорошо. Мне не нужен шустрый, от такого жди измены или ненужного извива мысли. Ты же удовольствуешься ролью моего рычага, посредством которого я буду приводить в движение махины. Ты будешь единственный из живущих, кто знает про знаки, и уже одно это вознесет тебя надо всеми.

— Папенька, не слушайте его, он врет! — крикнул Митя, чтобы родитель поскорей пришел в себя, очнулся. — Вы не единственный, кому будет ведомо про знаки на его теле! Еще Мартын знает, глухой экзекутор! А раз Маслов вам в этом врет, то и всё прочее ложь, только чтоб заморочить!

Тайный советник посмотрел на Митю и улыбнулся.

— Бедный Мартын Исповедник. Помер он, Митюша. В тот же самый вечер, когда мы так неудачно допросили Пикина. Выпил Мартынушка протухшей водки и приказал себя поминать. Если б он не только глухой, а еще и немой был, тогда ладно бы. А так нельзя, сам понимаешь. Ты ведь у нас умник. Догадался ведь в тот же вечер к себе не возвращаться, сбежал из Питера.

Так вот он чего больше всего испугался, дошло до Митридата. Что я в тот же вечер исчез. Не знает про изгнание из Эдема! Откуда ему? Решил, что я всё понял и пустился в бега — от него, от Великого Мага. Так, получается, Пикин мне тогда жизнь спас, вышвырнувши из окна?

— Я не зверь, но ведь большое дело на мне, — продолжил Прохор Иванович. — Сколько людей в меня верят, и каких людей — не твоему батьке чета. Светлые головы, радетели Отечества. По одному подбирал, как жемчужины в ожерелье. Как за дело возьмёмся — у нас горы прогнутся, реки вспять потекут. А тут ты. Я людей хорошо знаю, изучил за долгую службу. У тебя талант из цифири корень извлекать, а я умею то же с людишками производить, каждого до самого корня вижу. Вижу и тебя. Ты мозгами резв, да не мудр. И мудрым никогда не станешь, потому что душонкой слаб. Гниль в тебе, которую для красоты жалостью зовут. Не способен ты к нерассуждающему повиновению. От тебя большое дело погибнуть может. Сам рассуди — можно ль тебе жить? Никак нельзя.

Верно, оттого что, говоря это, тайный советник смотрел на Митю и не цепенил папеньку своим магнетическим взором, Алексей Воинович скинул морок, стал приходить в себя.

— Не поспеваю мыслью за вашими речениями, — воскликнул он, подбежав к сыну и обняв его, — но вижу, что вы желаете Митридату погибели. Сжальтесь над младенцем! Или уж разите нас обоих!

Сказал — и рубашку рванул, как бы обнажая грудь. Никогда папенька не был таким красивым, как в этот миг!

Но Маслов родительской самоотверженностью не восхитился, равнодушно пожал плечами:

— Гляди. Мне что одного похерить, что двоих. Только не будь еще глупей, чем я про тебя думаю. Чем лишиться всего, лучше потерять часть. У тебя ведь есть и другой сын. Решай, Карпов. У меня театры разводить времени нет. Желаешь умереть — умрешь. Хочешь жить — поедешь со мной в Питер. Жену и старшего сына бери с собой. Для начала выговорю тебе чин статского советника, да в память о царицыном воспитаннике тысячонку душ. Для утешения. Но это пустяки. Скоро свершится некое событие, после которого мой помощник получит всё, что пожелает — хоть графский титул, хоть министерство. Только служи верно, не двурушничай.

— Графский титул? — повторил Алексей Воинович. — Ми... министерство?

И вдруг перестал быть красивым.

— Да. Или смерть. Выбирай.

Папенька всё еще прижимал сына к себе, но как-то рассеянно, без прежней горячности.

— Но... но что я скажу супруге, родившей в муках это дитя?

Взглянул на Митю сверху вниз — боязливо, словно не на живого человека, а на покойника.

Маслов отмахнулся:

— Насколько я успел узнать твою жену, ей можно набрехать что угодно. Через месяц она и не вспомнит, что у нее было два сына, а не один. О, твоей Аглаюшке будет чем себя занять в Санкт-Петербурге.

По лицу Карпова-старшего ручьем потекли слезы.

— Бог свидетель, я имел о тебе попечение самого нежного отца, но что я могу сделать? — зарыдал он, обнимая сына. — Ты же слышал, его превосходительство говорит, что ты всё равно обречен. Так не будь жестокосерден, не разрывай мне сердце. Подумай о матери, о брате, о твоем любящем отце наконец!

И Митридат понял, что в самом деле обречен, теперь уже окончательно и бесповоротно. И заплакал. Но не от страха, а от невыносимой печали.

Папенька разомкнул объятья, сделал шажок в сторону. Осторожно вытянул руку, погладил сына по голове.

— Бедное дитя! Ты ни в чем не виновато! Истинно говорят, что рано созревшие дарования не живут долго. Плачь, плачь! Ах, сколь мало наш рассудок способен предотвратить уготованные нам удары Фортуны и еще менее пригоден для нашего утешенья!

Глава двадцать первая
СОЛНЕЧНЫЙ УДАР

— Утешайтесь тем, что скоро всё кончится, — шепнул Макс, из чего Николас понял, что физиономия у него, должно быть, бледная и перевернутая.

Команда покинуть квартиру поступила всего минуту назад. Оба мобильных телефона зазвонили одновременно: один у Макса, второй у Фандорина.

— Тут была задержка, — раздался в трубке мягкий, приглушенный голос Игорька. — Председатель комиссии опоздал. Теперь всё нормально. Вперед. Телефон всё время держите возле уха. Я предупредил ассистентку Ястыкова: если связь прерывается, не важно по какой причине, хоть бы даже технической, договору конец. Не молчите, всё время что-нибудь говорите, а я буду информировать вас о ходе торгов.

«Задержка» была нешуточной — почти полчаса, и с каждой минутой напряжение в прихожей, где заложники и охрана дожидались сигнала, возрастало.

Жанны не было, она состояла при своем боссе и руководила операцией по телефону. Николаса и Миранду опекали двое старых знакомых, Макс и Утконос. Поначалу Фандорин усмотрел в малочисленности стражи хороший признак, но по мере того, как пауза затягивалась, всё более крепла другая версия, нехорошая: это охраны должно быть много, а вот киллеров вполне достаточно и двоих. Магистр изо всех сил улыбался Мире и даже подмигивал — мол, всё хорошо, всё идет по плану, а сам уже готовился к худшему.

Когда враз затрезвонили телефоны, Николас чуть не вскрикнул от облегчения.

Сразу же вышли на освещенную солнцем лестницу: впереди Утконос, придерживающий за локоть Миру, потом, в такой же сцепке, Фандорин с Максом.

Тогда-то Николасов надзиратель и прошептал неожиданные слова утешения. А еще прибавил:

— Идем медленно и, пожалуйста, без самодеятельности. Помните, что жизнь девчушки в ваших руках. У меня инструкция: если что, валить ее первой.

По улице шли прогулочным шагом, по двое, сопровождаемые еле ползущим вдоль бровки джипом. Утконос держал Миру за руку, сзади они были похожи на старшего брата и сестренку. Макс с Николасом, кажется, производили менее идиллическое впечатление: идут два мужика под ручку, каждый прижимает к уху мобильник. Фандорин слышал, как в стайке шедших навстречу подростков зашептались: «Гляди, гляди — пидоры».

— ...Председатель зачитывает условия торгов, — шелестел в ухе вялый голос Игорька. — Это минут на шесть, на семь. У вас всё окей?

— Да-да.

Максу, видно, тоже полагалось подавать начальнице звуковые сигналы, но он ограничивался тем, что время от времени мычал в трубку:

— Мгм... Мгм... Мгм...

Так и шествовали по окраине столицы. Утро было не по-ноябрьски свежее и яркое, только вот холодное — без ватного одеяла облаков земля зябла.

— А Кимринская улица это где? — спросила Мира, оборачиваясь.

Фандорин прищурился от солнца, посмотрел на табличку, в которую тыкала пальцем его невоспитанная воспитанница. Пожал плечами:

— Москва — город большой.

— Что? — удивился куценковский секретарь. — В каком смысле?

Макс предупредил:

— О местонахождении пока молчок.

— Это я Мире, — сказал Николас секретарю, охраннику успокаивающе кивнул, воспитаннице сказал. — Впервые про такую слышу.

— А еще москвич, — разочарованно протянула она и засеменила дальше — Утконос дернул за руку, чтоб не останавливалась.

— Так, с условиями закончили, — докладывал Игорек. — Теперь представляют учас-

тников тендера. Первый — Мират Виленович... У вас порядок?

— Да, — ответил Фандорин, наблюдая за
Мирой.

Какие крепкие у девочки нервы! Или, может быть, всё дело в физиологическом детском оптимизме?

Казалось, Мира наслаждается этим смертельно опасным променадом. Вертела головой
во все стороны, что-то сама себе приговари-
вала. Пыталась завязать беседу с камнеподоб-
ным Утконосом, не дождалась ответа и тогда
снова повернулась к Нике:

— Неужели это тоже Москва? Всё равно
что центр в Краснокоммунарске! А я думала, вся Москва — это такие улочки, где вместо асфальта квадратные камни, и всюду ма-
газины. А в них каждая фигнюшка, даже вот
такусенькая, стоит дороже, чем зарплата у Роберта Ашотыча.

В другое ухо нудил Игорек:

— ...Закончил представитель ЗАО «Мед-
прогресс», следующий Ястыков. Потом еще
«Петрофарм», и всё, начнется аукцион. Как
у вас? Нормально?

— Да.

— Что? — спросил вдруг своего невиди-
мого собеседника (вернее, собеседницу) Макс.
Его голос прозвучал чуть громче, чем прежде. — Точно? ...Понял.

— ...Я говорила, не надо мне шарфик за
триста пятьдесят у.е. покупать, а Инга гово-

рит, привыкай, — стрекотала Мира. — Я думала, в Москве все цены такие, а вон, смотри, в палатке почти такой же шарфик, и всего пятьдесят пять рэ.

Макс сунул телефон в карман. Что это могло означать?

— В чем дело? — спросил Николас.

— А? — спросил Игорек.

— Всё нормально, — ответил Макс и тронул за плечо Утконоса. — Шесть-шестнадцать.

Снова убрал руку в карман.

— Минутку, — быстро заговорил Николас в трубку. — Здесь, кажется, что-то...

Увидел, как Утконос дернул Миру к себе, в его правой руке блеснул металл. Ника хотел крикнуть, но в тот же миг что-то кольнуло его в шею.

Кимринская улица с грязно-серыми параллелепипедами домов закачалась, Фандорин всплеснул руками, чтобы удержаться на ее скользкой поверхности, запрокинул голову, и солнце ударило его прицельным огнем безжалостных лучей прямо в мозг.

Магистр зажмурился и провалился в черноту.

Сознание вернулось к нему сразу, без каких-либо прелюдий. Николас услышал мерный стук, открыл глаза, увидел белый потолок с трещиной вдоль шва и рывком сел.

От резкого движения комната покачнулась, и он испугался, что снова, как на Кимринской улице, соскользнет по наклонной поверхности в черную дыру, но, немного покачавшись, мир встал на место. Стук, правда, остался, он доносился из открытой двери.

Комната была знакомая — та самая, откуда Мира разговаривала по телефону с отцом.

— Что это? — кривясь, спросил Фандорин про стук, отдававшийся эхом в затылке.

— Девчонка бесится, — мрачно ответил Макс. — Минут десять, как очухалась. Сначала кричала, теперь просто в дверь колотится. Ничего, здесь звукоизоляция.

Он стоял у окна и смотрел вниз, на улицу. Второй расположился на стуле у двери, чистил ножом ногти.

— Обманули, — констатировал Фандорин.

— Это точно, — подтвердил Макс. — Кинуто красиво. Вам по телефону что говорили?

— Кто? Секретарь Мирата Виленовича? Что идет представление участников тендера.

— Ага, представление. — С кривой улыбкой Макс повернулся, но лица его было не видно — сзади сияло солнце. — Мозги он вам пудрил, вот что. Аукцион продолжался одну минуту. Назвали стартовую цену — восемьдесят миллионов, Куценко сразу бухнул: сто. И всех заткнул. Продано! Ну, Жанна и приказала: «Шесть-шестнадцать». Это значит, вернуть обоих на место. Такие дела, Николай Александрович.

Николас затряс головой.

— Не может быть! Этого просто не может быть! Жанна врет! Ваш работодатель нарушил договоренность!

Макс смотрел на Фандорина с сочувствием.

— Непохоже. Я с Жанной второй год работаю, никогда у нее такого голоса не слышал. Еще бы, для нее это облом неслыханный. Сюда едет. Уже два раза звонила с дороги. Вся на нерве, бешеная. Жалко мне вас. Ну вас-то она, наверно, просто пришьет, а на девчонке отыграется по полной. Жанна, она знаете какая. Верно, Толь?

Утконос, которого, оказывается, звали Толей, не поднимая головы, кивнул. С левой рукой он покончил, взялся за правую.

Николас пытался собраться с мыслями, но голова была какая-то свежемороженная, мысли в ней прыгали, как пельмени в пачке, только что вынутой из морозилки.

— Чем это вы меня?

— Стрельнул ампулой ликвозола. Ничего, мозги сейчас оттают. Только чувствительность не сразу восстановится. Может, оно и к лучшему? — Макс вздохнул. — Хотите вколю еще дозу, послабее? Пока она не приехала. Мало ли что ей в голову взбредет. Не так больно будет. Помнишь, Толь, как она того, лысого?

Утконос снова кивнул.

— Я на что уж всякое повидал, и то после спать не мог.

Разговорчивый охранник передернул плечами, сел рядом.

У него в кармане зазвонил телефон.

— Я, — сказал он в трубку. — Всё нормально... Да, оба... Окей.

Фандорину пояснил:

— Она. На Дмитровское повернула.

Время уходило, неостановимо утекало меж пальцев. По сравнению с чудовищем, которое неслось сейчас на север по Дмитровскому шоссе, сторожившие квартиру убийцы казались Николасу чуть ли не добрыми знакомыми. По крайней мере, один из них, в ком жестокая профессия не до конца вытравила живое, человеческое. Ах, если бы поговорить с ним наедине, чтоб в двух метрах не сидел этот угрюмый австралопитек со своим узким, длинным ножом!

Но выбора не было.

— Послушайте, Макс, — быстро, но всё же стараясь не глотать слова, начал Фандорин. — Я не знаю, какую жизнь вы прожили и почему занимаетесь тем, чем занимаетесь. Наверно, вам за это хорошо платят. Наверно, вам нравится ощущение риска. Не сомневаюсь, что у вас есть веские основания относиться к человеческому роду с презрением. Всё так. Но ведь у вас есть душа. Это не выдумки, она действительно есть! И ваша душа подсказывает вам, что можно делать, а чего ни в коем случае нельзя. Вы, конечно, не всегда ее слушаете, но всякий раз, когда вы идете ей наперекор, вам потом бывает скверно. Ведь так?

Черт! Снова телефон! Как невовремя!

— Я... Сейчас. — Макс щелкнул пальцами Утконосу. — Толь, проверь, тут ванная со звукоизоляцией или как... Сейчас, Жанна... Да, оба очнулись.

Утконос отсутствовал меньше десяти секунд. Вернулся, кивнул.

— С изоляцией, — сказал в трубку Макс, и разговор закончился.

Пряча телефон в карман, пояснил:

— На светофоре стоит, Петровско-Разумовское проехала. Ну, гонит!

— Вы же понимаете, зачем ей это нужно, — еще быстрей заговорил Николас. — Она собирается истязать девочку. Даже не ради того, чтобы выпытать какую-то информацию. Какую информацию может знать ребенок? Нет, ваша начальница просто выместит на ней свою ярость. Может быть, сейчас вам кажется, что это неприятный инцидент, не более. Но пройдут месяцы, годы, а это ужасное злодеяние будет висеть на вашей совести камнем. Вы будете слышать крики, видеть искаженное болью лицо ни в чем не повинной девочки. Вы не сможете это забыть!

Опять звонок.

— Я... Сейчас... Толя, сходи, посмотри, а розетка там есть?

— Есть, я смотрел, — впервые за всё время раскрыл рот Утконос.

— Есть, — доложил Макс. — Вы где? Ясно.

Положил телефон на стол.

— Уже свернула на Кимринскую. Сейчас будет. Несется, как ведьма на метле! Мне жаль, Николай Александрович. Правда, жаль, но...

— Да вы не меня жалейте! — перебил его Ника. — И даже не девочку. Вы себя пожалейте! Если в вас остается хоть кусочек живой души, вы же потом сами себя изгрызете!

— Нет, не могу. И кончайте вашу пропаганду, не то надену железки и рот заклею. — Макс встал, выразительно позвенел прицепленными к поясу наручниками. — Если Жанна прикажет, я вас лично лобзиком на бефстроганов настругаю, при всем хорошем отношении. Я не слюнявка, а профессионал, ясно? Вы бы лучше насчет ликвозола подумали, а то поздно будет.

Из передней донесся скрежет ключа. Ничего ужаснее этого обыденного звука, такого мирного, домашнего, Николасу доселе слышать не приходилось.

— Ну вот, опоздали, — развел руками Макс. — Толя, пригляди-ка за ним.

И вышел в холл.

Жанна ворвалась в комнату со стремительностью гоночного автомобиля. Волосы новоявленной Медузы топорщились черными змейками, лицо застыло в маске ярости, а зрачки сжались в крошечные точки. Нанюхалась кокаина, догадался Николас, пятясь к стене.

Он был готов к тому, что кровожадная мстительница сразу кинется на свою жертву — собьет с ног, вцепится в горло, а то и выстрелит, но Жанна на него даже не взглянула. Остановилась и медленно, даже несколько заторможенно, произнесла:

— Сегодня день моего позора. Моя репутация погублена, восстанавливать придется долго. Но ничего, я уже придумала, как извлечь из этого разгрома пользу. Такое устрою — легенды будут рассказывать. Ни одна тварь не посмеет со мной шутки шутить.

— Что делать-то? — нервно спросил Макс. — Ты говори.

Она кивнула в сторону холла.

— Там у меня в сумке магнитофон. Буду работать с девчонкой в ванной и записывать. Потом пошлю кассетку Куцему. Хотела на видео, но аудио лучше. Можно и по телефону запустить, и по офисной трансляции — отовсюду. Он у меня, сука, от любой техники шарахаться будет. Что бы ни включил — отовсюду вопли доченьки. Ночью, днем. Здесь, за границей. Денег и времени я не пожалею. Представляете? — Ее губы раздвинулись в стороны, но это трудно было назвать улыбкой. — Включает Куцый утром электробрит-ву, а оттуда писк: «Па-апа! Па-почка! А-а-аа!». Я знаю, как это устроить — вопрос техники.

— Послушайте, вам сейчас не об этом нужно думать! — громко, словно к глухой или буйнопомешанной, обратился к ней Фандорин. — Ваша главная проблема — Ястыков. Вы его подвели, ваш план не сработал. Он захочет с вами рассчитаться. Не отнимайте жизнь у других, лучше спасайте свою!

Жанна развернулась к нему всем телом, и Николас вжался в стену.

— А, мастер разумных советов! Спасибо за рекомендацию, но с Олежеком я уже поговорила, проблем не будет. Как же мне быть с вами, добросердечный Николай Александрович? — Она посмотрела на него взглядом повара, решающего, как бы ему приготовить кусок мяса. — Нет, током в чувствительные места я вас жучить не стану. Есть идея получше. Для начала вы послушаете, как визжит и орет ваша Мирочка. А потом я организую вашему семейству инсценировку по Эдгару Аллану По. Читали про дом Эшеров? Мое любимое литературное произведение.

Она засмеялась, довольная произведенным эффектом. Потом деловито приказала:

— Девчонку раздеть, запястья и щиколотки сковать. Рот не затыкать — пускай солирует.

— А этого? — спросил Макс, показав на Фандорина.

— Пускай бегает вокруг, машет руками. Работать веселей. Если размашется слишком сильно, стукните разок-другой, но не сильно, чтоб не отрубился. Давайте, парни, давайте!

— Сейчас сделаем.

Макс вышел из комнаты и направился к двери, о которую упрямо и безнадежно билась Миранда. Второй охраннник почесал ножом бровь, поднялся со стула, но дальше не двинулся — видимо, решил, что напарник справится и один.

Выскочив в холл следом за Максом, Фандорин крикнул только два слова:

— Ради Бога!

Жанна и Утконос стояли у него за спиной, но магистр их не замечал. Его взгляд был прикован к крепкой, поросшей рыжеватыми волосками руке, которая тянулась к засову — миллиметр за миллиметром, нескончаемо. Время растягивалось, будто резиновое, секунда всё никак не желала кончаться.

И вдруг оказалось, что Николас существует в другом временном масштабе, что он может поймать эту нескончаемую секунду за гуттаперчевый хвост, удержать, вернуть обратно.

С истошным воплем, которого сам он не слышал, Фандорин ринулся вперед. Неуклюже согнувшись, двухметровый магистр пересек неширокий холл и с неостановимостью мяча, летящего к баскетбольному щиту, ударил охранника головой в позвоночник.

Столкновение было такой силы, что Макс вмазался лицом в дверь и, полуоглушенный, сполз на пол. Временно утративший рассудок и цивилизованность Ника рухнул на врага сверху, схватил его руками за горло.

Откуда-то сзади, словно сквозь перегородку, донесся женский голос:

— Стоп, Толя. Не надо. Дай посмотреть корриду.

Автоматическим, но безупречным по точности движением Макс ткнул Фандорина пальцем в солнечное сплетение и, воспользовавшись тем, что хватка всхрипнувшего магистра ослабла, высвободил шею. Рванулся вбок, сбросил с себя противника, да еще врезал ему ребром ладони пониже затылка — так, что Николас упал лицом в пол.

— Браво, — сказала Жанна, но Фандорин уже ничего не слышал. Он увидел прямо перед собой ногу в черном ботинке и полусползшем носке, зарычал, извернулся и вгрызся зубами в сухожилие (кажется, оно называлось ахиллесовым).

— А-а-а! — взревел Макс и присел на корточки, чтобы дотянуться до головы осатаневшего заложника.

Выплюнув кровь и лоскут кожи вместе с нитками, Ника вслепую выбросил руку, схватился за что-то. Это был ворот рубашки. Тогда Фандорин вывернулся своим длинным телом по какой-то немыслимой траектории, противоречившей законам анатомии, и со всей силы рванул Макса на себя.

Потерявший равновесие охранник с тупым стуком ударился лбом о паркет, Николас же вцепился и второй рукой — но не снизу, а сверху, в воротник, и исступленно принялся колотить головой врага по полу.

Бум! Бум! Бум!

На четвертом или пятом ударе Макс обмяк, завалился на сторону, но Николас не сразу понял, что схватке конец — всё тряс и тряс бесчувственное тело, никак не мог остановиться.

В себя его привел отчаянный крик из-за двери:

— Гады! Гады! Что вы с ним делаете?!

— Всё в порядке, Мирочка, всё в порядке, — прохрипел Фандорин, с ужасом и недоверием глядя на дело своих рук — неподвижного человека, из-под лица которого резво выползали два языка крови.

Поднялся на ноги, шарахнулся от подбиравшегося к ботинку красного ручейка, замахал руками и увидел, что руки тоже в крови.

Сзади раздались громкие хлопки. Это аплодировала Жанна.

— Редкое зрелище, — сказала она, зачем-то снимая пиджак. — Чтоб бык забодал тореадора. Я читала, что таким героическим быкам ставят памятники. Но коррида продолжается. Впервые на арене Северного округа столицы женщина-матадор Жанна Богомолова.

Она вскинула руку, имитируя приветствие матадора. Отшвырнула один за другим туфли на высоком каблуке. Вжикнула молнией юбки, сбросила и ее. Осталась в черных колготках, шелковой блузке.

— Ну-ка, чемпион реслинга. — Жанна сделала манящий жест. — А теперь одолейте слабую женщину. Если получится — отпущу и вас, и сиротку. Соглашайтесь, приз серьезный.

Приступ безумия, на минуту превративший выпускника Кембриджа, отца семейства и убежденного противника насилия в дикого зверя, закончился. Николас неловко выставил руки вперед — не для того, чтобы драться, а чтобы защититься от удара. Жанна же чуть согнула колени, опустила голову и сделалась ниже своего визави на добрых полметра.

Утконос Толя наблюдал за невиданной сценой, поигрывая ножиком. На туповатом лице не отражалось никаких эмоций — ни волнения, ни даже любопытства.

— Послушайте... — начал Николас — и поперхнулся, получив удар ногой по плечу.

Схватился за ушибленное место, а быстрая, как рысь, противница уже ударила его с другой стороны — под колено.

Фандорин грохнулся на пол. Только приподнялся — новый удар, тоже ногой, но теперь в лоб.

Стукнулся затылком о галошницу, на миг потемнело в глазах.

Кое-как поднялся, ткнулся спиной в висящую на вешалке одежду.

— Ну же, ну, — поманила его Жанна. — Бодни меня, бычок, как бедного Макса.

Она протянула руку, чтобы взять Николаса за полу пиджака. Он хотел отбросить узкую, быструю руку, но только рассек рукой воздух, а наманикюренные пальцы цепко ухватили его за нос и дернули книзу, так что магистр сложился пополам.

Второй рукой Жанна ухватила его за ремень брюк, оторвала от пола, швырнула на живот.

Ударившись локтями и коленями, он перевернулся на спину, но встать не успел. Маленькая ступня прижала его к паркету, вырваться из-под этой стальной пяты было невозможно.

Как кошка с мышонком, мелькнуло в голове у пропадающего Николаса. Силы в руках уже не оставалось.

— Бык повержен, — объявила Жанна. — Внимание! Завершающий удар.

Села побежденному на грудь. Наклонилась, шепнула:

— Сейчас умрешь. Поцелую, а потом умрешь.

Он ощутил на горле ледяные пальцы и увидел совсем близко два неистово сверкающих глаза с черными змеиными точками посередине.

Просипел:

— Я бы предпочел наоборот.

Шутка, прямо скажем, была не Бог весть, даже с учетом крайних обстоятельств, но Жанну она почему-то ужасно развеселила.

Женщина-вамп издала горловой, булькающий звук, глаза ее расширились, как бы от радостного изумления, а красные губы приоткрылись, и из них на подбородок полилась алая, пузырящаяся жидкость.

Не пытаясь разобраться в природе этого загадочного явления, а лишь пользуясь тем, что хватка на горле ослабела, Николас отдернул голову, чтобы кровь не пролилась ему на лицо.

Увидел сверху, над Жанной, Утконоса.

Он стоял и, наморща лоб, смотрел на свою правую руку.

В руке у Утконоса был всё тот же ножик. Только лезвие из светлого стало темным.

Он вздохнул, наклонился, рывком поставил Фандорина на ноги. Жанна опрокинулась на пол, ее рука откинулась в сторону, блеснув серебристыми ногтями.

— Вы работаете на Мирата Виленовича, да? — спросил Николас убийцу.

Тот помотал головой, вытер нож о блузку мертвой женщины. На белом шелке осталось две длинных алых полосы.

— Тогда... тогда почему?

Утконос почесал бритый затылок, нехотя ответил:

— Не знаю... Наверно, потому что хреновый из меня профессионал. Вот Макс — другое дело.

Он склонился над своим поверженным напарником, стал щупать ему пульс на шее.

— Я не понимаю, — всё не мог опомниться Ника. — Так вы не человек Мирата Виленовича?

— Нет. Я просто человек. Сам по себе. Угу, вроде жив...

— Правда? — обрадовался Фандорин. — Я его не убил?

— Нет. Оклемается.

— Коля! — закричала через дверь Миранда. — Ты живой? Коля!

— Да-да, — нетерпеливо откликнулся он. — Анатолий, почему вы это сделали? Я думал, вы...

Фандорин не договорил, потому что не сумел подобрать правильных слов, но Утконос понял и так.

— Ты думал, я пень безухий? Нет, Коль, я давно к тебе приглядываюсь. Правильный ты мужик. Пацаненка тогда на шоссе спас. И вообще. Говоришь по делу. Правду ты сказал — потом сам себе печенку выгрызу. Главное, девчонка-то чего ей далась? Ну, замочи ее, чтоб не заложила или в отместку. А мучить зачем?

Толя открыл комнату, где была заперта пленница, и немедленно получил удар дверью по носу. В холл стремглав вылетела Мира, мельком взглянула на следы побоища и бросилась к Николасу.

— Уроды! Козлы! Что они с тобой сделали! Тут больно? — Она потрогала его щеку, отняла пальцы — они были красными. — А тут?

— Да ерунда, ссадины, — ответил Ника, чувствуя себя персонажем из голливудского фильма. (Are you okay? — I'm fine. И небрежно размазать кровь по лицу.)

— Валить надо, — сказал Толя. — Ты правильно говорил. Ястыков за облом с нас спросит.

Мира посмотрела на Утконоса, перевела взгляд на Фандорина.

— Он что, за нас?

Николас кивнул.

— Его папа подослал, да?

— Нет. Твой папа... купил Ильичевский комбинат...

Сказал — и отвернулся, чтобы не видеть ее лица. Мира шмыгнула носом. Плачет?

Нет, ее глаза были сухими, только блестели ярче обычного.

— Тогда почему он нам помог? — шепнула она Николасу на ухо.

— Потому что слово эффективнее кулака, я тебе это уже объяснял.

Она взяла его за руку, посмотрела на разбитые костяшки:

— Оно и видно. — И вдруг поцеловала его окровавленные пальцы, а потом расплакалась.

324

Толя тронул Фандорина за плечо.

— Всё, ноги. Макс пускай сам. Он скоро очухается. Калач тертый, выкрутится.

У подъезда Утконос быстро повертел головой вправо-влево, сунул Николасу пятерню.

— Ладно, Коля, бывай.

— Ты куда теперь?

— На Кавказ подамся. К абхазам или в Махачкалу. Там работы много.

Он поднял воротник куртки, кивнул Мире и, перепрыгнув через заборчик, двинул прямо сквозь голые кусты. Закачались ветки, потом перестали. От плохого профессионала по имени Толя осталась только цепочка рифленых следов на снегу.

— А мы куда? — спросила Мира, размазывая слезы. — К папе, да? Или куда?

К папе хорошо бы — чтоб задать ему пару вопросов, подумал Николас. Но сказал не так:

— Пока не знаю. Главное — подальше отсюда.

Быстро шли по Кимринской улице. Мира еле поспевала за размашистым шагом учителя, вынужденная то и дело переходить на бег.

Фандорин через шаг оглядывался назад, голосуя автомобилям.

Первым остановился фургон «газель».

— Куда надо? — спросил шофер.

— Куда-нибудь подальше, — пробормотал Николас, нервно глядя на вылетевший из-за

325

поворота черный джип. Вспомнив, что по мобильному телефону можно определить местонахождение, вынул аппарат из кармана, потихоньку бросил под колесо.

— За стольник докачу хоть до Ерусалима, — весело предложил водитель.

Джип пронесся мимо.

— Куда-куда? — уставился Ника на шутника. — До Иерусалима?

— Ну. В Новый Ерусалим, свечки везу.

А, это он про Ново-Иерусалимский монастырь, дошло до Николаса. Вот кстати. Оттуда и до Утешительного недалеко.

Хотя это еще надо было подумать, ехать в Утешительное или нет.

Вот по дороге и подумаю, решился Фандорин.

Сели, поехали: веселый шофер — слева, пел про батяню комбата и товарища старшего сержанта; Николас — справа, думал про Мирата Виленовича и Олега Станиславовича; Мира — посередине, всхлипывала и шмыгала носом.

Так, каждый при своем занятии, и катили до самой Истры.

Купол Воскресенского монастыря — пузатый, несуразный, не похожий ни на одно известное Николасу творение православной архитектуры — засверкал позолотой над полями задолго до того, как грузовичок подъе-

326

хал к тихому городку. Заглядевшись на диковинную конструкцию, Фандорин на минуту отвлекся от насущных мыслей, вспомнил жестоковыйного патриарха Никона, который затеял в дополнение к Третьему Риму и даже в затмение оного воздвигнуть новый Господень Град. А поскольку ни патриарх, ни его зодчие в Святой Земле отродясь не бывали, то черпали сведения с европейских картин, на которых Иерусалим изображался в виде фантастического златобашенного бурга готико-мавританского обличья. Как это по-русски, подумал Николас: материализовать заведомую европейскую химеру. Но лучше уж монастырь, чем логический немецкий парадиз в одной отдельно взятой нелогической стране.

Попрощались с шофером, который отправился с накладными к какому-то отцу Ипатию. Остались у надвратной башни вдвоем.

Дилемма, над которой Фандорин ломал голову всю дорогу от Москвы, так и не была решена.

Идти к Куценко или нет? Этот человек сделал свой выбор. Наверняка давшийся ему нелегко, но всё же окончательный и обжалованию не подлежащий. Было, скорее всего, так. Он искренне намеревался выполнить условия сделки, но, когда увидел торжествующую физиономию врага, ненависть выжгла из его сердца любовь, перевесила ее. Или же порыв был менее романтического свойства: Мират Виленович просто физически не смог выпустить из рук желанный куш. Закоченел, как чеховский дьячок при виде лохани с черной икрой, и забыл обо всем на свете. Так или иначе, он сам отказался от дочери. Согласился с тем, что он больше не отец.

Вопрос в том, согласилась ли с этим Мира?

Девочка немного постояла возле молчаливого магистра и отправилась гулять по монастырской территории. Задрав голову, разглядывала купола, садилась на корточки, чтобы прочитать полустертые надписи на старинных надгробьях. По виду — самая обычная экскурсантка. Приехала с классом или с родителями, да и отбилась от своих.

Ладно, Мират Виленович оказался негодяем, думал Николас. В иных обстоятельствах следовало бы предать эту жертву алчности, этого скупого рыцаря презрению, вычеркнуть из своей жизни. Но у кого кроме Куценко искать защиты от опасности?

Жанны больше нет, но Ястыков-то остался. Он наверняка жаждет возмездия, а головорезов у Олега Станиславовича и без Жанны предостаточно. Кто-то из них приставлен следить за фандоринской квартирой. А там живет маленькая черноволосая женщина и двое четырехлетних любителей сказок, которых Ясь обещал оставить в живых, только если операция пройдет успешно. Ястыков же, как он сам сказал, человек слова.

И все прочие соображения стали несущественными.

Николас быстро направился к Мире, сосредоточившись только на одном: как уговорить ее вернуться к отцу. Если девочка заупрямится, Алтын и дети погибли — защитить их будет некому.

Миранда склонилась над серой, поросшей мхом плитой. Оглянулась на Фандорина, и он увидел, что ее глаза сухи, а лицо непроницаемо. Значит, уже приняла решение, с замиранием сердца понял он.

— Смотри, какая смешная надпись, — сказала она, водя пальцем по полустершимся буквам. — *«На сем месте погребен конной гвардии вахмистр Дмитрий Алексеевич Карпов на седмом году возраста своего веселившимся успехам его в учении родительским сердцам горестное навлекший воспоминание преждевременною 16 марта 1795 года своею кончиною. Покойся милый прах до невечерня дня».*

— Что ж тут смешного?

— Ну как же — вахмистр на седьмом году возраста. И грамматика — шею свернешь.

— Витиеватость считалась в те времена хорошим тоном, — объяснил Николас, не зная, как подступиться к разговору.

Мира задумчиво протянула:

— Красиво — «до невечерня дня». Отчего малыш умер? Жалко.

Выпрямилась и пошла гулять дальше, Николас же шел следом, уже чувствуя с нарастающим отчаянием, что не найдет таких слов, которые заставили бы его гордую воспитанницу вернуться к предавшему и продавшему ее отцу.

В этот холодный и солнечный ноябрьский день монастырь был почти безлюден. Присыпанные снегом деревья, забытые могилы, утонувшие в земле старые стены — всё это, казалось, и не нуждалось в людях, отличным образом обходилось без них.

Может быть, именно поэтому Мира повернула от церквей в сторону дальней стены, где располагались домики монастырских служителей.

Николас тащился следом, невидящим взглядом посматривая на палисадники, огороды, окошки с цветными занавесками. Как найти правильные слова, чтобы она переступила через свою боль, через ужасную травму и, несмотря ни на что, простила Мирата Виленовича? Есть ли вообще на свете такие слова?

Было очень тихо, только поскрипывал снег под ногами, да бубнило где-то радио.

— Криминальная хроника, — произнес бодрый женский голос. — Сегодня утром в автомобиле «БМВ», припаркованном на стоянке возле здания Госкомимущества, обнаружены два трупа с огнестрельными ранениями. Оба мужчины убиты выстрелом в рот.

Судя по документам, это известный предприниматель, владелец сети аптек «Добрый доктор Айболит» Олег Ястыков и его шофер Леонид Зайцев. Несмотря на то, что двойное убийство произошло в людном месте и в дневное время, свидетелей преступления нет. Оперативно-следственная группа...

— Мира! — закричал Фандорин во всё горло. — Мира!

И не смог продолжить — пошатнулся. Облегчение было таким абсолютным, таким физическим, что его замутило, как водолаза, слишком быстро вынырнувшего из-под толщи воды.

— Что?! Коля, что с тобой?! — испуганно пискнула Мира.

Кинулась к нему, крепко обняла, чтобы не упал.

— Тебе нехорошо? Сердце?

— Она его убила, — с не по-христиански ликующей улыбкой сообщил Николас. — Жанна. Ястыкова. Выстрелом в рот. Это её манера. Вот почему она сказала: «С Олежеком проблем не будет». Мне... то есть нам больше нечего бояться.

— Ну и хорошо, — сказала она помолчав. — Значит, я могу туда не возвращаться.

Он несколько раз моргнул, не сразу вникнув в смысл её слов. Когда же вник, стало стыдно — за то, как плёлся сзади побитым псом и подыскивал ключик к её сердцу.

— Ну и правильно.

Николас снял снежинку с ее волос, потом другую, третью. Не удержался, поцеловал туда, где у корней золотился нежный пушок.

— Поехали в Москву. Будешь жить у меня.

Сказал — и вдруг представил картину своего возвращения. Пропадал невесть где десять дней, морочил жене голову какими-то ужасными опасностями, а потом заявился — сияющий, в сопровождении умопомрачительной нимфетки, и бух с порога: «Это Мирочка, она поживет с нами». А тут еще Глен со своей дурацкой запиской...

Будет трудно.

На шоссе, у поворота к усадьбе Утешительное девочка вдруг сказала таксисту:

— Нам нужно заехать вон туда, под «кирпич».

Шофер оглянулся на Николаса — тот пожал плечами.

Повернули.

— Зачем? — спросил он шепотом.

— Вещи заберу. Мне его шмоток и цацек не нужно, а свой чемодан возьму. Его Роберт Ашотыч на свои деньги купил. Еще там дневник, я его с одиннадцати лет веду. И мамина фотокарточка.

Ее губы были упрямо, до белизны сжаты, но по мере приближения к поместью линия рта постепенно утрачивала твердость, а белизна перемещалась с губ на щеки.

У ворот Мира взяла Фандорина за руку.

— Нет, не могу. Коля, сходи один, а? Ну пожалуйста! Там в шкафу, в самом низу чемоданчик, с наклейками. Инга хотела выкинуть, но я не дала. А дневник и фотокарточка спрятаны в розовой подушке.

— Говорить, что ты здесь? — тихо спросил Николас.

Она не ответила.

Минуты три он стоял перед стальными створками, дожидаясь вопроса из динамика. Не дождался. Странно.

Тогда нажал на звонок.

И опять никакой реакции.

Уехали все, что ли? Но ведь кто-то должен присматривать за домом?

Наконец из металлического динамика донесся дрожащий женский голос:

— Кто это?

— Клава, вы? Это Николай Александрович. А где охрана?

— Господи, просто конец света, — пожаловалась Инга Сергеевна, встречая Фандорина на пороге гостиной. — Ходкевич исчез, охранники тоже. Хулиганье какое-то кинуло из-за стены камнем в оранжерею. Сидим тут вдвоем с Клавой, всего боимся. Как видеокамеры работают, не знаем. Звоню Мирату, Игорьку — они на комбинат улетели, с Гебхардтом. Мобильные не работают, а на место то они еще не прибыли...

Тут она спохватилась, виновато прикрыла ладонью рот.

— Ой, ради Бога простите! Я о своей ерунде, а вы... Слава Богу, что вы живы! А Мирочка? Где она?

Он замялся, не зная, говорить ли, что девочка здесь, за воротами.

Госпожа Куценко поняла его молчание по-своему. Горестно вздохнула, перекрестилась.

— Да-да, Мират сказал, что девочку спасти не удастся... Ужасно. Только не рассказывайте мне подробностей, ладно?

— Так и сказал: «спасти не удастся»? — поневоле вздрогнул Николас.

— Да. Он держался очень мужественно, во всяком случае по телефону. Так его жалко — слов нет! А тут еще поездка на комбинат. И ведь не отложишь, у Гебхардта каждый час расписан... Кошмар! После стольких лет найти дочь и сразу же потерять... У нас ведь с ним детей быть не может, я рассказывала...

Должно быть, он не совладал с лицом — хозяйка смутилась и затараторила:

— Дело, конечно, не только в Гебхардте. Даже и вовсе не в нем. Мират так устроен — когда ему плохо, он ищет забвения в работе. Бедная Мирочка! Какая славная была девочка. Выросла бы настоящей красавицей... — Инга всхлипнула, осторожно промокнула платочком слезу. — Ее хоть не мучили? Нет-нет, не надо рассказывать! Ужасные времена, ужасные... А как пронюхает пресса — такое начнется! Но Мират всё выдержит, он железный.

Оглянувшись вокруг, хотя никого постороннего быть не могло, госпожа Куценко перешла на шепот:

— Про Яся вы, конечно, знаете. Я по телевизору, в новостях видела. Голова запрокинута, весь подбородок в крови. Ужас! Это его Мират убил, да? За Мирочку? Господи, я помню их обоих в пятом классе — один вихрастый такой, второй в смешных очочках... Все посходили с ума...

Речь хозяйки становилась все неразборчивей и неразборчивей, зубы начали клацать — кажется, дело шло к истерике.

Николас усадил Ингу на диван, налил воды.

Стукаясь зубами о стакан, она бормотала:

— Камнем в оранжерею... Там же лилии, им холодно... А Павел Лукьянович почему... Приезжаю — одна Клава... Все сумасшедшие, все... Что за жизнь... Ни шагу без охраны... Не помню, когда по улице гуляла... Детей убивают... Приговоры по почте шлют... Ненависть, злоба и безумие...

— Что?! — воскликнул Фандорин. — Какие приговоры по почте? О чем вы?

— А? Да это давно. Не важно. Мират сказал, не бери в голову, разберусь.

Инга допила воду, высморкалась.

Фандорин полез за записной книжкой, дрожащими пальцами открыл нужную страницу.

— Когда это было? Шестого июля?

— Да, точно! В мой день рождения, поэтому я и почту вскрывала сама. Правильно, шестого! Открытки, поздравления и вдруг, на такой плотной карточке, какой-то бред: Куценко приговаривается к смерти, потому что он сволочь. Что-то в этом роде.

— «Объявляется гадом и обманщиком, на основании чего приговаривается к высшей мере справедливости — истреблению». Так?

— Да, так! — Прекрасные глаза Инги удивленно расширились. — А вы откуда знаете? Что это у вас за записи?

— Значит, Мират Виленович видел приговор, — констатировал Фандорин, не обращая внимания на вопрос. — И что он?

— Ничего. Поручил Игорьку разобраться. Я через несколько дней спросила, он говорит: ерунда, ничего серьезного, обычный псих.

Николас даже зажмурился — настолько ослепительным, до боли ясным было озарение. Ах, Мират Виленович, мастер шахматных комбинаций! А вы, господин Фандорин, осел. Дедушке Эрасту Петровичу было бы стыдно за ваши дедуктивные способности.

Вот же он, список приговоренных. Разгадка с самого начала таилась в нем.

СУХОЦКИЙ,
президент АО «Клятва Гиппократа»
Приговор — 9 июня
Вручено — 11 июня
Исполнено —

ЛЕВАНЯН,
генеральный директор ООО «Играем и выигрываем»
Приговор — 25 июня
Вручено — 28 июня
Исполнено —

КУЦЕНКО,
директор АО «Фея Мелузина»
Приговор — 6 июля
Вручено — 6 июля
Исполнено —

ЗАЛЬЦМАН,
генеральный директор ЗАО «Интермедконсалтинг»
Приговор (указ.) — 14 августа
Вручено — 15 августа
Исполнено — 16 августа

ШУХОВ,
председатель совета директоров агентства «Клондайк»
Приговор (корр.) — 22 августа
Вручено — 23 августа
Исполнено —

ЗЯТЬКОВ,
б. председатель правления «Честного банка»
Приговор (указ.) — 10 сентября
Вручено — 13 сентября
Исполнено — 19 сентября

ЯСТЫКОВ,
председатель совета директоров АО «ДДА»
Приговор (указ.) — 11 октября
Вручено — 13 октября
Исполнено —

ФАНДОРИН,
президент фирмы «Страна советов»
Приговор (корр.) — 8 ноября
Вручено —
Исполнено —

До появления в списке имени Куценко приговоры не исполнялись, после же 6 июля появились таинственные «указ.», каждое из которых приводило к смерти приговоренного. Кроме самого последнего — господина Ястыкова. Но с ним отдельная история, не стоит забегать вперед.

Последовательность событий была такая. Бедному, свихнувшемуся от горя вдовцу наконец приснилась покойница-жена. Судя по записям в «Эпикризе» (*«9 июня. Спасибо, Люба! Всё понял, всё сделаю. Мне отмщение и Аз воздам!»*), именно в тот день или, скорее, в ту ночь, Шибякину явилась Люба и потребовала возмездия. Ничего удивительного, ведь месяц за месяцем в душе страдальца накапливались боль и обида, требуя выхода. Первым делом Иван Ильич исполнил личную вендетту — приговорил к смерти гада и обманщика Сухоцкого из «Клятвы Гиппократа», который обобрал несчастную семью. Выполнять свой приговор Шибякин не собирался, да и как бы он смог это сделать? Ведь он же был не взрывник, не снайпер, а обычный совслужащий, который тронулся рассудком.

Болезнь усугублялась. Ему понравилось воображать себя ревнителем справедливости и истребителем неправды. Начал выискивать рекламы, которые казались ему мошенническими. Так в список приговоренных угодил генеральный директор лотереи «Играем и выигрываем», который, кстати, до сих пор жив и продолжает надувать доверчивых граждан Российской Федерации.

А третьим в списке стал владелец «Феи Мелузины», компании, сулившей состоятельным женщинам неземную красоту и вечную молодость. В дефиниции господина Куценко суровый судья ошибся лишь наполовину: Мират Виленович обманщиком не был, а вот гадом — несомненно. Причем гадом очень осторожным. Можно не сомневаться, что исполнительный Игорек без большого труда определил отправителя смехотворного вердикта. Тогда-то у шахматиста и возник план многоходового этюда: использовать сумасшедшего в собственных целях. Отличное прикрытие! В записях Шибякина число 13 августа подчеркнуто трижды и рядом загадочная фраза: *«Я не один!!!»* Черт его знает, каким образом заморочили голову бедному психу. Возможности у господина Куценко самые широкие — мог и соответствующее видение организовать, даже инсценировку. Когда человек очень хочет во что-то поверить, ему довольно малости. А если он еще и нездоров...

«Указ.» — это «указы» или «указания», что-нибудь в этом роде. В общем, выбор «гада и обманщика», произведенный самой Высшей Силой, а не ее «корр.», то есть «корреспондентом». 13 августа Ивану Ильичу было откровение, что он не один, а уже на следующий день последовал первый «указ».

Фандорин оторвался от записей, снова взглянул на хозяйку, которая, оказывается, всё это время продолжала изливать поток сознания:

— ...Почти всё время одна... И никого, кроме него. Ни подруг, никого. Раньше хоть мама. Если бы ребенок. Тогда да, тогда совсем другое. Но что жаловаться. Я не жалуюсь. Грех жаловаться. Спасибо, что жива осталась...

— Зальцман, генеральный директор «Интермедконсалтинга». Вам это имя что-нибудь говорит? — перебил ее Николас.

— Вы знали Михаила Львовича? Он когда-то работал с Миратом. Они вместе начинали дело, вместе разрабатывали методику. Но потом Зальцман оказался непорядочным человеком. Открыл собственную клинику, украл у Мирата разработки. Не все конечно, но достаточно, чтобы развернуть успешный бизнес. А сам как хирург ничтожество, пустое место. Деляга от медицины. То есть был, потому что его уже нет. Запутался в каких-то темных делишках, вот его и убили.

В десятку!

— А Зятькова из «Честного банка» вы знали?

Инга сердито всплеснула руками:

— Еще бы мне его не знать! Подлец, каких мало! Сколько раз дома бывал, увивался вокруг Мирата, а потом даже не предупредил, что собирается банкротиться. У нас там знаете сколько денег пропало? Мират пробовал Зятькова урезонить: верни, мол, хоть часть. Ведь миллионы в оффшоры перевел, вилла у него в Канне, «мерседес» на племянницу записан. Какой там! Но ничего, нашлись кредиторы пожестче Мирата — взорвали Зятькова вместе с «мерседесом».

Дальше — ясно, покивал сам себе Фандорин. Дошла очередь до одноклассника. Дело здесь не в старой вражде, а в Ильичевском комбинате. Куценко решил отобрать у Ястыкова куш, который тот долго и тщательно подготавливал для себя. При этом Мират Виленович отлично понимал, что Ясь будет драться за такую добычу не на жизнь, а на смерть. Вот и решил нанести упреждающий удар. Только Олег Станиславович оказался предусмотрительней Зальцмана и Зятькова — отнесся к нелепому приговору всерьез, пустил по следу Жанну, ну а дальнейшее развитие событий известно, потому что в них президент «Страны советов» принимал личное и весьма активное участие...

— Что с вами? — спросила Инга. — Что вы всё шепчете?

— Скажите, а когда у Мирата Виленовича возникла идея купить Ильичевский химкомбинат?

— Впервые я об этом услышала с полгода назад. Может, чуть меньше. Так увлекся этой идеей! Знаете, он, когда ему западет что-нибудь в голову, становится просто как бульдозер — движется только прямо и всё сметает на своем пути. Но с комбинатом получилось иначе. — Инга всхлипнула. — В августе нашлась Мирочка, и Мирата стало просто не узнать. Он помягчел, стал чаще бывать дома. Даже на телевидение с ней, бедняжкой, ходил.

И хозяйка горько заплакала, уже не следя за сохранностью ресниц.

Николас же замер на месте, осененный новым озарением, и тихо-тихо спросил:

— Скажите, а он вам раньше говорил, что ищет дочь?

— Нет. Он иногда бывает такой дурачок, только я это знаю. Боялся, что я буду на него сердиться. За что? За грехи молодости? Да и какие это грехи...

— То есть о существовании Миранды вы узнали лишь в августе?

— Да, в самом конце.

Ай да Куценко!

К тому времени Мирату Виленовичу, надо думать, доложили, что убрать осторожного Ястыкова, опекаемого Жанной, будет непросто, и он разработал этюд поизящней.

Подыскал девочку ангельской внешности, чтоб хорошо смотрелась на телеэкране и на страницах таблоидов. Добросовестно разыграл роль счастливого отца. Безошибочный сюжет, воплощенная масс-медиальная мечта! Маленькая Золушка, добрая фея, богатые тоже плачут — и всё, как говорится, в одном флаконе. Можно не сомневаться, что у них с Игорьком уже заготовлен целый пиаровский букет по поводу похищения и убийства бедной сиротки.

Зная повадки своего оппонента, Мират Виленович сам приготовил ему подставку — такую, мимо которой пройти было невозможно. А любимую супругу на всякий случай подстраховал — завел «цыпулю» на стороне, чтоб имитировать свое к жене охлаждение.

Не человек, а шахматный компьютер.

— Вам нехорошо? — испуганно уставилась на него Инга. — У вас такое странное лицо.

Это у вас, госпожа Куценко, лицо странное, подумал Фандорин. Прежнее, со школьной фотографии, было не таким красивым, но куда как лучше этой кукольной мордашки.

И в эту секунду магистру истории было третье озарение, самое жуткое из всех.

Выйдя из ворот усадьбы, он молча положил в багажник «волги» дешевый чемоданчик с яркими наклейками.

В машине играла музыка. Мира сидела, забившись в угол, во все глаза смотрела на Николаса.

— Что, просто отдали вещи, и всё? — спросила она со страхом в голосе.

— Поехали, — велел он шоферу и отвернулся, потому что не хватало мужества смотреть ей в лицо. — ...Там одна Инга. Отдала — даже не спросила, зачем мне твои вещи. Сказала, Мирату будет тяжело их видеть... Она думает, тебя убили.

«На ковре-вертолете мимо ра-ду-ги мы летим, а вы ползете, чудаки вы, чудаки!» — пело радио. Хорошо, что громко — водителю слышать разговор было ни к чему.

— А... он? Он где?

— Уехал на химкомбинат, — кашлянув, ответил Фандорин.

И наступило молчание. Минут, наверное, через пять Миранда произнесла неестественно спокойным тоном, словно пытаясь уяснить условия задачки:

— Значит, так. Сначала у меня никого не было. Потом у меня появился отец. Потом оказалось, что мой отец — гнойный урод, который променял свою дочь на гребаный химкомбинат.

— «Гребаный» — скверное слово, еще хуже, чем простой мат, — сказал Николас, потому что еще не решил, нужно ли говорить девочке правду.

Осторожно посмотрел на нее, увидел воспаленно блестящие сухие глаза. Понял, что нужно.

— Он безусловно урод, но всё же не до такой степени, чтоб променять собственную дочь на контрольный пакет акций. Куценко тебе не отец.

— А кто? — все тем же безразличным голосом поинтересовалась она.

— Он... шахматист, вот он кто.

И, подсев к воспитаннице поближе, Фандорин объяснил ей смысл разработанного Миратом Виленовичем ферзевого гамбита, в котором Мире отводилась роль жертвенной пешки.

Удивительно, но зловещий рассказ подействовал на пешку живительным образом. Помертвевшее лицо девочки сначала обрело нормальный цвет, потом порозовело,- а под конец запламенело яркими пятнами. Брови сдвинулись, ясный лоб нахмурился, а глаза смотрели уже совсем не жалобно.

— Ах, вот он со мной как! Ну, гад! — воскликнула она, сжав кулачки.

— И обманщик, — криво усмехнулся Фандорин. — Только, знаешь, с тобой он еще поступил не самым худшим образом. Ты знаешь историю про то, как он добился Ингиной любви?

— Да, она мне рассказывала. Мы сидели вечером вдвоем, она выпила и рассказала. Объясняла мне, что такое большая любовь.

Николас передернулся:

— На мой вкус, чересчур большая. Я уверен, что и это была шахматная партия. Гарде королеве. Ему мало было... ну, вступить с ней в отношения. Похоже, она, действительно, была мечтой всей его жизни, но он хотел владеть не только ее телом, но и душой. Очень трудно, почти невозможно заставить, чтоб тебя полюбили. Но Куценко волшебник, он сумел. Сначала, правда, пришлось королеву немножко изуродовать, но потом он это поправил, руки-то у него золотые. А что яичники вырезал, так это чтоб она только его одного любила, на детей не рассеивалась. Конечно, доказательств нет, но я уверен, что вся история со смертельной болезнью — выдумка. Сам, в собственной клинике, сделал анализы, сам поставил диагноз, сам оперировал. Просто чемпион мира по шахматам!

Девочка слушала с раскрытым ртом. Потом закрыла рот, постучала таксиста по плечу.

— Едем назад! Поворачивай!

Тот затормозил, раздраженно обернулся:

— Алё! Вы чего, с дуба попадали? Сговорились за три сотни до центра. А тут сюда поверни, торчи там полчаса, потом опять разворачивай. Так не пойдет.

— Сто баксов, — сказала Мира. — И всё, засохни. Крути баранку!

Шофер немедленно засох. Рванул с места, развернулся через двойную полосу — только камешки из-под колес полетели.

— Что ты задумала? — всполошился Николас. — Ты хочешь вернуться в Утешительное? Но зачем?

— А чего это я должна уезжать из своего дома? — процедила она, сузив глаза. — Я законная дочь Мирата Виленовича Куценко, у меня и паспорт новый. Про нас с папочкой вся страна знает.

— Ты... Ты хочешь ему отомстить?

— Обманщикам и гадам спуску давать нельзя, — отрезала Миранда. — Что он, мразь, со мной хотел сделать? И сделал бы, если б не ты! А с Ингой? Изрезал лицо, утробу искромсал, да еще мозги выпотрошил, в болонку превратил! Нельзя, чтоб такое даром сходило!

Фандорин схватил ее за руку:

— Ты хочешь рассказать Инге? Не смей! Да она и не поверит!

— Конечно, не поверит. Сначала. А потом припомнит, как всё было, и задумается. Будет смотреть на него и гадать: правда или не правда? — Миранда мечтательно улыбнулась. — Он ее одну любит, больше всего на свете? Так вот хрен ему. Ты сам меня учил, помнишь? Ну, когда мы про Джека Потрошителя спорили. Со злом надо бороться, пасовать перед ним нельзя.

Он взволнованно затряс головой, боясь, что не сумеет сейчас найти нужных слов.

— Послушай... Ты ведь уже взрослая, ты умная, ты должна это понять! Человеку только кажется, что он борется со злом, которое вовне. На самом деле он борется со злом в самом себе, преодолевая свои собственные малодушие, корысть, эгоизм! Победа над злом — это победа над плохим в самом себе. Вот почему когда зло побеждают нечестными, недостойными способами, это никакая не победа, а поражение. Потому что зло извне перемещается внутрь тебя, и получается, что оно победило, а ты проиграл! Черт, я путано говорю! Ты меня понимаешь?

Мира помолчала, глядя на него исподлобья.

— Ладно. Сегодня ей не скажу...

Было ясно, что большего от нее не добиться. Фандорин откинулся назад, закрыл глаза. Какой тяжелый, нескончаемый день, думал он, чувствуя себя постаревшим на десять лет.

Глава двадцать вторая
МНОГО ШУМА ИЗ НИЧЕГО

Мне еще не исполнилось семи лет, а будто семьдесят, думал Митридат, глядя на жалкое папенькино лицо. Слезы высохли сами собой — все равно по части слезообильности за родителем было не угнаться. Да и о чем плакать? Ну их всех, с их жизнью, если тут такие дела творятся. Лучше умереть. Только Данилу с Павлиной жалко.

Видно, что-то такое проступило в его лице — Алексей Воинович попятился, потер рукой лоб, словно хотел вспомнить нечто, но не мог.

— Шишку родительской любви расчесываешь? — усмехнулся Маслов. — Это самоновейшее немецкое открытие — будто все качества человеческой натуры в шишках черепа проступают. Ты бы лучше шишку решительности в себе развил. Мне понадобятся доказательства твоей преданности.

Папенька в ужасе поворотился к тайному советнику:

— Я?.. Вы желаете, чтобы я... сам? Нет, увольте! Я не смогу! Ведь это единокровный сын мой!

И рухнул на колени, руки по-молитвенному сложил, зарыдал в голос.

Маслов назидательно сказал:

— Следовало бы. Чтоб еще крепче тебя привязать. Но ведь ты и вправду не сможешь, только шуму да грязи понаделаешь. Я и сам на этакие дела не умелец, — признался он. — На то свои мастера есть. Соврал я давеча, будто один приехал. Тут на почтовой станции, близехонько, мои людишки ожидают. Они всё и исполнят. Не трясись, мои чисто работают. Ты вот что, завтрашний министр, ты его за руку возьми, чтоб не вырвался, да рот заткни — только от тебя и нужно.

Митридат не стал ни кричать, ни метаться — такое на него сошло ко всему безразличие. Папенька, бормоча молитву, прижал его к себе, на уста наложил горячую ладонь. Укусить, что ли, вяло подумал Митя.

До кости, чтоб память о младшем сыне осталась. А, ну его...

— Вот и хорошо, вот так и славно, — приговаривал Прохор Иванович, доставая из кармана бутылочку. — Еще одно германское изобретение, потолковей черепных шишек. Средство для усыпления. Я химическую науку превыше всех прочих ставлю, истинная королева учености.

Смочил платок, накрыл им Митино лицо. На макушку часто-часто капали папенькины слезы.

Платок пах резко, противно. От вдоха внутри черепа пробежало щекотание, закружилась голова.

— Всё дальнейшее без тебя устроится, — доносился издалека голос Маслова и с каждой секундой отдалялся всё дальше и дальше. — Ты мне только помоги его завернуть и до саней донести. Отрок хоть и невеликий, а всё ж пуда полтора весит. Мне же лекаря больше двадцати фунтов поднимать не дозволяют...

И еще потом послышалось — уже не поймешь, наяву ли, во сне ли:

— И похоронами сам озабочусь. Тут у вас Ново-Иерусалимский монастырь близко. Место намоленное, тихое. У меня там человечек свой. И закопает, и крест поставит. А ты, если пожелаешь, можешь после каменную плиту заказать, как положено...

А дальше Митя уже ничего не слышал, уснул. Без сновидений, без кратких смутных пробуждений, которые сопутствуют обычному сну. Просто отяжелели и упали веки, а когда открылись снова, он увидел над собой серое покачивающееся небо.

Фыркнула лошадь, что-то звякнуло — должно быть, сбруя.

Рассвет. Сани. Едем.

Более длинные мысли мозговая субстанция производить пока отказывалась, потому что пребывала в онемении. Во рту было еще хуже — так сухо, что язык шуршал о нёбо.

Митридат похлопал глазами, и от этого нехитрого упражнения взгляд стал яснее, а мысли чуть длиннее.

Платок с пахучей дрянью. Маслов — Великий Маг. Папенькины мечты осуществились. Ново-Иерусалимский монастырь. Не довезли еще?

Он приподнялся, увидел спину ссутулившегося возницы. Присыпанную снегом пелерину плаща, высоко поднятый воротник.

Это не Прохор Иванович. Тот в плечах поуже. Должно быть, мастер страшных дел, про которого говорил тайный советник.

И зачем только очнулся? Чтоб новую муку терпеть?

Тут возница обернулся, и Митя сразу понял, что новых мук не будет, потому что он уже отмучился и пребывает если не в лучшем из миров, то во всяком случае на пути к нему.

Лошадьми правил Данила Фондорин, и лицо у него было, хоть усталое, но чрезвычайно довольное.

Это у греков Харон (подумал еще не совсем оттаявшей головой Митридат), потому что в Греции всегда тепло и Стикс зимой не замерзает. А у нас Россия, у нас нужно на тот свет по льду ехать, на санях.

— Данила Ларионович, — спросил он скрипучим голосом, — он и вас убил? Вы теперь тут пристроились, Хароном? Или нарочно меня встречаете, чтоб я не боялся? А я и не боюсь.

— Ничего, — ответил Харон-Данила, — сонная дурь из тебя скоро выветрится, на холоде-то. Я по запаху понял, он тебя спиртовым раствором белильной извести одурманил. Одного не пойму — зачем Маслову тебя живым в землю закапывать? Чем ты ему-то насолил? Неужто и он итальянцу служит? Невероятно!

Живым в землю? Это в каком смысле?

Однако учтивость требовала сначала ответить на вопрос собеседника, а потом уж спрашивать самому.

Митя и хотел ответить, но от сухости закашлялся. Зачерпнул с санного полоза снежку, проглотил. Стало полегче.

— Так Маслов и есть Великий Маг. У него на копчике двойной крест. Метастазио — злодей сам по себе, а этот сам по себе.

Фондорин присвистнул.

— Погоди, погоди, друг мой. Как так? И откуда ты про копчик узнал? Я ведь не успел тебе рассказать про сатанофагский обряд посвящения: как члены капитула наносят человеку в маске, своему новому Магу, тайные знаки — два на место рогов, один на место хвоста.

— Не успели, — сварливо сказал Митридат. — А кабы рассказали, всё иначе бы сложилось. Не полез бы я прямо к волку в пасть, не остался бы сиротой!

— Что я слышу! — вскричал Данила. — Что стряслось с твоими почтенными родителями?

— Маменьки у меня по-настоящему никогда не было, — тихо ответил Митя. — А папенька... Он теперь тоже брат Авраама. Который своего сына Исаака не пожалел. Наверно, и выше того поднимется — прямо в члены Капитула...

Фондорин открыл было рот, да тут же и закрыл. Кажется, решил погодить с дальнейшими вопросами. Вместо этого пробормотал:

— Mauvais rêve[1]! Alptraum[2]!

От упоминания о сне Митя вздрогнул, опасливо спросил:

— Данила Ларионович, а вы сами-то мне не снитесь? Вы наяву или как? Меня же, вы говорите, заживо закопали? Откуда ж тогда вы взялись?

---

[1] дурной сон (*фр.*)
[2] кошмар (*нем.*)

Фондорин откинулся назад, оперся на локоть. Вожжи бросил, и лошади побежали медленней, зато веселее.

— Расскажу, всё расскажу, ехать еще далеконько, — пообещал Данила, хмурясь. — То, что ты мне поведал, меняет очень многое. Тут думать надо... Но сначала выслушай мою удивительную повесть, прочее же оставим на после... Расставшись с тобою и вверив свою участь слугам закона, я пребывал в глубокой печали и задумчивости. О чем, иль верней, о ком я размышлял в тот ночной час, догадаться нетрудно. О той, которая, подарив мне краткий миг блаженства, навсегда со мною рассталась. О тебе же, каюсь, не помышлял вовсе, ибо почитал тебя в совершенной безопасности и не мог даже помыслить, что собственными руками вверил бесценного друга кровожадному чудовищу. Вот оплошность, если не сказать хуже — преступление. Я бесконечно виноват пред тобой. Так виноват, что даже не осмеливаюсь молить о прощении!

— Данила Ларионович! — простонал Митя. — Ради Бога! Снова вы о прощении! Рассказывайте дело!

— Хорошо-хорошо, не буду, — успокоил его Фондорин, и далее рассказ тек плавно, не прерываясь.

«Величественная ночь несла нашу тройку на черных орлах своих, ее темная мантия развевалась в воздухе, и вся земля была по-

гружена в сон. Как вдруг один из моих спут-
ников, нарушив мои думы, сказал: «Ваше
благородие, вон огоньки горят, не иначе
станция. Коням бы отдых дать, да и нам с
Федькой обогреться нехудо бы. А если бы
вы еще велели нам по шкалику налить, то
были бы мы совсем вами довольны и перед
начальством за вас встали бы горой. Да и
куда вам поспешать? Ежели в тюрьму, так
это никогда не поздно». «Ах, мой друг, отвечал я ему, заступничества мне не нужно,
я готов понести заслуженное наказание.
Однако же если вы замерзли — заедем, пожалуй».

То и в самом деле была Лепешкинская по-
чтовая станция, единственный остров бодр-
ствования посреди всей дремотной равнины.
В общей зале сидели ямщики и проезжающие
простого звания, пили горячий сбитень, а некоторые и более крепкие напитки. Взял я
своим стражникам, Федьке и Семену, штоф,
потом второй.

Они принялись выпивать, судачить о своем, я же их разговоров не слушал, всё взды-
хал и, признаться ли, не раз смахивал с ресниц горькую слезу.

Вдруг Семен говорит — громче прежнего:
«Гляди, Федя. Видишь, в углу человек сидит,
смурый. Пустой чай пьет, да на наш штоф
косится. Это ж Дрон Рыкалов! При Архаро-
ве Николай Петровиче у нас плац-сержантом
состоял. Никто лучше его не мог кнутом

драть. За то и повышение ему вышло. Сейчас, слыхать, в Питере служит, в самой Секретной экспедиции, вон как высоко взлетел». Я вздрогнул, про Маслова вспомнил. Эге, думаю, а ведь сей дратных дел мастер не иначе как с ним, подлецом, прибыл. «Пригласи, говорю, твоего знакомого. Пускай с нами посидит, я велю еще штоф подать». Сам не знаю, что меня подвигло на сей маневр — должно быть, желание отвлечься от горькосердечных раздумий.

Что ж, подходит к столу этот самый Дрон, садится. Семен не стал ему говорить, что я арестант, сказал — наш штатный лекарь, хороший человек. Я, как и сейчас, в полицейском плаще был, поэтому никаких сомнений у Рыкалова не вызвал.

Предложили ему выпить. Он покобенился немного — служба, мол, но однако противился недолго. Выпил — и вторую, и четвертую, и шестую. Мои Семен с Федором сомлели, головы на стол преклонили. Я же не пью, только вид делаю.

После чарки этак десятой Рыкалов похвастал, что приехал при большом человеке, а при каком именно и за какой надобностью, не скажет, потому не мое дело, но человек этот — наиважнеющий генерал и оказия великой секретности. Он, Дрон Саввич, тоже не лыком шит, ходит в немалых начальниках, не то что раньше в Москве. У него четверо подчиненных на сеновале, при лошадях.

И ему, Рыкалову, тоже там быть надлежит, такой у него приказ, да вот решил зайти, чайком погреться.

Я подливаю еще казенной, говорю: «Разве может быть секретная надобность в деревне? Наплел вам генерал. Приехал по приватной оказии, а вам всей правды не говорит. Известное дело». Это я нарочно так сказал, чтоб его раззадорить. И что ты думаешь?

Он кулаком по столу стукнул. «Мне его превосходительство завсегда всю правду говорит! Потому Рыкалов самый верный ему человек». Я на это ничего, только губы поджал: мол, мели, Емеля. Выпившему человеку, особенно если он от природы чванливой диспозиции, этакое недоверие хуже острого ножа.

Ну, Рыкалов и не выдержал. «Ладно, говорит, дело секретное, но как вы есть полицейский лекарь, то присягу давали и тайну хранить умеете. Мальчонку одного ищем. Что натворил, не ведаю, врать не стану, однако, несмотря на малые лета, тот мальчонка — отъявленный злодей и государственный преступник наивысшего разбору. А то разве отправился бы сам Прохор Иваныч за сотни верст киселя хлебать?»

Можешь вообразить, как отозвались во мне эти слова. Однако не успел я подступиться к масловскому порученцу с дальнейшими расспросами, вдруг открывается дверь и просовывает свинячью харю некий господин в черном парике, каких ныне уже не носят. Повел глазами туда-сюда, усмотрел моего Дрона, подошел, тронул за плечо. Эге, думаю, а ведь это, должно быть, его превосходительство начальник Секретной экспедиции, собственной персоной. На меня глянул мельком, внимания не удостоил. Что для него Данила Фондорин? Не живой человек, не особливое лицо, а фамилия в протоколе, среди прочих подобных. Признаюсь, было искушение: взять со стола штоф и сделать тайному советнику Маслову брешь в черепном сосуде. Удержали два соображения. Во-первых, такой поступок более уместен дикарю, нежели человеку цивилизованному. А во-вторых и в-главных, я должен был узнать, не случилось ли новой беды с моим драгоценным другом Дмитрием.

Маслов своему помощнику не сказал ни слова, только пальцем поманил и тут же вышел вон. Рыкалов переполошился, чуть стул не опрокинул — так торопился поспеть за начальником.

Я, разумеется, подождал самое малое время и вышел следом.

Во дворе никого, снег метет, темно. Но, вижу, за околицей две фигуры. Подкрался, слушаю. Благодетельнице Природе было угодно сделать так, что ветер дул в мою сторону, и потому, находясь на довольно значительном отдалении, я мог слышать почти каждое слово, а чего не разбирал, легко мог угадать.

Правда, вначале понятно было не всё, ибо до моего слуха донеслась лишь концовка фразы. «...Всего и делов, — говорил Маслов. — Спросишь отца келаря, Ипатием звать. Дашь ему от меня вот эту записку. От себя прибавишь: недоросль, мол, сын дворянский. Обгорел на пожаре. В церкви уже отпет, отмолен. Гроба никакого не нужно, пускай так кладут. Ипатий тебе монахов даст, могилу копать. Дождешься, как засыплют, и живо назад. Я тут в горнице посижу, отдохну. Заслужил. А про пьянство твое после разговор будет. Смотри, Дрон!»

Погрозил кулаком — и в дом. Близко от меня прошел, но я за поленницей стоял, он не заметил.

Ах, милый друг, что творилось в тот миг в моей душе — не передать. Неужто это он про Дмитрия, думал я? Неужто это ты на пожаре обгорел? На каком еще пожаре?

Но терзаться особенно было некогда. Мой собутыльник уже садится в сани, на которых приехал Маслов, отъезжает. Ищи его потом в ночи!

Бросился к полицейской тройке. Слава Разуму, мои ленивцы коней не распрягли, только каждому по торбе с овсом повесили.

Кричу коренику: «Вперед, славный Equus, не выдавай!»

Несусь по дороге в полной кромешности, сам не знаю куда. Раз келарь, монахи, стало быть, Дрону велено в какой-то монастырь ехать. Может, в Воскресенский, иначе именуемый Новым Иерусалимом? Вроде бы он где-то неподалеку.

Тридцать лет не молился, почитая сие занятие постыдным для достоинства суеверием, а тут оскоромился: Господи, говорю, которого нет, сделай так, чтоб треклятый Дрон никуда не свернул.

Смотрю — вроде чернеет впереди что-то. Разогнал лошадок — он! Рыкалов!

Едет в санях, и там у него сзади некий куль рогожный, веревкой обвязан. Длиной аршина в полтора — как раз в рост дорогого моему сердцу существа.

И в тот миг я едва не лишился человеческого звания. Покинул меня Разум, изгнанный звериным бешенством. Подозреваю, что уста мои даже исторгли подобие рыка, а зубы ощерились. И поклялся я себе, что, ежели в том куле твои останки, то первым делом ворочусь на станцию и убью Маслова до смерти, а потом отыщу Еремея Метастазио и его тоже убью. Я же не знал еще, что итальянец не Великий Маг!

О, сколь ненадежна клетка, в которую Разум и Достоинство заточают дикого хищника, что таится в нашей душе! Я чуть было не превратился в чудовище!»

При этих словах Фондорин содрогнулся и замолчал.

— А что дальше было? — поторопил его Митя. — Вы его догнали и стукнули по башке, да?

«Зачем без нужды прибегать к насилию? Хоть я и был почти что не в себе, однако же помнил, что человек по имени Дрон Рыкалов передо мною пока еще ни в чем не виноват. Отчего же не попытаться применить Доброе Слово?

Поравнялся я с ним, кричу: «Я по случайности подслушал ваш разговор с тем господином. Верно ли, что вы везете хоронить труп некоего отрока?»

Дрон удивился моему появлению, а еще более вопросу, однако же ничего опасного не заподозрил. «Верно, отвечает. Только это дело секретное, так что вы уж помалкивайте».

«А продайте мне сие тело», говорю ему я.

Он лошадей остановил, вытаращился на меня. Зачем, спрашивает?

«Я лекарь, мне крайняя надобность для анатомических упражнений. Не поскуплюсь».

«Продам — что хоронить буду?»

Ага, думаю. Похоже, договоримся. «Вам же куль не разворачивать. Насыплете взамен мертвеца земли или хоть хворосту. И вам выгода, и мне польза».

Мой приятель Дрон колеблется. «Да недоросль, сказано, обгорел весь. На что вам головешка?»

«Ни на что, отвечаю. Мне костяк нужен, костяк-то ведь не сгорел?»

А у самого от чувствительности сердца терпение на исходе. Ну, думаю, еще ломаться будешь, сейчас сшибу с саней, даром возьму.

Тут Рыкалов и спроси: «Да много ль дадите?»

«Десять червонцев».

Он чуть не подпрыгнул от этаких деньжищ, однако ж догадался сказать: «Мой генерал — он знаете какой. Если дело раскроется — мне не жить».

«Да откуда раскроется-то? Закопают куль, и дело с концом. Ладно, двадцать червонцев».

И за двадцать золотых он мне тебя продал. Вот часто сетуют, что у нас в России много воруют и всякий служивый человек мзду берет. Я сам по сему поводу часто негодовал. Но ведь, если задуматься, что́ есть мзда в стране, где законы несовершенны, а свобода унижена? Очеловечивание бесчеловечности — вот что. Где в законных установлениях хромает разумность, немедленно является костыль в виде барашка в бумажке, и сию дисгармонию подправляет. Без этой смазки сухие и грубые жернова, на которых вершится вращение нашего общества, давно бы треснули и рассыпались. Несправедливо, скажешь ты. Согласен. Но деньги все ж беспристрастней и человечней произвола и насилия, ибо...»

— Данила Ларионович! — взмолился Митя. — Не отвлекайтесь вы! Что дальше-то было? И откуда у вас целых двадцать червонцев?

— Как откуда? Приняты от тебя, в долг. Разве ты забыл? Ну вот. Подошел я к кулю, хочу веревку развязать, а руки, веришь ли, ходуном ходят. Никак не справлюсь. Дрон подождал-подождал, говорит: «Да забирайте целиком. А то разворачивать — паленым мясом завоняет, я не люблю, меня еще в юности, когда в застенке работал, завсегда от этого тошнило. Давайте я его в ваши сани переложу. А у меня тут внизу еще рогожка лежит, и веревка имеется. Буду деревню проезжать, из какой-нибудь поленницы дров наложу, обмотаю, и ладно будет». Укатил Рыкалов к своему келарю. Я куль трясущимися руками разворачиваю, а внутри ты, и нисколько не обгорелый. Вполне живой, целый. Мирно почиваешь, будто la Belle au bois dormant[1], и пахнешь усыпляющим раствором. Вот тебе и весь мой сказ.

— А куда мы едем? — спросил Митридат, приподнимаясь и озирая окрестности, вид которых, впрочем, ничего ему не подсказал — поле, лес, деревенька вдали.

— Теперь, право, все равно, — безмятежно молвил Данила. — Я сбежал из-под ареста. Думал в Москву заглянуть: единственно, чтобы не прибавлять к своим преступлениям еще и самое низменное — воровство. Оставлю казенное имущество, — он кивнул на лошадей, — подле какого-нибудь околотка, и буду совершенно свободен. Я ныне беглый, бродяга. Ты же, дружок, и вовсе не

---

[1] Спящая Красавица *(фр.)*

поймешь кто. Персона без имени, существующая на свете без соизволения церкви и начальства.

— Разве я больше не Дмитрий Карпов?

— Нет. Конногвардейский вахмистр, которого ты только что помянул, скончался и похоронен в Ново-Иерусалимской обители. Так покойнее для всех и в первую очередь для него самого.

— Кто ж я теперь? — потерянно спросил Митя, который, оказывается, уже был никакой не Митя, а персона без имени.

Фондорин ответил не сразу, а когда заговорил, то не так, как обычно, а медленно, с запинкой:

— Об этом я и размышлял, пока ты находился под воздействием паров белильной извести. Хочешь... хочешь быть мне сыном? Ты мне душой родня, а это больше, чем по крови. Может, мне тебя Высший Разум послал, вместо моего Самсона. Он, правда, двумя годами старше... был, но разница невеликая. Свидетельство о его смерти не выправлено, а стало быть, для государства он, в отличие от Дмитрия Карпова, жив. Будешь Самсон Данилович Фондорин, а? Все же дворянский сын, свободный человек. Если согласишься, пойду в полицию с повинной. А может, откуплюсь от побитого капитана Собакина, червонцев-то еще много осталось. И заживем с тобой вдвоем где-нибудь в дальней местности, никто нам не нужен. Имущества у меня никакого нет, но, Разум даст, с голоду не умрем, я ведь лекарь...

И замолчал. На спутника не смотрел. Показалось, что даже вжал голову в плечи, словно боялся услышать ответ.

И Митя тоже молчал. Вспомнил про папеньку — передернулся. Маменька? Прав Маслов, она быстро утешится. Братец? Тот лишь рад будет...

Сел рядом с Данилой, обнял его. Мысленно проговорил по слогам свое новое имя: Самсон Фон-до-рин. Звучит не хуже, чем Дмитрий Карпов.

Потом ехали в молчании, навстречу светлеющему дню.

— А государыня? — спросил сын. — Ведь отравят ее — не один, так другой. Не быстрым ядом, так медленным.

Отец выдернул соломинку, сунул в рот, пожевал. Было видно, что ответ предстоит пространный.

— Да ну их, земных властителей. Все они единым миром мазаны, пускай пожрут друг дружку. Только навряд ли царем станет Наследник. Сие была бы историческая несуразица, гиштория такого не захочет. Я верю, что в гиштории есть движение и смысл. Иногда ловкачи хитростью замедляют или перенаправляют ее течение, но ненадолго. Подобно реке, бегущей к морю, история лишь сделает изгиб в своем русле и вернется на предуготованную стезю. Ну обхитрит

Маслов итальянца и возведет на престол свою куклу. Не усидит она долго, кувыркнется вместе с кукловодом. Время сейчас не такое, чтоб всем носить естество на одну сторону, как у гатчинских солдат. Снасильничать общество не под силу никакому тирану и никакому Магу. Это только кажется, будто чрезмерно волевой правитель способен перевернуть целую страну вопреки ее воле и желанию. Способен — но лишь в том случае, если сих перемен внутренне желает активная фракция, про которую мы с тобой уже говорили. И мудрый государь сей закон разумеет. Маслов же хоть и умен, но не мудр. А Наследник еще того менее. Государственная мудрость, Дмитрий, состоит не в том...

— Самсон, — поправил Фондорин-младший.

— Государственная мудрость, сын мой, состоит не в том, чтобы плыть наперекор ветру, а в том, чтобы вовремя подставить под него парус. Августейший Внук, в отличие от своего родителя, дитя новых времен и новых устремлений. Ему и царствовать, чуть раньше или чуть позже. Маслов с Метастазио могут сколь им угодно суетиться и коварничать, воображая, будто изменяют ход истории, но...

Динь-динь-динь, доносился спереди серебряный звон колокольцев, с каждой секундой приближаясь.

Навстречу тройке по белой дороге неслась запряженная белой шестеркой белая карета на полозьях — будто сама Царица Зима ехала осматривать свои владения.

— Mon père, примите в сторону, — перебил оратора Самсон, не придумав, как обратиться к новообретенному отцу по-русски — слово «папенька» язык произносить отказывался. — Вон как гонят. Не сшибли бы.

Фондорин дернул вожжи, заворачивая коренника на обочину.

Но остановилась и чудесная карета.

Кучер крикнул с высоких козел:

— Эй, служивый, где тут у вас поворот на сельцо Осушительное? Не проехали мы?

Из окна экипажа высунулась дамская головка в собольей шапочке.

— Не Осушительное, а Утешительное, стюпид!

Данила издал диковинный звук, средний между стоном и всхлипом, Самсон же закричал что было мочи:

— Павлина!

То, что последовало далее, до некоторой степени напоминало знаменитое античное творение «Лаокоон и его сыновья, опутанные змиями», ибо в переплетении объятий, взмахах рук и быстром перемещении лобызающихся голов нелегко было разобрать, какая часть тела кому принадлежит. Производимым же шумом сия сцена могла бы поспорить с финальной картиной пиесы «Триумф добродетели», которую покойный царский воспитанник Митридат видел в Эрмитажном театре — как и в «Триумфе», все восклицали, плакали и ежемгновенно благодарили то Господа, то Разум.

Самсон просто повизгивал, даже не пытаясь сказать что-либо членораздельное.

Данила нес чушь:

— Знак свыше... Еще разок, всего разок... Спасибо, Разум! Ах, теперь и умереть... Какое счастье! Какое несчастье!

Одна Павлина говорила дело, но остальные двое ей мешали — то старого надо было целовать, то малого.

— Полночи металась, сон не шел... Чувствую — не могу! Грех, а не могу! Лучше в петлю... Бросилась к вам, Данила Ларионович, а вас нет! Слуги говорят, еще вечером уехали, с какими-то ярыжками, на тройке. Догадалась — в Утешительное, больше некуда... Велела запрягать! Дорогой всё обдумала, всё решила! Боялась только, не найду. Слава Богу, нашла! Чего мы так напугались? Кого? Платона Зурова, его итальяшку вихлястого? Пустое, много шуму из ничего. Это они в Питере всесильные, а держава у нас, благодарение Господу, большая. Чем от дворцов дальше, тем привольнее. Уедем, Данила, на край света. У меня завод за Уралом, от мужа остался. Две тыщи верст от Зимнего, а то и больше. Не достанет нас там Метастазио, а сунется — ты ему живо уко-

рот дашь. Побесится князь Платон, да и ус-
покоится — сыщет себе другой предмет, по-
кладистей меня. Поедем, Данила! Будем
жить и любить друг друга — сколько Господь даст. И Митюшу возьмем. Надо только его батюшке с матушкой объяснить, что
это ради его спасения.

— Не надо им объяснять! — крикнул Самсон, покоренный величавой простотой идеи.
А еще говорят, будто женский пол разумом
слабее мужского. — Я и так поеду!

— Но я слишком стар для вас, — сказал
Фондорин испуганно.

— Любящие всегда одного возраста, — назидательно ответила графиня.

— Я нищ, у меня ничего нет.

— А это слова обидные. После будешь просить у меня за них прощения.

— И наконец, — совсем потерялся Данила, — у меня дитя от прежней женитьбы. Вот
оно, перед вами. Я искал его и нежданным
образом нашел.

Павлина озадаченно перевела взгляд с
Фондорина на мальчика и, кажется, догадалась, в чем дело.

— Это не твое дитя, а наше. И ежели
ты не женишься на матери своего сына, то
утратишь право именоваться порядочным
человеком. Гляди, ты совсем его заморозил
в своих убогих санях. Беги в карету, Митюша.

— Я Самсоша, — поправил сын.

* * *

Перед самой Драгомиловской заставой догнали гренадерскую роту, видно, возвращавшуюся с плаца. Впереди маршировали барабанщики, ложечники, мальчики-флейтисты. Сбоку вышагивал субалтерн — ротный капитан по утреннему времени, должно быть, еще почивал.

Флейты монотонно высвистывали строевую мелодию, барабаны стучали невпопад, ложечники и вовсе не вынули своих кленовых инструментов.

Павлина велела кучеру остановиться. Поманила офицера.

— Скажите, господин военный начальник, умеют ваши музыканты играть «Выду ль я на реченьку»?

— Как же, сударыня, — ответил румяный от мороза офицер, с удовольствием глядя на красивую даму. — Новое сочинение господина Нелединского-Мелецкого, вся Москва поет.

И пропел звонко, чувствительно:

Выду ль я на реченьку, погляжу на быструю,
Унеси ты мое горе, быстра реченька, с собой!

— Так пусть сыграют, — попросила Павлина. — И коли постараются, всей роте на водку.

— А мне что? — томно спросил субалтерн.

Из глубины экипажа колыхнулся было суровый Данила, но графиня толкнула его в грудь — сиди.

— А вам поцелуй, — пообещала она. — Воздушный.

— Идет!

Офицер обернулся к музыкантам.

— Ну вы, мухи сонные! Хватит нудить. Давай «Реченьку»! Да живо, радостно! Барыня магарыч дает. Раз-два-три! Эй, флейты, начинайте!

Глава двадцать третья

ОТЦЫ И ДЕТИ

И флейты чисто, проникновенно заиграли душераздирающий вальс, оплакивавший солдат, которые пали на далекой, давно забытой войне.

Вряд ли когда-нибудь это маленькое, недавно возрожденное из запустения подмосковное кладбище видело такие похороны — разве что в 1812 году, когда здесь хоронили воинов, что скончались от ран после Бородинского сражения. Очень вероятно, что где-то здесь, в одной из братских могил тех, «чьи имена Ты, Господи, веси», лежал и дальний предок Николаса, молодой профессор Московского университета Самсон Фандорин, записавшийся в ополчение и пропавший без вести в деле при Шевардинском редуте.

Но только и тогда, два века назад, вряд ли на церковном погосте могло собраться столь блестящее общество — чтоб траурные мелодии исполнял секстет с мировым именем, а на аккуратных дорожках, меж тщательно реставрированных старых и еще более роскошных новых надгробий, теснилось такое количество красивых и знаменитых женщин. Были, конечно, и мужчины, но прекрасный (не в учтивом, а самом что ни на есть буквальном значении этого слова) пол явно преобладал. Редкие снежинки медленно летели с опечаленных небес, чтобы эффектно опуститься на соболий воротник или растаять на холеной, мокрой от слез щеке.

Вдовы не было, да и не могло быть. Во-первых, потому что из спецотделения психиатрической больницы не выпускают даже на похороны собственного мужа. А во-вторых, потому что убийце нечего делать у свежевырытой могилы своей жертвы.

Соболезнования принимала дочь, она же наследница усопшего. Маленькая девушка со строгим, бледным лицом стояла возле усыпанного дорогими цветами палисандрового гроба и с серьезным видом слушала, что нашептывали ей всхлипывающие красавицы. Одним отвечала что-то, другим просто кивала. Соболезнования были долгими, так что к девушке выстроилась целая длинная очередь.

Отовсюду доносились звуки рыданий — от сдержанно-трагических до откровенно истерических.

Известно, что внезапная и, в особенности, *драматично* внезапная смерть всегда поражает воображение больше, чем мирная кончина, а покойный покинул мир чрезвычайно эффектным образом: чтобы любимая жена во сне перерезала скальпелем горло — такое случается нечасто. Но одно лишь сострадание к безвременно оборвавшейся чужой жизни не способно вызвать такую бурю скорби. Столь неистово оплакивают лишь самих себя, думал Николас, стоявший в траурной веренице самым последним.

На печальную церемонию он выбрался, можно сказать, нелегально — наврал жене, что едет в Шереметьево встречать Валю Глена, который во флоридской клинике обзавелся новым носом, еще краше прежнего. Знай Алтын о похоронах, она, наверное, приехала бы на кладбище, но не для того, чтобы возложить на могилу цветы, а чтоб плюнуть в гроб. С нее, пожалуй, сталось бы...

Очередь всё же двигалась. К дочери умершего подошла дама, стоявшая перед Фандориным. Дама сняла темные очки, и он узнал всенародно обожаемую эстрадную певицу.

— Мирандочка, миленькая, — завсхлипывала дива, — это правда? Вы правда нашли? Солнышко мое, я на колени упаду, честное слово!

— Только не здесь, ладно? — ответило юное создание.

— Да-да, конечно! — Певица дрожащей рукой дотронулась до локтя девушки. — Я не пожалею ничего... Вы меня понимаете? Если препаратов осталось мало и на всех не хватит, я заплачу больше. Мирандочка, Миранда Миратовна!

— Робертовна, — сурово поправила наследница и слегка тронула звезду за плечо — мол, пора.

— Так я позвоню? — жалко спросила та, отходя.

Николас стоял перед Мирой и глядел ей в глаза, поражаясь тому, как разительно изменилось их выражение — за какие-то несколько дней.

— Почему «Робертовна»? — спросил он наконец.

— Я возвращаю себе прежнее имя и фамилию. Краснокоммунарская Миранда Робертовна звучит лучше, чем Куценко Миранда Миратовна.

— Понятно... О чем это она просила?

Мира усмехнулась краем рта:

— У этих щипаных куриц прошел слух, будто я нашла в папочкином сейфе не то секретную рецептуру, не то инструкции и ингредиенты. Вот они вокруг меня и выплясывают.

— В самом деле нашла?

Она наклонилась к его уху.

— Ничего я не нашла. Но пускай выплясывают. Я выписываю из Италии профессора Лоренцетти, будет работать у меня в клинике. Как-нибудь их подшпаклюет. А еще я создаю исследовательскую группу, чтобы восстановили папочкину методику. На это уйдет несколько лет, так что кое-кому из этих бабусек не дождаться, но ничего, к тому времени у новых фиф рожи пообвиснут. Без клиентуры не останусь.

Нике сделалось не по себе, и он отвернулся от бывшей воспитанницы. Стал смотреть на белое лицо покойника — талантливого и безжалостного человека, который был когда-то маленьким, затюканным очкариком, потом играл в шахматы чужими судьбами, творил чудеса, осуществил главную, несбыточную мечту своей жизни, сделал много добра и еще больше зла. И вот он умер, и по нему воют прекраснейшие из плакальщиц — так горько и искренне, как не оплакивали ни одного фараона или римского императора.

Скоро, очень скоро красавиц в российском бомонде катастрофически поубавится, со вздохом подумал магистр, кладя на землю возле гроба белые хризантемы — в самом гробу и около него места уже не было. Орхидеи, лилии, огромные розы лежали грудами, превратив этот угол кладбища в настоящую тропическую поляну.

А весной здесь высадят другие цветы, менее эффектные, но зато живые. Отчего в цивилизованном мире цветы — непременные спутники смерти? Чтобы компенсировать ее безобразие?

Нет, сказал себе Николас. Мы встречаем и украшаем смерть цветами, чтобы напомнить самим себе: последние корчи закончившейся жизни в то же время — родовые судороги нового бытия. Какое бы страстное, грешное, бунтующее сердце ни скрылось в могиле, цветы, растущие на ней, безмятежно глядят на нас своими невинными глазами: не об одном вечном спокойствии говорят нам они, о том великом спокойствии равнодушной природы; они говорят также о вечном примирении и о жизни бесконечной...

Оглавление

Оглавление

Борис Акунин

ВНЕКЛАССНОЕ ЧТЕНИЕ

Роман

2

Издано в авторской редакции

Художественный редактор *М. Епифанова*
Технический редактор *В. Кулагина*
Компьютерная верстка *И. Слепцова*

Подписано в печать 15.04.06.
Формат 84×108 $^1/_{32}$. Гарнитура «Кудряшевская».
Печать офсетная. Бумага газетная.
Усл. печ. л. 20,16. Тираж 10 000 экз.
Изд. № 06-8246. Заказ № 4208.

ЗАО «ОЛМА Медиа Групп»
129075, Москва, Звездный бульвар, 23
Издательство «ОЛМА-ПРЕСС»
входит в группу компаний
ЗАО «ОЛМА Медиа Групп»

Отпечатано с готовых диапозитивов
в полиграфической фирме
«КРАСНЫЙ ПРОЛЕТАРИЙ»
127473, Москва, Краснопролетарская, 16

ПРИГЛАШАЕМ К СОТРУДНИЧЕСТВУ!

ЗАО Издательство «ОЛМА-ПРЕСС»

129075, Москва, Звездный бульвар, 23, стр. 12;

(495) 739-88-18, 615-32-21, 615-12-85; Факс: (495) 784-67-68

Отдел реализации:

(495) 784-67-74 *207, *208, *334, *337 (региональный отдел продаж)

*224, *220, *324, *227 (московский отдел продаж)

Факс: (495) 615-80-53; *info@olma-press.ru; www.olma-press.ru*

Фирменный магазин:

129075, Москва, Звездный бульвар, 23, стр. 12;

(495) 739-8818, 615-32-21, 615-12-85 доб. 265;

Часы работы: понедельник – пятница с 10.00 до 20.00,

суббота с 10.00 до 15.00 без перерыва на обед

Клуб «Любимые книги семьи»:

129075, Москва, Звездный бульвар, 23, стр. 12;

(495) 739-8818, 615-32-21, 615-12-85; *olmaspec@olma-press.ru*

Часы работы: понедельник – пятница, с 9.00 до 18.00 без перерыва

Склад:

Московская область, г. Котельники, ул. Новая, 19.

Часы работы: понедельник – суббота с 8.00 до 19.00 без перерыва,

воскресенье с 8.00 до 16.00

ФИЛИАЛЫ

690034, **Владивосток**, ул. Фадеева, 45А «Книжная база»
    (4232) 63-74-87; *olma-vld@olma-press.ru*

420108, **Казань**, ул. Магистральная, 59/1; (843) 278-77-03; *olma-ksn@telebit.ru*

610035, **Киров**, Мелькомбинатовский пр-д, 8А; (8332) 57-11-22; *olma-kirov@olma-press.ru*

350051, **Краснодар**, ул. Шоссе Нефтяников, 38; (861) 224-28-51; *olma-krd@mail.kuban.ru*

660001, **Красноярск**, ул. Копылова, 66; (3912) 47-11-40; *olma-krk@ktk.ru*

603074, **Нижний Новгород**, ул. Совхозная, 13; (8312) 41-84-86; *fil-nn@mail.ru*

644047, **Омск**, ул. 5-я Северная, 201; (3812) 29-57-00, (3812) 29-53-86;
    olma-omsk@omskcity.com

614064, **Пермь**, ул. Чкалова, 7; (3422) 49-71-90; *olma-prm@perm.ru*

390029, **Рязань**, ул. Профессора Никулина, 10; (0912) 92-76-70, 92-76-72; *olma@post.rzn.ru*

443058, **Самара**, ул. Свободы, 81Б; (846) 995-38-51; *olma-sam@samaramail.ru*

196098, **Санкт-Петербург**, ул. Кронштадтская, 11, офис 15; (812) 783-52-86,
    (812) 783-50-46, доб. 267; *olma-spb@olma-press.ru*

450027, **Уфа**, Индустриальное шоссе, 37 (3472) 60-21-75;
    olma_ufa@olma-press.ru; olma-ufa@bashtorg.ru